国家社会科学基金重大项目（16ZDA132）
广东省普通高校特色创新项目（2020WTSCX018）
广东外语外贸大学2021年研究生教材建设项目
资助出版

U0853568

计量经济学软件 Stata 15.0 应用教程

从基础到前沿

徐芳燕　陈　昭　著

中国人民大学出版社
·北京·

目　录

基　础　篇

第一章　初识 Stata …… 3

第二章　基本操作 …… 10

　第一节　准备工作 …… 10

　第二节　Stata 基础应用 …… 25

　第三节　常见问题 …… 29

第三章　模型的估计与结果 …… 40

　第一节　一元线性回归 …… 40

　第二节　多元线性回归 …… 57

　第三节　虚拟变量 …… 76

第四章　异方差和自相关 …… 85

　第一节　检验异方差 …… 85

　第二节　异方差典型案例 …… 89

　第三节　自相关 …… 97

第五章　工具变量 …… 106

　第一节　IV 外生性、弱 IV 和解释变量的内生性 …… 106

　第二节　例题实操 …… 107

第六章　时间序列 …… 124

　第一节　基础介绍 …… 124

　第二节　单位根检验和协整实例 …… 131

第三节 格兰杰因果关系检验 …… 147

面 板 篇

第七章 面板数据估计 …… 153
第一节 准备练习 …… 153
第二节 面板数据 …… 156
第三节 总结与应用 …… 177
第八章 面板单位根检验 …… 189

前 沿 篇

第九章 空间计量 …… 197
第一节 空间自相关 …… 197
第二节 空间模型 …… 206
第三节 一般的空间计量模型 …… 211
第四节 空间杜宾模型 …… 216
第十章 PSM-DID …… 221
第一节 基本思想 …… 221
第二节 实例操作 …… 223

参考文献 …… 232

基础篇

第一章

初识 Stata

亲爱的读者，我们开始了计量软件 Stata 之旅。找不到软件的朋友可以给我们发邮件，我们一定竭尽所能地为您服务，助您体验愉快的 Stata 旅行！

Stata 是 statistics 和 data 组合成的一个新词，是一个短小精悍、功能强大、运算速度快、语法简单、易学易用、非常受欢迎的计量软件。目前，该软件常用的版本有 15.0、15.1、16.0 和 17.0，各版本之间的操作方式大同小异，版本越高，计量前沿模型的实现功能越丰富，如果只是基础的应用，各版本之间的差别不是特别大，除了在一些高级功能上有差异以外，各版本在基本操作上几乎完全一致，但也最好是使用 15.0 以上的版本。学习 Stata 的技巧是勇敢地上机操作，多练习，不要担心系统报错，因为报错是使用 Stata 必经的历程。我们争取用最简单易学和最容易操作的方式编写本教材，对所有章节里的上机数据和 do 文档我们都提供电子版，读者可以到指定的地址自行下载，点击运行。除此之外，Stata 系统本身也提供完整的使用手册（菜单 "Help" → "PDF documentation"），包括统计样本建立、解释、模型与语法、文献等，"Help" 总能以最简洁的语言说清楚我们纠结了很久的问题。

一、界面介绍

安装好 Stata 并打开后我们就能看到图 1-1 的界面，可以简单地总结为 **"5+8+12"** 界面。

1. 5 个窗口

5 个窗口分别为结果窗口（中间）、命令（Command）窗口（下方）、历史命令（Review）窗口（左方）、变量名（Variables）窗口（右上方）和变量属性（Properties）窗口（右下方）。下面详细介绍 5 个窗口（详见图 1-2）。

结果窗口（中间）： 位于界面正中间，Stata 执行过的命令、执行结果以及出错情况均在结果窗口报出，并用不同的颜色区分不同的文本。

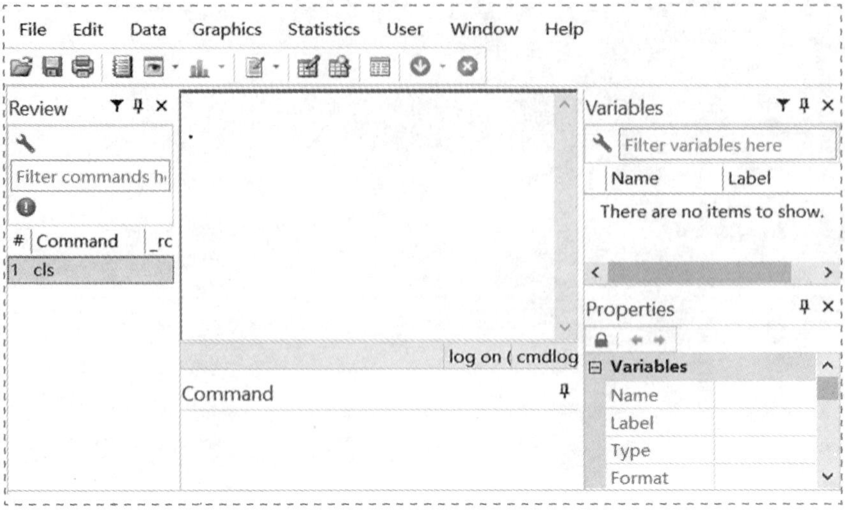

图 1-1 Stata 界面

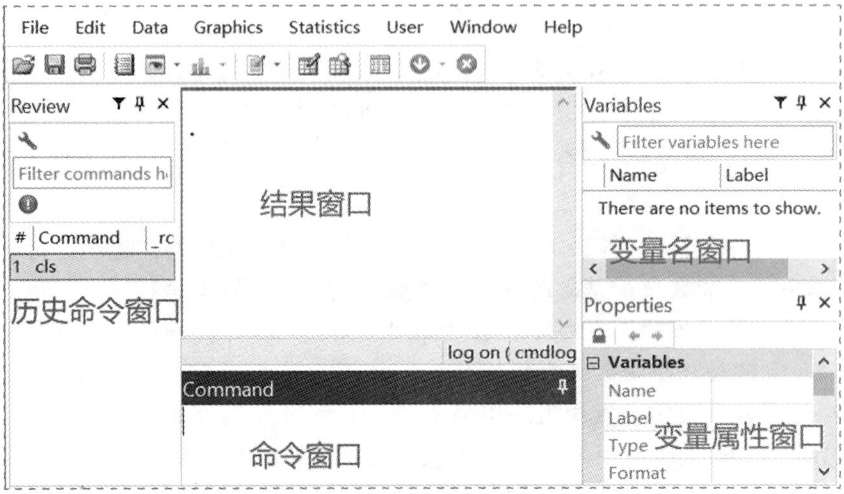

图 1-2 Stata 界面的 5 个窗口

命令窗口（下方）：位于结果窗口下方，类似于 DOS 软件中的命令行，此处用于键入命令，回车后即开始执行，相应的结果在结果窗口中显示出来。

历史命令窗口（左方）：即 Review 窗口，位于界面左方，所有执行过的命令依次列在该窗口中。若用鼠标单击此处的某一历史命令，则该命令会被拷贝到命令窗口中；若用鼠标双击某一历史命令，则该命令会被重复执行。

变量名窗口（右上方）：位于界面右上方，列出当前数据集中所有变量的名称。若用鼠标双击变量名，则该变量名被拷贝到命令窗口中。所以，需要将变量窗口里的变量名输入命令（Command）窗口中时，双击变量窗口中的变量名即可实现。除了以上四个默认打开的窗口外，Stata 中还有数据编辑窗口、程序文件编辑窗口、帮助窗口、绘图窗口、Log 窗口等，如果需要使用，可以用 Windows 或快捷按钮打开。

变量属性窗口（右下方）：记录具体某个变量的名字、变量标签、变量类型、显示格式、值标签和备注等信息。

2. 8 个菜单

8 个菜单从左往右依次为文件（File）、编辑（Edit）、数据（Data）、图形（Graphics）、统计（Statistics）、用户（User）、窗口（Window）、帮助（Help），见图 1－3。前面也提到过 Stata 使用手册在菜单“Help”→“PDF documentation”下，很多初学者是从“Help”开始学习 Stata 的。

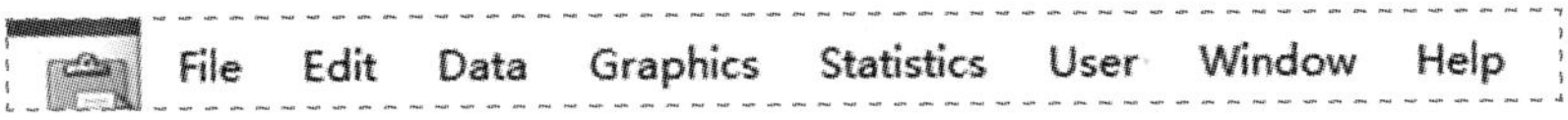

图 1－3

3. 12 个快捷按钮

12 个快捷按钮在 8 个菜单下面，从左往右依次为：打开，保存，打印，日志（log），信息浏览，打开制图，打开 do 文件，数据编辑，数据浏览，变量管理，分页符处理，强行中断按钮（见图 1－4）。

图 1－4

在具体使用的时候，为了让界面看起来更舒服，一般点击菜单栏“Edit”，在下拉菜单中点击“Preferences”（见图 1－5），在子菜单中单击“General Preferences…”。在打开的图 1－6 中，在“Color scheme”中将初始的“Standard”改为“Classic”（见图 1－6）。正中间的结果窗口就由初始的白底变为黑底，具体的输出结果是用红、绿、黄等很明亮的颜色排版，这样的界面看起来比较有层次感（效果见图 1－7），这也是大部分人喜欢的经典风格。

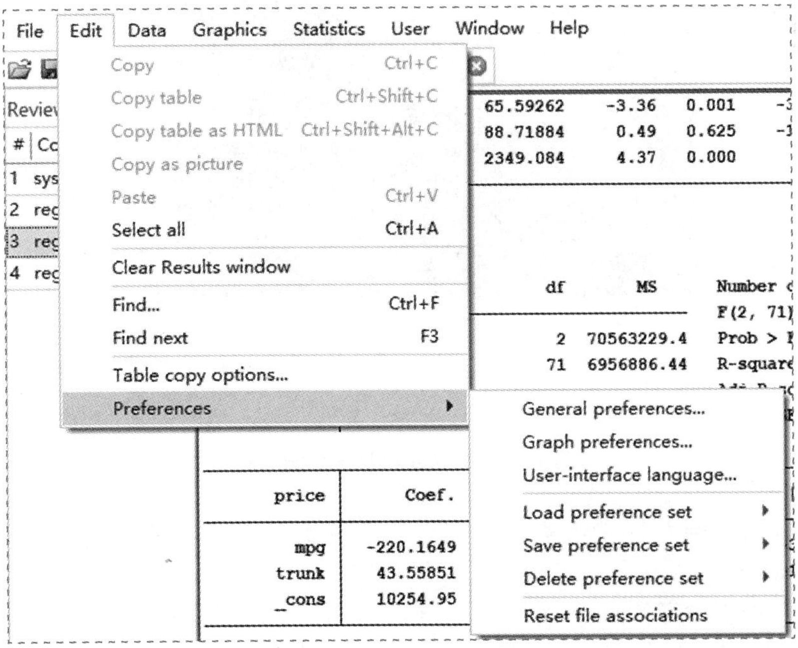

图 1－5　调整界面偏好

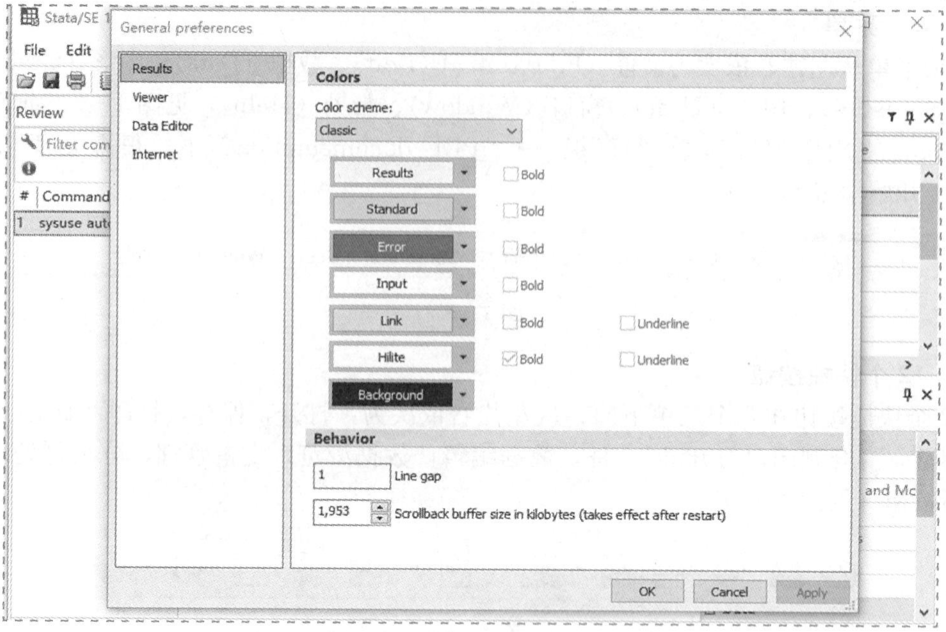

图 1-6　将结果窗口设置为“Classic”

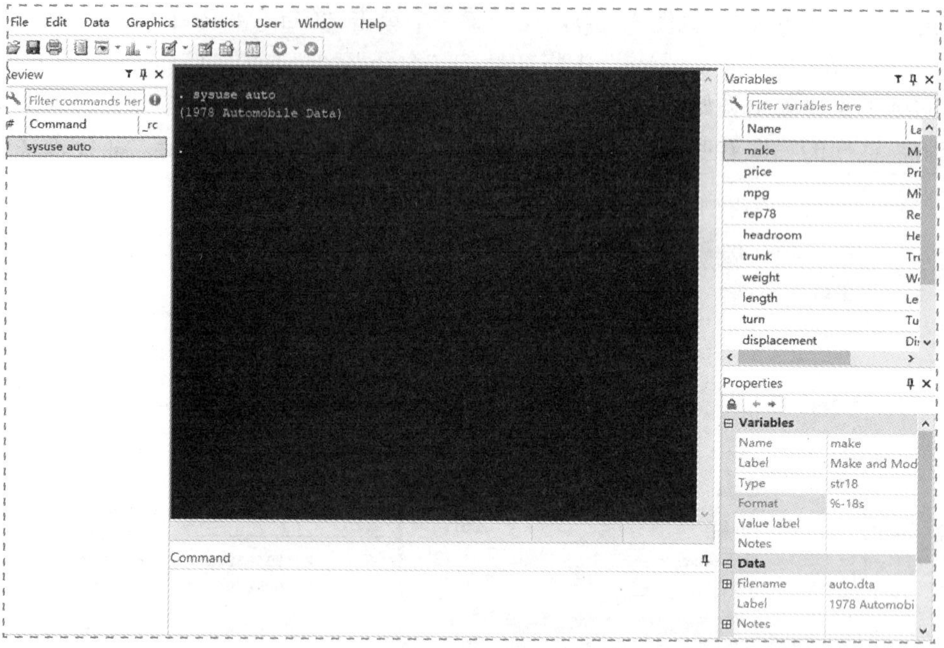

图 1-7　结果窗口是黑色的效果

由于本教材中的输出结果需要截图给读者看，考虑到印刷效果，我们仍然用默认的“Standard”来演示，读者自己在操作的时候可以尝试将其更改为“Classic”风格。初次使用 Stata 时，可以设定各窗口的位置、大小、字体、颜色等，使之符合自己的喜好和使用习惯，上下左右拖拽鼠标能够自由调整窗口的大小和位置。在中间的结果窗口中右击鼠标后，单击“Font…”可以调整窗口字体（见图 1－8），但也可以事先不做任何调整，在以后的使用过程中根据需要来调整。

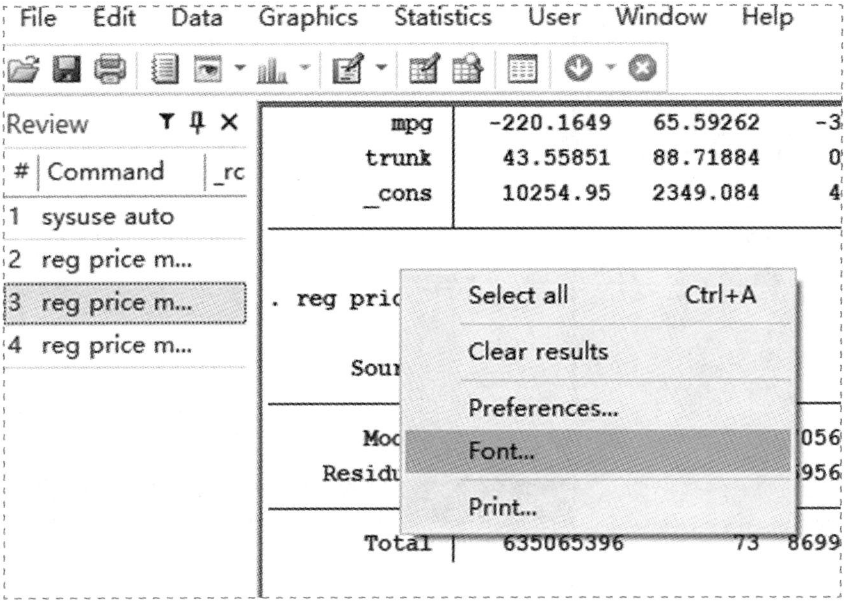

图 1－8　调整字体大小

二、操作方式

Stata 可以通过点击菜单来实现，也可以通过命令来实现，也就是说有菜单式和写命令两种操作方式。其中，写命令既可以在 Command 界面中写命令，也可以在 do 文档中写命令（称之为写 do 文档）。第一种菜单式的缺点是不能保存操作记录，间隔一段时间后再次使用同一操作时可能不记得具体的菜单操作过程了，也不方便分享；在 Command 界面中写命令的缺点是一次只能执行一条命令，不可以对命令进行注释，也不方便保存记录和分享；而写 do 文档的方式既可以保存命令，也方便反复调用，更方便分享。do 文档的可重复性和可分享性能够明显提高工作效率，是目前最主要的操作方式。刚开始接触 Stata 的人可能不太喜欢写 do 文档，但是在使用一段时间后会感受到这种操作方式带来的各种便利。

三、初体验

在命令窗口输入任何有效的 Stata 命令，按回车键执行，结果窗口就会显示命令的执行结果；当输入的命令有错误并让其执行时，Stata 停止运行，并且在结果窗口报错（红色字体提示），显示提示信息。下面先用系统自带的数据 auto. dta 尝试执行一个简单的 OLS 回归。先在 Command 中输入下面的命令（见图 1－9）：

```
sysuse auto
```

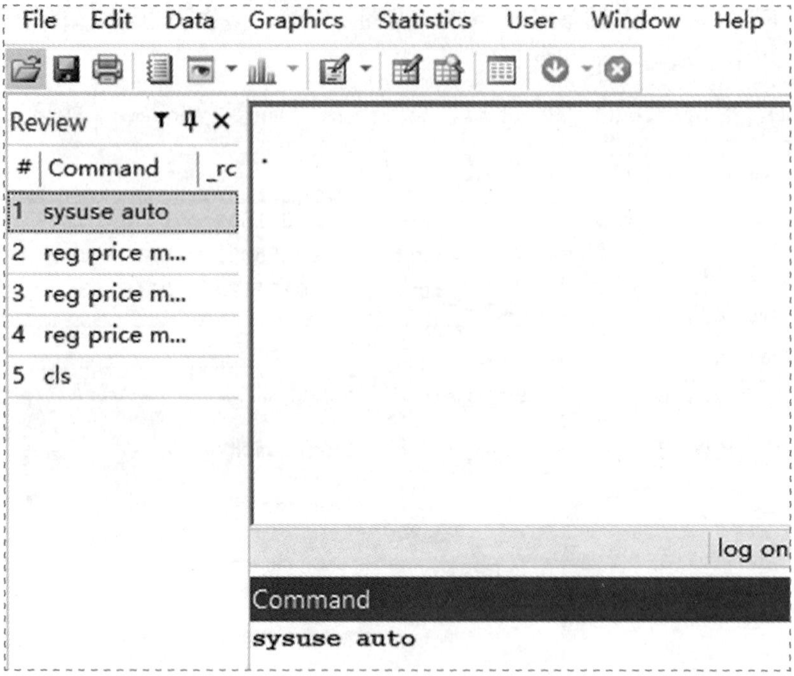

图 1-9　打开系统自带数据 auto.dta

输完上面一句之后，回车，再输入下面一句命令：

```
reg price mpg weight length
```

输入完毕后回车，回归结果立刻出现在中间的结果窗口中（见图 1-10）。

```
. sysuse auto
(1978 Automobile Data)

. reg price mpg weight length

      Source |       SS           df       MS      Number of obs   =        74
-------------+----------------------------------   F(3, 70)        =     12.98
       Model |   226957412         3  75652470.6   Prob > F        =    0.0000
    Residual |   408107984        70  5830114.06   R-squared       =    0.3574
-------------+----------------------------------   Adj R-squared   =    0.3298
       Total |   635065396        73  8699525.97   Root MSE        =    2414.6

------------------------------------------------------------------------------
       price |      Coef.   Std. Err.      t    P>|t|     [95% Conf. Interval]
-------------+----------------------------------------------------------------
         mpg |  -86.78928   83.94335    -1.03   0.305     -254.209    80.63046
      weight |   4.364798   1.167455     3.74   0.000     2.036383    6.693213
      length |  -104.8682   39.72154    -2.64   0.010    -184.0903   -25.64607
       _cons |   14542.43   5890.632     2.47   0.016      2793.94    26290.93
------------------------------------------------------------------------------
```

图 1-10　自带数据 auto 的回归结果

命令中 reg 是回归的意思，price 是被解释变量，mpg、weight、length 都是解释变量。变量名不需要逐个字母键入，只需要在界面右上角的变量窗口中双击需要录入的变量名 price（见图 1－11），变量名就被粘贴到 Command 中，这个方法前面也有提到。

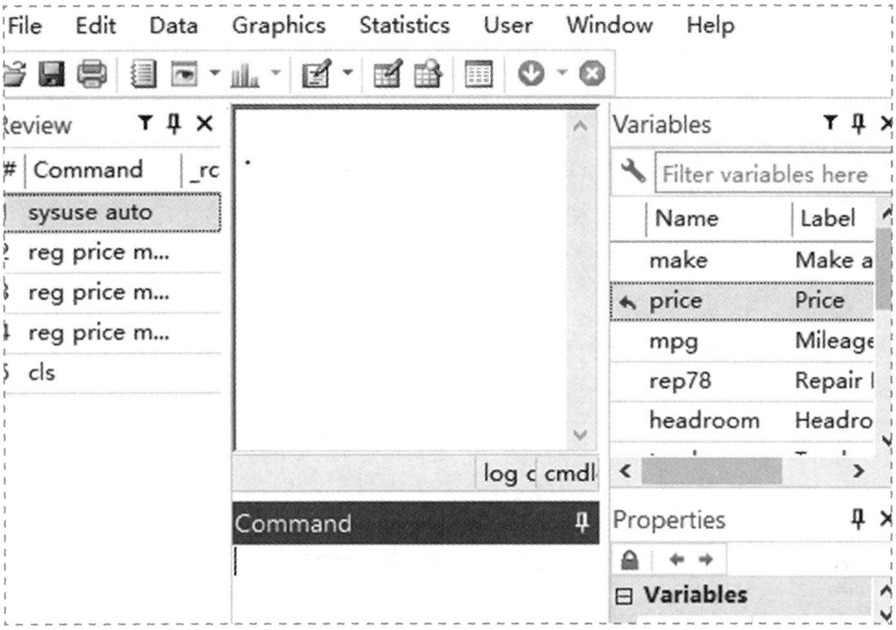

图 1－11 双击变量窗口中的 price

Stata 如此简单灵活，现在你是不是有信心了呢？在上面的命令中，sysuse auto 是指打开 Stata 系统中自带的数据 auto. dta，数据文件名是“auto”。Stata 的数据格式带有后缀 dta，但 auto 这个数据是 Stata 系统自带的，用 Stata 打开它时，后缀 dta 可以省略不写。reg 是 regress（回归）的缩写，price 是被解释变量（因变量），后面三个变量 mpg、weight、length 是解释变量（自变量），也就是刚刚轻松实现了一个最小二乘估计。从图 1－10 可以看到，三个解释变量中 weight 和 length 在 5%的显著性水平上是显著的，mpg 不显著。其中解释变量 weight 的估计系数为 4.364 798，估计系数的标准误为 1.167 455，t 值为 3.74，p 值为 0.000。线性模型的整体显著性检验的 F 统计量为 12.98，p 值为 0.000 0，线性模型整体是显著的。拟合优度 R^2 为 0.357 4，调整后的 R^2 为 0.329 8，回归估计标准误是 2 414.6。

采用上面的简单例子做回归是为了感受一下 Stata 带来的方便快捷，以消除对 Stata 的抵触情绪或者说陌生感，从心理上接受 Stata，增强信心，这就是举这个例子的目的。一旦感受到了 Stata 的简单方便和功能强大，兴趣就有了。在后续的学习中将会进一步给出各种输出结果的详细解读。这个例子是在 Command 界面执行的，但是就像前面提到的，平时在 do 文档中执行命令比较多，因为 do 文档具有可重复性、便于分享等很多优势，确实妙不可言。另外，可以在最左侧的历史命令窗口中找到刚刚输入过的命令，灰色表示已执行过，红色表示出错且未执行的命令。单击某一命令可将其粘贴到 Command 窗口，双击某一命令则该命令被再次执行。下面继续介绍基本常识，以进一步学习更丰富、更精彩和更奇妙的内容。

第二章

基本操作

第一节　准备工作

一、更改路径

在 Command 窗口输入：

pwd

然后回车。pwd 是指显示当前工作路径，如图 2－1 结果窗口中最下面一行显示当前的工作路径是 D:\stata15\ado\personal。

```
. use auto
(1978 Automobile Data)

. reg price mpg weight length

      Source |       SS           df       MS      Number of obs   =        74
-------------+----------------------------------   F(3, 70)        =     12.98
       Model |   226957412         3  75652470.6   Prob > F        =    0.0000
    Residual |   408107984        70  5830114.06   R-squared       =    0.3574
-------------+----------------------------------   Adj R-squared   =    0.3298
       Total |   635065396        73  8699525.97   Root MSE        =    2414.6

------------------------------------------------------------------------------
       price |      Coef.   Std. Err.      t    P>|t|     [95% Conf. Interval]
-------------+----------------------------------------------------------------
         mpg |  -86.78928   83.94335    -1.03   0.305     -254.209    80.63046
      weight |   4.364798   1.167455     3.74   0.000     2.036383    6.693213
      length |  -104.8682   39.72154    -2.64   0.010    -184.0903   -25.64607
       _cons |   14542.43   5890.632     2.47   0.016      2793.94    26290.93
------------------------------------------------------------------------------

. pwd
D:\stata15\ado\personal

.
```

图 2－1　显示当前工作路径

在命令窗口输入：

dir

然后回车。dir 是指显示当前系统文件的设定。如果将当前工作路径改为 D 盘下的“书稿”文件夹，需要输入：

cd " D：\ 书稿"

然后回车。这样 D 盘中的文件夹“书稿”设定为当前工作路径（见图 2－2 最下面一行）。上面这些命令和其他软件是类似的，熟悉这些命令的读者可以忽略。

```
. use auto
(1978 Automobile Data)

. reg price mpg weight length

      Source |       SS           df       MS      Number of obs   =        74
-------------+----------------------------------   F(3, 70)        =     12.98
       Model |   226957412         3  75652470.6   Prob > F        =    0.0000
    Residual |   408107984        70  5830114.06   R-squared       =    0.3574
-------------+----------------------------------   Adj R-squared   =    0.3298
       Total |   635065396        73  8699525.97   Root MSE        =    2414.6

------------------------------------------------------------------------------
       price |      Coef.   Std. Err.      t    P>|t|     [95% Conf. Interval]
-------------+----------------------------------------------------------------
         mpg |  -86.78928   83.94335    -1.03   0.305     -254.209    80.63046
      weight |   4.364798   1.167455     3.74   0.000     2.036383    6.693213
      length |  -104.8682   39.72154    -2.64   0.010    -184.0903   -25.64607
       _cons |   14542.43   5890.632     2.47   0.016      2793.94    26290.93
------------------------------------------------------------------------------

. cd "D:/书稿"
D:\书稿
```

图 2－2　更改当前工作路径

二、命令注释

1. 注释方式

单击图 2－3 圈注中的按钮来新建 do 文档，将命令逐条写入 do 文档中等待执行。在 do 文档中对命令进行必要的注释是很重要的也是很好的习惯。因为间隔一段时间后，用户很可能已经不记得自己曾经写过的命令及其功能，这时候注释就能很好地帮助回忆。

在 do 文档中对命令进行注释常用下面的三种方式（如图 2－4 所示）。

①将双斜杠“//”放在命令后面。指“//”后面的内容是对该条命令的注释，注释内容以绿色显示，执行命令时会跳过注释内容。例如：

use auto　//打开当前工作路径下的数据文件，文件名为 auto

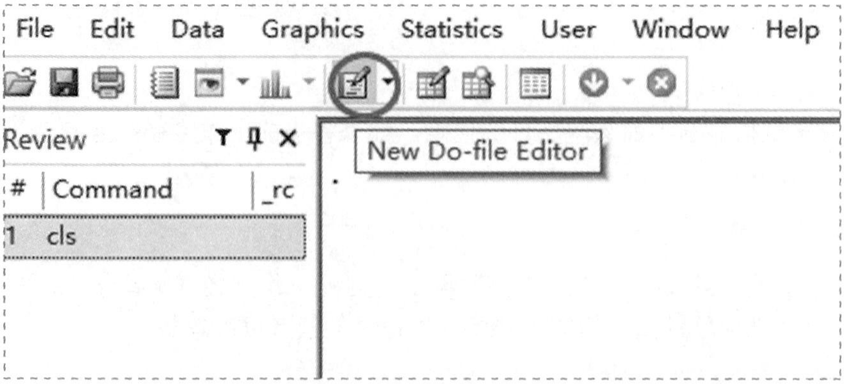

图 2-3 新建 do 文档

reg price mpg weight length// 因变量是 price，自变量是 mpg、weight、length 的回归

双斜杠//和前面的命令之间一定要有空格隔开，不然执行命令时 Stata 会报错。

②＊ 。表示＊之后的整行内容都是注释，不会被执行。

③/＊

＊/

上面的“/＊”和“＊/”之间的全部内容均是注释内容。为方便理解，也可以将其想象成一个是“左括号”、一个是“右括号”，两个“括号”之间的内容均是注释。以上的①、②、③是最常用的三种注释方式。此外，再强调一点，注释的内容在 do 文档中是以绿色显示的，不会被当作命令执行。如果注释内容不是绿色而是灰色，则说明注释不成功或者有问题，注释不成功的内容将作为命令一起被执行。

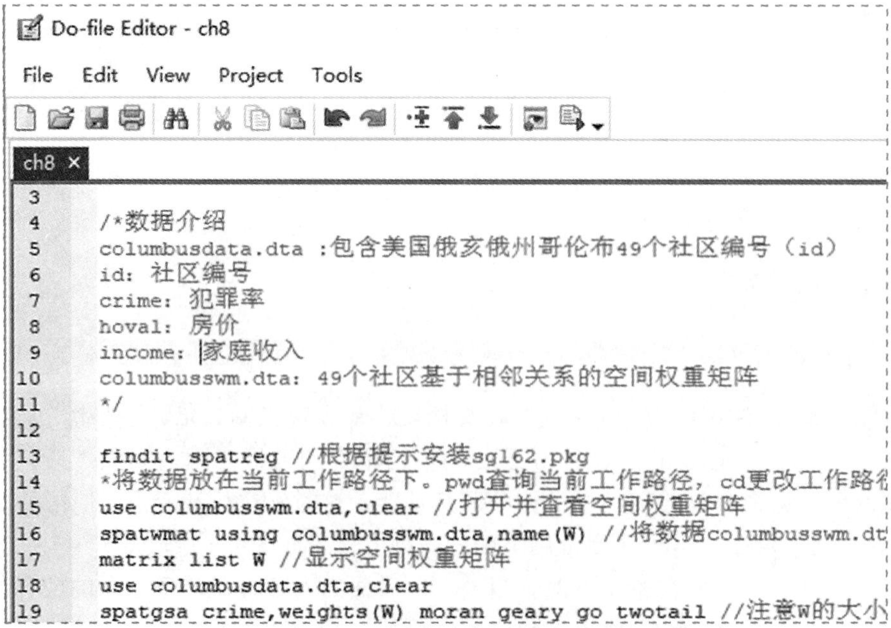

图 2-4 对命令进行注释的三种常用方法

如果一条命令太长，可以将命令写成两行，在两行之间用“///”连接，系统就识别出这是一条命令写成了两行，而不是两条命令，如下所示。

```
diff fte, t (treated) p (t) cov (bk kfc roys) kernel id (id)    ///
                support logit report robust test
```

上面这条命令后面的三斜杠“///”不同于双斜杠“//”。双斜杠“//”是注释，三斜杠“///”是连接符，是指命令太长了，被写成了两行。以后看到两行命令之间的三斜杠“///”是指这两行是一条完整的命令。

2. 练习注释

新建 do 文档，在 do 文档中输入下面的命令及注释，练习到能熟练地注释命令的程度。

```
sysuse auto, clear       //打开系统自带数据 auto，注意逗号为英文状态
reg price mpg weight     //OLS 回归，被解释变量为 price，解释变量为 mpg 和 weight
```

第一行命令的意思是打开系统自带数据 auto，注意命令里出现的逗号是英文状态下的逗号；第二行命令是进行 OLS 回归，price 是被解释变量，mpg 和 weight 是解释变量，将 price 对 mpg 和 weight 做 OLS 估计。

```
use lianxi                   //打开当前路径下的数据 lianxi.dta
use D:\书稿\lianxi           //打开非当前路径下的数据 lianxi.dta
use “D:\书稿\lianxi”         //路径中有空格或其他无法识别的符号需要双引号
```

上面的路径中有空格，需要双引号，这部分内容在后续详细介绍。

三、数据导入

数据导入有如下三种方法：

方法一：菜单导入 xls、txt 等格式的数据，针对大量数据。

方法二：复制粘贴法，针对少量数据。

方法三：命令法，针对少量数据。

具体操作如下：

方法一：点击“File”，在下拉菜单中点击“Import”（见图 2-5），如果导入的是 Excel 工作表中的数据，则选择第一行“Excel spreadsheet”，如果是 txt 本文数据，则选择第二行“Text dada”。下面先以导入 Excel 工作表中的数据为例。

选择第一行“Excel spreadsheet”后，出现图 2-6，在该对话框中，

Worksheet：选择要将 Excel 中的 sheet1 还是 sheet2 导入 Stata 系统。

Cell range：可以用来指定 Excel 中的行和列，以导入 Stata。

Import first row as variables names：若要导入的数据的第一行是变量名，则勾选该选项。

Import all data as strings：如果将数据以字符型格式导入，则勾选该选项。

Variable case：当勾选“Import first row as variables names”或者“Import all data as strings”时“Variable case”由灰色变成白色，该选项的下拉菜单有三项：第一项“Pre-

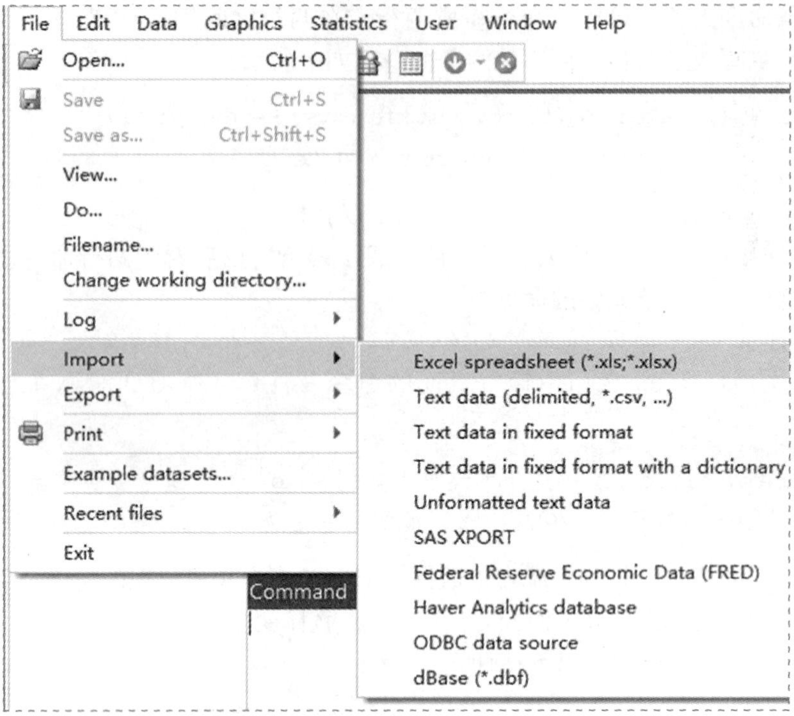

图 2-5　导入 Excel 工作表中的数据

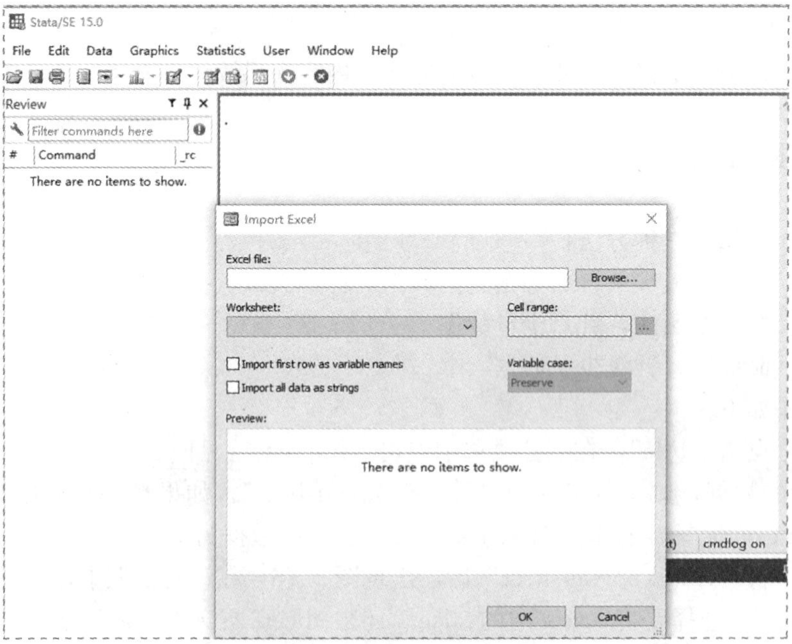

图 2-6　"Import Excel"对话框

serve"是指变量的大小写格式在导入系统后维持初始状态不变；"Lower"是指变量名导入后都统一为小写字母；"Upper"是指变量名导入后都统一为大写字母。因为 Stata 对大小写字母都是敏感的，为了防止以后不记得变量名到底是大写还是小写，建议开始导入时统一用小写字母。按照图 2－7 操作，点击“Ok”键即可成功导入数据。导入完毕后我们习惯性地浏览一下数据导入后的情况，方法是点击图 2－8 中圈注的按钮，即有放大镜标识的“Data Editor (Browse)”以浏览刚刚导入的数据，检查数据导入是否有遗漏等问题。浏览完毕后点击右上角的关闭按钮。这个放大镜按钮只能浏览数据，不能编辑数据，如果想编辑数据，则需要点击有一支“笔”标识的按钮，点开后可以修改数据。界面中有两个按钮都分别有一支“笔”图标，而且相邻。左边的“笔”用来新建 do 文档，右边的“笔”用来编辑数据。

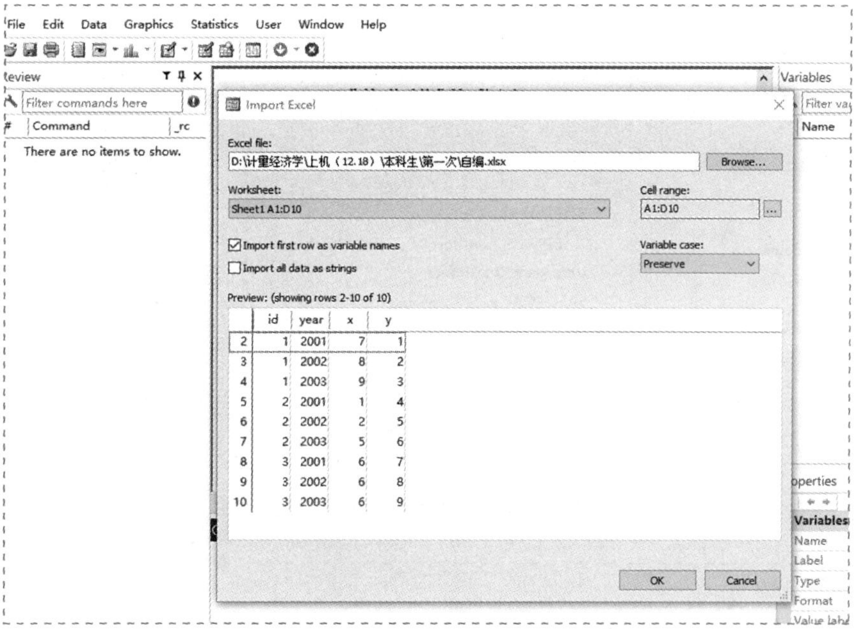

图 2－7　导入 Excel 工作表中的数据

图 2－8　数据查看按钮

如果是导入 txt 格式的数据，可按照图 2-9 和图 2-10 的操作方式以及系统提示来导入，这里不再详细介绍。在 Command 中输入下面的命令，然后回车，可以清空数据。

```
clear
```

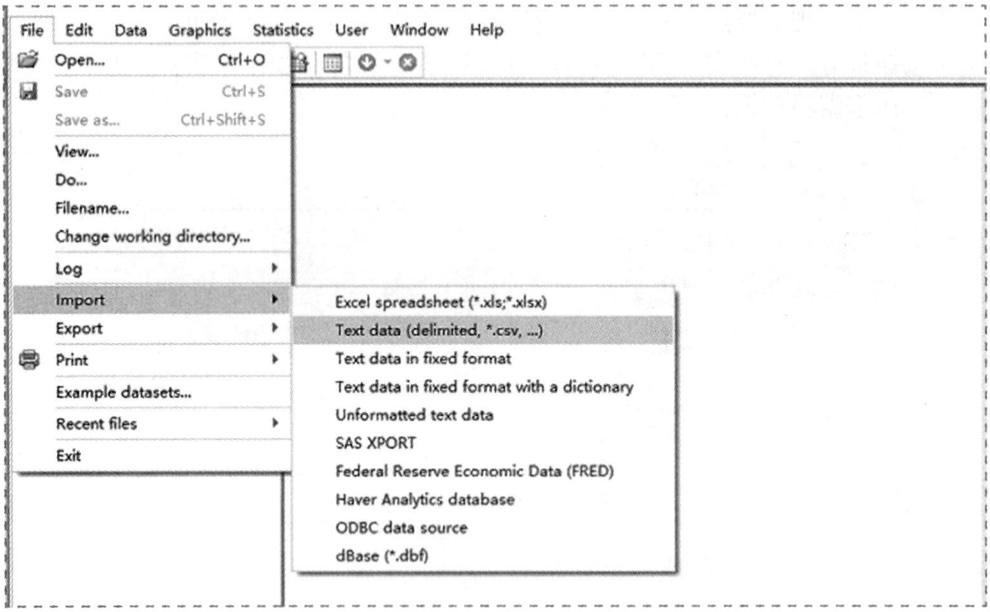

图 2-9 导入 txt 格式的数据

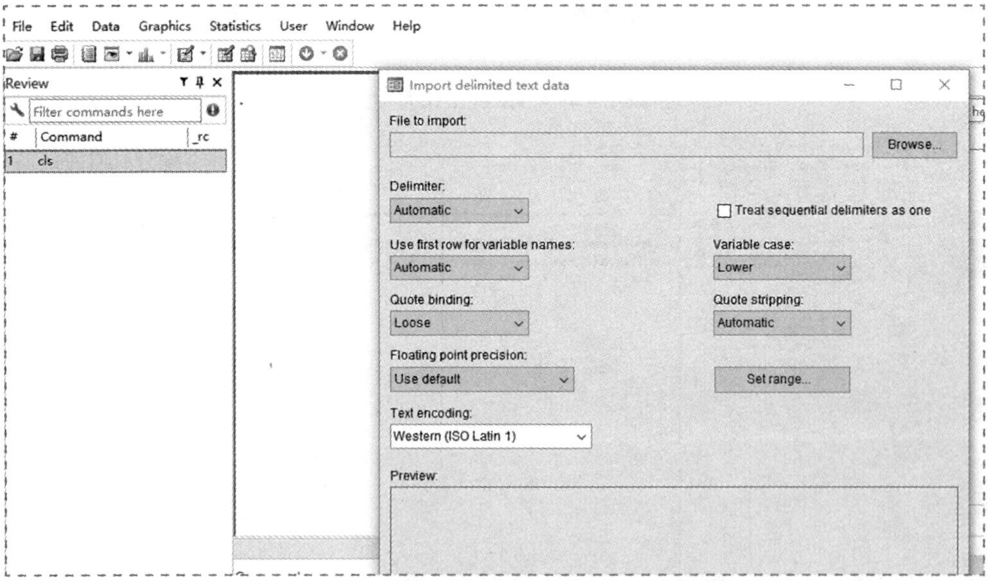

图 2-10 “Import delimited text data”对话框

方法二：在 Excel、Txt 或者 Word 中复制数据（Txt 和 Word 中的数据要以 Tab 键间隔），单击“Data Editor (Edit)”按钮（见图 2-11 中圈注的按钮），粘贴到 Stata 中。

出现的对话框中第一行是变量名，按实际情况选择具体操作。①

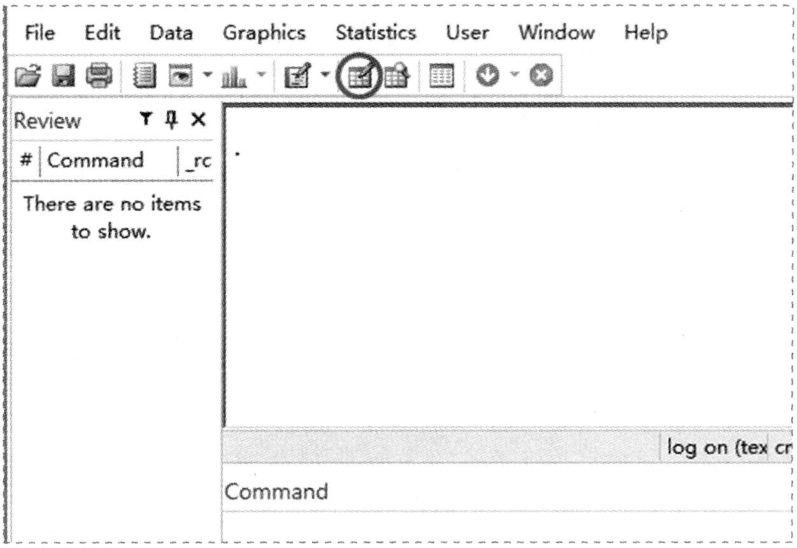

图 2-11　"Data Editor（Edit）"按钮

方法三：命令法。

在练习第三种方法之前，仍旧先在 Command 中输入 clear，然后回车，将 Stata 中原有的数据清空。采用命令导入数据的方法比较少用，首先新建一个 do 文档（见图 2-12 圆圈中的按钮），在新建的 do 文档中输入以下代码（纯属演练），注意数字之间用 Tab 键间隔。输入完毕后全部选中，选中后字体全部变成浅蓝色，单击执行按钮 （见图 2-13 圈注的按钮），则成功地将数据输入 Stata。需要提醒的是，在 do 文档中要执行哪部分命令需要先选中，然后点击执行按钮。如果不选中命令就去点击图 2-13 中圈注的执行按钮，则整个 do 文档中的所有命令从头至尾将全部被执行，直到完毕（执行过程中遇到有错误的命令，系统自行停止）。在 do 文档中的命令很多而电脑内存又不够大的情况下，不停地执行所有命令有可能会造成死机。此时需要强行停止正在逐条执行命令的系统，方法是点击 do 文档中的停止按钮（红色叉号×）即可结束运行。

```
input   yx
2       5
7       8
4       9
11      25
12      33
end
```

① 再次提醒，Stata 变量名区分大小写，这一点与 EViews 不同，变量名最好在开始时都统一设为小写的英文字母，防止事后因记不清是大写还是小写而引起麻烦。

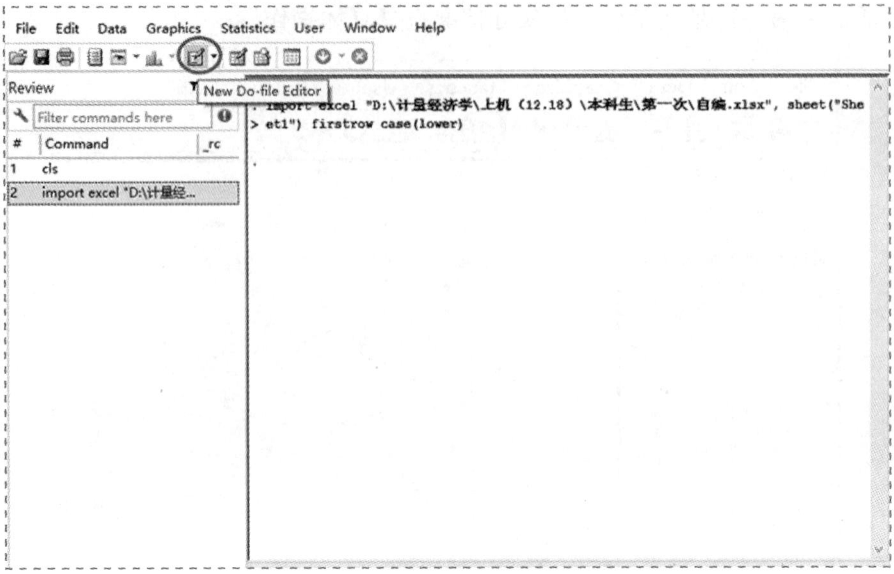

图 2-12 新建 do 文档

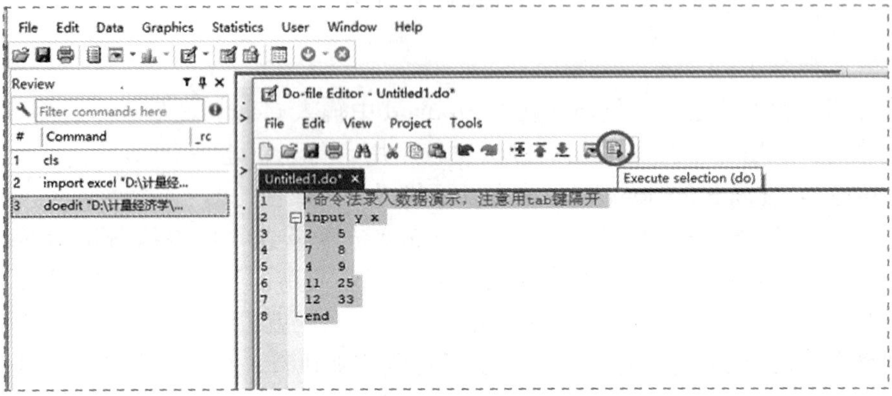

图 2-13 命令法导入数据

四、打开 dta 格式数据

Stata 数据是后缀为 dta 的数据，如何打开 Stata 格式的数据呢？方法有如下三种。

方法一：鼠标拖拽法。

方法二：菜单法。

方法三：命令法。

另外，打开系统自带数据的命令是 sysuse+文件名，如：

```
sysuse auto   //打开 Stata 系统自带数据 auto
```

上面的这些方法只适用于 dta 格式的数据，下面逐一介绍。方法一只需要找到要打开的 dta 格式的数据（也就是 Stata 格式的数据），用鼠标直接拖拽到 Stata 界面即可打开数据（见图 2-14）。如果之前的数据没有用“clear”清空，则将新数据拖拽过来时系统会提示

"Do you want to save the changes to your data before continuing?"（是否需要保存之前的数据），此时根据自己的需要点击"Save"或者"Don't save"即可（详见图 2-15）。

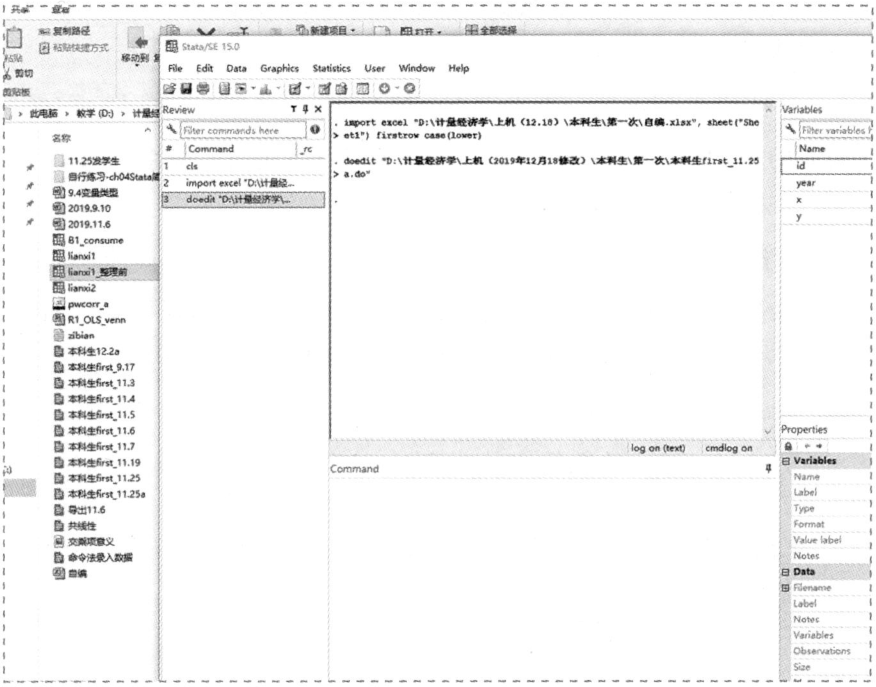

图 2-14　拖拽 Stata 格式的数据到界面

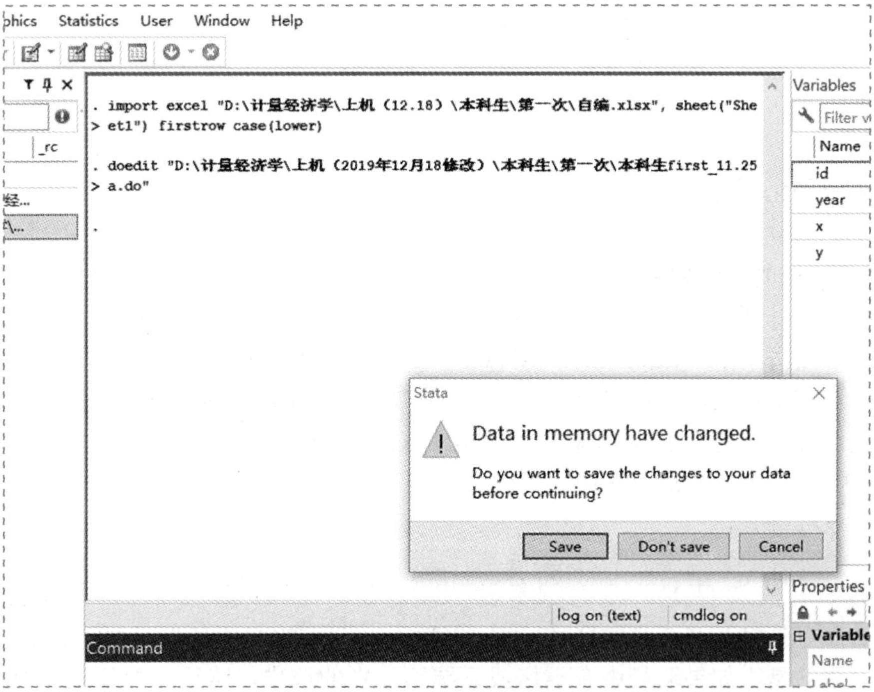

图 2-15　是否保存数据

方法二：菜单法。单击“File”，然后点击“Open…”，找到对应的数据即可打开。

方法三：命令法。命令可以写在 Command 窗口中按回车键执行，也可以写在 do 文档中选中命令来执行。如果要打开的数据 ch2.dta 在当前工作路径下，则直接用“use+文件名”的命令方式打开即可。例如：

```
use ch2, clear  //ch2.dta 在当前工作路径下，可以这样直接打开，后缀可以省略
```

如果要打开的 dta 格式的数据不在当前工作路径下，则需要采用“use+路径+文件名”的方式打开。例如：

```
use D:\计量经济学\chp2.dta, clear  //ch2.dta 不在当前工作路径下
```

如果上面的数据 chp2.dta 不在当前工作路径下，需要加上路径“D:\计量经济学”。路径中若有空格或系统不识别的符号，需要对路径加上双引号①，如：

```
use "D:\书稿 \ch2"
```

也常用鼠标选中 dta 格式的数据文件或者 do 文档拖拽到 Stata 界面中以打开它们。Stata 中“\”和“/”作用是相同的，也就是“D:\书稿”也可以写成“D:/书稿”。

因为用 do 文档写命令并逐条选中执行的方式最常用，所以在 do 文档中也常用该命令打开数据，读者需要熟练掌握。

除此之外，Stata 常用的快捷键有：

```
CTRL + o 即 open
CTRL + 8 即编辑数据
CTRL + s 即存储数据（store）
```

以上快捷键只有非常熟练才会提高效率，如果不喜欢使用上面的快捷键，可以不用，没有什么影响。

五、打开 do 文档

打开 do 文档的方法如下：

方法一：先打开 Stata 界面，用鼠标将 do 文档拖拽到 Stata 界面即可。

方法二：点击菜单“File”⟶“Open…”，找到要打开的 do 文档打开即可。

方法三：菜单栏点击“File”⟶“Do…”，找到要打开的 do 文档即可。

方法四：找到要打开的 do 文档，单击鼠标右键⟶打开方式⟶Stata。

方法五：用命令 doedit+路径+文件名。

如在命令框输入：

```
doedit D:\Stata 书稿\do\chp2  //用命令打开 do 文档
```

上面的命令是打开在路径“D:\Stata 书稿\do”下的文件名为 chp2 的 do 文档。

需要提醒的是，如果路径中有空格或系统不识别的符号，路径需要用英文状态下的双

① Stata 系统中要用英文状态下的双引号“ ”。

引号。

六、命令格式

[prefix:] command [varlist] [= exp] [if exp] [in range] [weight] [, options]

说明：[ ] 表示可选项，可见只有 command 是必不可少的。对于下面的内容读者可以先跳过去，学完后面的内容后再返回来学习这部分也是一种不错的方法。

command：命令名可以用缩写，如 regress 缩写为 reg，residual 缩写为 r，summarize 缩写为 sum。Stata 的帮助文件中用下划线标注了命令的缩写标准。

varlist：表示一个变量或者多个变量，如果有多个变量，需用空格隔开。可以一一列出变量名，也可使用一些简便方法，通常因变量在前，自变量在后。

prefix：前缀。用“:”与 command 隔开，最常见的前缀是 by varlist，使用该前缀表示对 varlist 的每个取值分别执行一遍命令。如：

```
sysuse auto   //先打开系统自带的数据 auto
by foreign : sum price
```

按照分类变量 foreign 的值分别对 price 执行 sum 命令，即国产（foreign=Domestic）的 price 和进口（foreign= Foreign）的 price 分别求和，输出结果如图 2-16 所示：

```
. by foreign : sum price

--------------------------------------------------------------------------------
-> foreign = Domestic

    Variable |       Obs        Mean    Std. Dev.       Min        Max
-------------+---------------------------------------------------------
       price |        52    6072.423    3097.104       3291      15906

--------------------------------------------------------------------------------
-> foreign = Foreign

    Variable |       Obs        Mean    Std. Dev.       Min        Max
-------------+---------------------------------------------------------
       price |        22    6384.682    2621.915       3748      12990
```

图 2-16

需要指出的是，上面的命令在使用 by varlist 前要求数据是按照 varlist 排好序的（已经排好序的可忽略，没有排好序的需要先排序）。而使用“by varlist，sort”则不必管数据是否已排序，可以直接分类汇总，具体命令如下，结果如图 2-17 所示：

```
by foreign, sort: sum price
```

[=exp]：该选项主要用于给新变量赋值或替换原变量的值，如下述命令：

```
gen newprice = price/10
```

list price newprice in 1/15

其中，in 是指对第 1～15 个观测值执行命令，结果如图 2-18 所示。

```
. by foreign, sort: sum price

-> foreign = Domestic

    Variable |        Obs        Mean    Std. Dev.       Min        Max
-------------+---------------------------------------------------------
       price |         52    6072.423    3097.104       3291      15906

-> foreign = Foreign

    Variable |        Obs        Mean    Std. Dev.       Min        Max
-------------+---------------------------------------------------------
       price |         22    6384.682    2621.915       3748      12990
```

图 2-17

```
. list price newprice in 1/15

     +--------------------+
     |  price   newprice  |
     |--------------------|
  1. |  4,099      409.9  |
  2. |  4,749      474.9  |
  3. |  3,799      379.9  |
  4. |  4,816      481.6  |
  5. |  7,827      782.7  |
     |--------------------|
  6. |  5,788      578.8  |
  7. |  4,453      445.3  |
  8. |  5,189      518.9  |
  9. | 10,372     1037.2  |
 10. |  4,082      408.2  |
     |--------------------|
 11. | 11,385     1138.5  |
 12. | 14,500       1450  |
 13. | 15,906     1590.6  |
 14. |  3,299      329.9  |
 15. |  5,705      570.5  |
     +--------------------+
```

图 2-18

[if exp]：对满足条件的观测值执行命令，如下述代码的结果见图 2-19。

list make price mpg if foreign = = 1

```
. list make price mpg if foreign==1

     +--------------------------------+
     | make              price   mpg  |
     |--------------------------------|
 53. | Audi 5000         9,690    17  |
 54. | Audi Fox          6,295    23  |
 55. | BMW 320i          9,735    25  |
 56. | Datsun 200        6,229    23  |
 57. | Datsun 210        4,589    35  |
     |--------------------------------|
 58. | Datsun 510        5,079    24  |
 59. | Datsun 810        8,129    21  |
 60. | Fiat Strada       4,296    21  |
 61. | Honda Accord      5,799    25  |
 62. | Honda Civic       4,499    28  |
     |--------------------------------|
 63. | Mazda GLC         3,995    30  |
 64. | Peugeot 604      12,990    14  |
 65. | Renault Le Car    3,895    26  |
 66. | Subaru            3,798    35  |
 67. | Toyota Celica     5,899    18  |
     |--------------------------------|
 68. | Toyota Corolla    3,748    31  |
 69. | Toyota Corona     5,719    18  |
 70. | VW Dasher         7,140    23  |
 71. | VW Diesel         5,397    41  |
 72. | VW Rabbit         4,697    25  |
     |--------------------------------|
 73. | VW Scirocco       6,850    25  |
 74. | Volvo 260        11,995    17  |
     +--------------------------------+

.
```

图 2-19

表格 2-1 列出了 Stata 命令中常用的一些符号及其含义，这与其他计算机语言很相似。

表 2-1　常用符号及含义

常用符号	含义	常用符号	含义
==	等于	>	大于
=	赋值	|	或

续表

常用符号	含义	常用符号	含义
<=	小于等于	<	小于
!=	不等于	~	非
~=	不等于	>=	大于等于
&	与		

[in range]：对编号在一定范围内的观测值执行命令，如下述命令：

list price in 5　　//屏显变量 price 的第 5 个数据，结果如图 2 - 20 所示。

```
. list price in 5

     +-------+
     | price |
     |-------|
  5. | 7,827 |
     +-------+
```

图 2 - 20

list price in 1/5　//屏幕列出变量 price 的第 1 到第 5 个 price 的数据

list price in -5　//屏幕列出变量 price 的倒数第 5 个数据

[，options]：位于命令最后，与之前的部分用“，”隔开（英文输入状态），该选项是命令功能的细化，Stata 命令的选项非常丰富，这使得 Stata 的功能异常强大，选项也可以使用缩写，如：

sum price，d　　　　　　　//d 是 detail 的缩写

tab foreign，sum（price）　　//按照分类变量 foreign 对 price 进行分类汇总，结果如图 2 - 21 所示。

```
. tab foreign, sum(price)

            |          Summary of Price
   Car type |        Mean   Std. Dev.       Freq.
------------+------------------------------------
   Domestic |   6,072.423   3,097.104          52
    Foreign |   6,384.682   2,621.915          22
------------+------------------------------------
      Total |   6,165.257   2,949.496          74
```

图 2 - 21

Stata 除了自带官方命令以外，还有大量用户编写的命令可供自由下载并安装使用，称为外部命令。如 tabout 命令将执行结果表格输出到 Excel 或 Word 中，并定义输出格式；外部命令 outreg2 将回归结果输出到 Excel 或 Word 中并定义输出格式。这些强大的

外部命令在使用之前需要自行安装。安装这些外部命令都是非常简单快捷的，安装方法是：

```
ssc install commandname   //安装非官方命令 commandname
```

也就是 ssc install+命令名字，例如要安装一个很常用的外部命令 outreg2，只需要在 command 或者 do 文档中输入下面的命令并执行即可。

```
ssc install outreg2   //安装外部命令 outreg2
```

其中 ssc 是指非官方命令下载平台 Statistical Software Components，由波士顿大学维护。如果想了解热点或者最新的命令，可以用下面的命令查看：

```
ssc hot   //列出 ssc 提供的最流行的非官方 Stata 命令及简介
ssc new   //列出 ssc 提供的最新的非官方 Stata 命令及简介
```

七、数据类型

在 Command 窗口中输入下面的帮助命令，通过“help”查看 Stata 的数据类型。

```
help data type
```

Stata 允许将变量定义为整数、实数和字符串类型。

1. 数值型变量（整数和实数）

数值型变量按照精度分为五种类型：byte，int，long，float，double。类似于 Access 中的字节型（byte)、整型（int)、长整型（long)、浮点型（float）和双精度型（double)。整数有三种：byte 一个字节，表示－127～100 之间的整数；int 表示介于±32 740 之间的整数；long 表示介于$\pm 21.4\times 10^8$之间的整数。实数有两种形式：float 存储的精度是 7 位；double 存储的精度是 15 位。不同的精度对应着不同的计算误差。当多次运算均需要四舍五入时，低精度的运算会使计算误差迅速变大，而高精度需要占用较多内存。当运算精度要求很高时，需要将变量设置成浮点型（float）或者双精度型（double)。

2. 字符串变量

通常需要用文字描述的信息，如：姓名、住址等，常由字母或一些特殊的符号组成。字符变量也可以用来表示定性变量，如性别。字符串变量通常以英文引号标注，而引号不属于字符串的一部分，字符串变量的长度可以从 1 至 244，如果存储的字符串比指定的长，Stata 会自动增加变量的存储容量来适应字符串，直到达到最大的 244 个字符。一般用 str＃来表示字符串变量。字符串中的大小写属于不同字符，有无空格以及空格位置的不同都表示不同的字符串。

第二节　Stata 基础应用

下面的命令比较简单，也很常用，可以通过下面的简单练习熟悉一些基础操作，为后面的专项内容奠定基础，提高学习效率。

一、基础练习一

新建一个 do 文档，具体方法在前文已经讲解过。在 do 文档中输入下面的命令（前文也专门讲解过命令后面的双斜杠//表示注释，注释内容是对该命令的简单解释，并不会被执行）：

```
sysuse auto, clear       //打开系统自带数据，注意逗号为英文状态
reg price mpg weight     //被解释变量为 price，解释变量为 mpg 和 weight 的回归
estat su                 //该命令等同于命令 sum price mpg weight，结果如图 2-22
所示
```

Estimation sample regress　　　　Number of obs = 74

Variable	Mean	Std. Dev.	Min	Max
price	6165.257	2949.496	3291	15906
mpg	21.2973	5.785503	12	41
weight	3019.459	777.1936	1760	4840

图 2-22

```
estat ic                 //输出 AIC 和 BIC，结果如图 2-23 所示
```

Akaike's information criterion and Bayesian information criterion

Model	Obs	ll(null)	ll(model)	df	AIC	BIC
.	74	-695.7129	-682.8637	3	1371.727	1378.64

Note: N=Obs used in calculating BIC; see [R] BIC note.

图 2-23

AIC 和 BIC 分别是赤池信息准则（Akaike Information Criterion，AIC）和贝叶斯信息准则（Bayesian Information Criterion，BIC）。一般而言，当模型复杂度提高（解释变量个数增多）时，似然函数也会增大，从而使 AIC 变小，但是解释变量个数过多时，似然函数增速减缓，导致 AIC 增大，模型过于复杂，容易造成过拟合现象。所以，目标是选取 AIC 最小的模型。AIC 不仅要提高模型拟合度（极大似然），而且引入了惩罚项，使模型参数尽可能少，有助于降低过拟合的可能性。BIC 与 AIC 相似，也引入了与模型参数个数相关的惩罚项，BIC 的惩罚项比 AIC 的大，考虑了样本数量，当样本数量过多时，可有效防止模型精度过高造成的模型复杂度过高的情况。

```
estat vce   //输出协方差矩阵，结果如图 2-24 所示
```

```
Covariance matrix of coefficients of regress model

        e(V) |        mpg      weight       _cons
-------------+------------------------------------
         mpg |   7422.863
      weight |  44.601659   .41133468
       _cons | -292759.82  -2191.9032    12938766
```

图 2 - 24

从图 2 - 24 可知，变量 mpg 的方差为 7 422.863，变量 weight 和 mpg 的协方差为 44.601 659，依此类推。

helpestat　//通过 help 查询命令 estat，结果如图 2 - 25 所示

```
Title

    [R] estat — Postestimation statistics


Syntax

      Command                                                  Reference
    -------------------------------------------------------------------------
    Display information criteria

      estat ic [, n(#)]                                        [R] estat ic

    Summarize estimation sample

      estat summarize [eqlist] [, estat_summ_options]          [R] estat summarize

    Display covariance matrix estimates

      estat vce [, estat_vce_options]                          [R] estat vce
```

图 2 - 25

二、基础练习二

sysuse auto, clear　//如果已经打开，可忽略

sum price　//price 的基本信息

sum price - length　//对从 price 到 length 的所有变量做基本信息的汇总，结果见图 2 - 26

sum t＊ m＊　//＊是通配符，对以 t 开头和以 m 开头的变量做基本信息汇总，结果见图 2 - 27

Variable	Obs	Mean	Std. Dev.	Min	Max
price	74	6165.257	2949.496	3291	15906
mpg	74	21.2973	5.785503	12	41
rep78	69	3.405797	.9899323	1	5
headroom	74	2.993243	.8459948	1.5	5
trunk	74	13.75676	4.277404	5	23
weight	74	3019.459	777.1936	1760	4840
length	74	187.9324	22.26634	142	233

图 2-26

Variable	Obs	Mean	Std. Dev.	Min	Max
trunk	74	13.75676	4.277404	5	23
turn	74	39.64865	4.399354	31	51
make	0				
mpg	74	21.2973	5.785503	12	41

图 2-27

```
sum price-length, detail     //detail 可缩写为 d
sum price, detail            //结果见图 2-28
```

Price				
	Percentiles	Smallest		
1%	3291	3291		
5%	3748	3299		
10%	3895	3667	Obs	74
25%	4195	3748	Sum of Wgt.	74
50%	5006.5		Mean	6165.257
		Largest	Std. Dev.	2949.496
75%	6342	13466		
90%	11385	13594	Variance	8699526
95%	13466	14500	Skewness	1.653434
99%	15906	15906	Kurtosis	4.819188

图 2-28

```
list price in 1/20
sort price
gsort -price
sort price weight
gen pricenew = price + 30     //生成新变量 pricenew
rename price preice1          //把 price 改名为 preice1
dis 12 * 23                   //计算并屏显 12 和 23 的乘积
```

```
dis 12^2                  //计算并屏显 12 的平方
dis 8^(1/3)               //计算并屏显 8 开三次方，结果是 2
```

在今后的学习过程中，如果遇到陌生的命令，可以在 Command 窗口或者 do 文档中输入"help+命令名"来查找该命令的具体作用以及语法结构、例题展示等，help 功能很强大，每个初学者都应该经常查看 help。如在 Command 窗口中输入下面的命令：

```
help sum
```

回车后将弹出 sum 这条命令的详细内容，点进去逐条查看即可。也可以上网查找，很多人在网上分享了学习资料。所以，学习方法有很多，学习过程也完全没有想象中那么难。

三、基础练习三

```
use lianxi1          //打开 lianxi1 数据
drop v6
rename z x2          //将 x2 重命名为 z
rename x x1
gen y1 = y           //生成新变量 y1
drop y
rename y1 y
sum x1 x2 y
sum x1 x2y, detail
reg y x1 x2
estat ic             //输出 AIC 和 BIC
estat vif            //方差膨胀因子
```

若方差膨胀因子 vif >10，就需要考虑共线性是不是引起了严重的问题，例如，应该显著的系数不显著等就是需要解决的共线性问题。

第三节　常见问题

一、异方差稳健标准误

扰动项存在异方差的情况下可以用下面的命令来解决异方差问题，即异方差下采用稳健的标准误估计：

```
reg price weight, robust      //White (1980) 异方差下稳健标准误
```

异方差情况无处不在，所以上面这条命令的使用率很高，这个内容在后续异方差专项内容里有更详细的介绍。

二、共线性和共线性问题

变量之间线性相关叫作共线。共线性无处不在，但不是所有共线性都会导致共线性问题。共线性问题根据严重程度可以分为以下几种情况：

（1）完全共线（模型不允许）。某个解释变量可以完全被其他解释变量通过线性组合表达出来，这种完全共线性是模型不允许的。如，在 X_1、X_2 和 X_3 这三个解释变量中，$X_2 = 2*X_1+3$，或者 $2*X_1+X_2=X_3$ 等就是完全共线性问题。例如，在模型中纳入了父亲的受教育年限、母亲的受教育年限，又纳入了父母受教育年限的均值，则这三个变量是完全共线的，后者等于前面两个变量的均值。一个分类变量对应的所有类别的虚拟变量之和为 1，所以不能将所有类别的虚拟变量都纳入模型，否则完全共线。Stata 会自动检测和处理共线性问题，也会自动删除完全共线性的变量以有效规避共线性问题，这是 Stata 较智能的地方。

（2）适度共线性。变量之间适度共线性是有必要的。模型中的各个变量之间有适度相关性是必要的，而且如果控制变量与核心解释变量不相关，就不是一个合格的控制变量，这样的控制变量纳入模型没有太大的意义。

（3）高度共线性。如果两个解释变量或几个解释变量之间出现高度共线性，则需要具体情况具体分析，也就是说酌情处理高度共线性。变量间高度相关但又不是完全共线性的主要危害有：导致回归系数对应的标准误过大，标准误过大引起 t 统计量的值较小，变量很可能无法通过显著性检验。如果模型整体显著性检验即 F 检验结果是显著的，但是单独看每个解释变量所对应的 t 值不显著，则意味着联合作用效果显著，单个影响不显著，这很可能就是共线性导致的。如果共线性已经导致了应该显著的系数不显著了，则需要对共线性问题加以处理；如果没有影响到变量的显著性，此时也可以不处理。

（4）共线性的检测方法。方差膨胀因子 vif＞10 或者容忍度（方差膨胀因子的倒数）小于 0.1 时，需要引起注意，是否需要处理取决于 t 值显著还是不显著，如果 t 值是显著的，则可以不处理；若不显著，则需要酌情处理。

（5）共线性的处理方式。①变换。对共线性的变量做非线性变换。②删除。即删除不太重要但是又大大增加共线性问题的变量。③增加样本量。共线性问题会导致估计系数的标准误增大，增加样本量可以降低标准误，缓解共线性带来的问题。④因子分析或主成分分析。

三、正态性检验

1. 练习一

```
sysuse auto，clear
summarize price，detail    //通过描述性分析，输出 price 的峰度系数和偏度系数，结果如图 2-29 所示
```

上面的命令是通过描述性分析输出 price 的偏度和峰度系数。偏度（skewness）是描

	Price			
	Percentiles	Smallest		
1%	3291	3291		
5%	3748	3299		
10%	3895	3667	Obs	74
25%	4195	3748	Sum of Wgt.	74
50%	5006.5		Mean	6165.257
		Largest	Std. Dev.	2949.496
75%	6342	13466		
90%	11385	13594	Variance	8699526
95%	13466	14500	Skewness	1.653434
99%	15906	15906	Kurtosis	4.819188

图 2-29

述某变量取值分布对称性的统计量。偏度系数=0 时是对称的正态分布；偏度系数>0 时是右偏分布；偏度系数<0 时是左偏分布。峰度（kurtosis）是描述某变量所有取值分布形态陡缓程度的统计量。峰度系数=3 时与正态分布的陡缓程度相同；峰度系数>3 时是厚尾分布[①]；峰度系数<3 时是瘦尾分布。从输出的偏度系数和峰度系数来看 price 是一个非正态分布。

```
histogram price      //查看直方图，直接查看是否符合正态分布，结果如图 2-30 所示
```

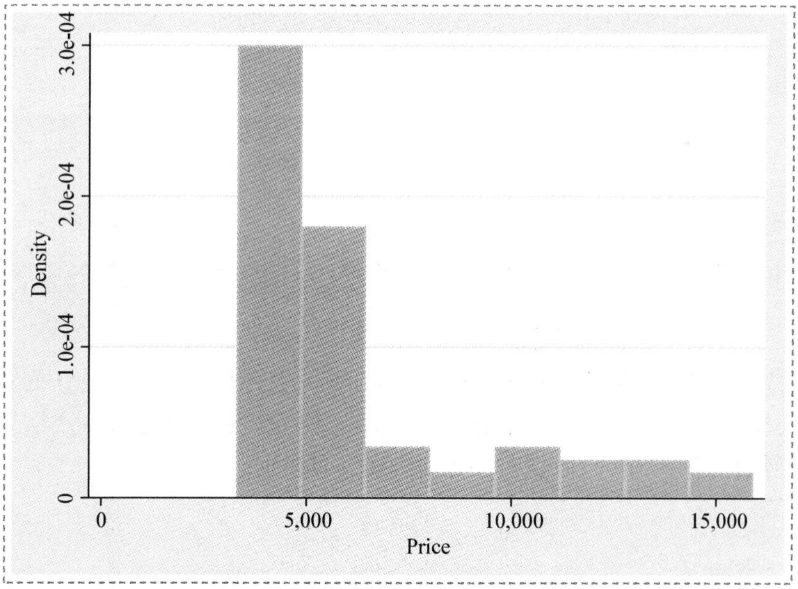

图 2-30　直方图

上面命令中的 histogram 可以简写为 hist。

从图 2-30 直观来看，price 是一个非正态分布。

---

① 与正态分布相比而言。

sktest price //查看偏度和峰度的检验结果，当 p 值大于 0.05 时认为是正态分布，结果见图 2-31

Skewness/Kurtosis tests for Normality

Variable	Obs	Pr(Skewness)	Pr(Kurtosis)	adj chi2(2) (joint)	Prob>chi2 (joint)
price	74	0.0000	0.0127	21.77	0.0000

图 2-31

上面的 J-B 正态性检验结果显示 p 值为 0，拒绝是正态分布的原假设，即 price 为非正态分布。

swilk price //S-W 检验方法，查看 p 值是否大于 0.05，结果见图 2-32

Shapiro-Wilk W test for normal data

Variable	Obs	W	V	z	Prob>z
price	74	0.76696	15.008	5.909	0.00000

图 2-32

该检验结果显示 p 值为 0，拒绝是正态分布的原假设，即为非正态分布。

sfrancia price //Shapiro-Francia W′检验方法，查看 p 值是否大于 0.05，结果见图 2-33

Shapiro-Francia W' test for normal data

Variable	Obs	W'	V'	z	Prob>z
price	74	0.76750	16.549	5.440	0.00001

图 2-33

该检验结果显示 p 值为 0，拒绝是正态分布的原假设，即为非正态分布。

上面的三条命令都是对变量的正态性做检验（原假设：正态分布）。结果显示三个检验的 p 值都拒绝正态分布的原假设，结论是 price 为非正态分布。

2. 练习二

```
quie set obs 10000          //产生 10 000 个随机数
set seed 20161117           //随机数种子为 20161117
gen x2 = rnormal ()         //生成服从正态分布的变量 X2
list x2 in 1/10             //结果见图 2-34
sum x2 , d  //通过 x2 的描述性分析了解 x2 的峰度和偏度值，结果见图 2-35
hist x2     //查看 x2 的直方图，看是否符合正态分布，结果见图 2-36
sktest x2   //查看 x2 的偏度和峰度的检验结果，见图 2-37
```

	x2
1.	.24134826
2.	.92759556
3.	-.68964192
4.	.24561437
5.	1.417711
6.	.81250588
7.	-.23380047
8.	-.98777329
9.	-.08845941
10.	-.01128224

图 2－34

```
                            x2
-------------------------------------------------------------
      Percentiles      Smallest
 1%    -2.345798      -4.156337
 5%    -1.637951      -3.787694
10%    -1.274299       -3.42542       Obs              10,000
25%    -.6761284       -3.37441       Sum of Wgt.      10,000

50%     .0013292                      Mean           .0065391
                        Largest       Std. Dev.      1.009574
75%     .6857171       3.272129
90%     1.295734       3.288711       Variance       1.019239
95%      1.66086       3.474539       Skewness       .0011491
99%     2.400539       3.702503       Kurtosis       3.007272
```

图 2－35

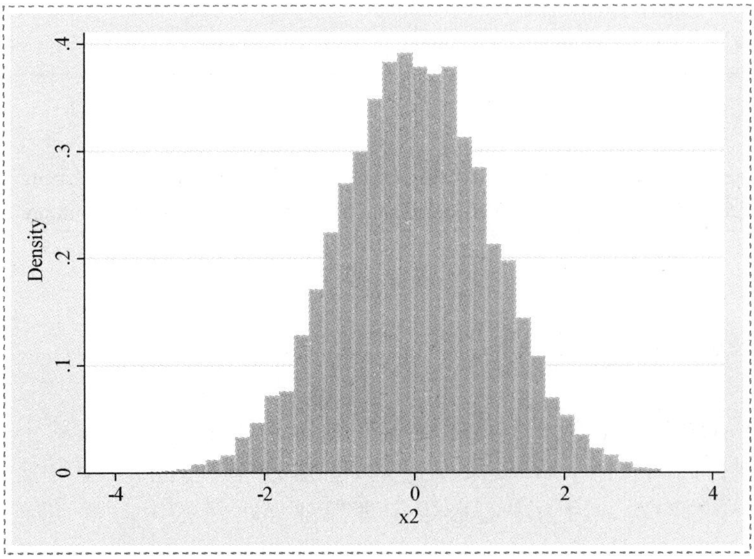

图 2－36　直方图

Skewness/Kurtosis tests for Normality

Variable	Obs	Pr(Skewness)	Pr(Kurtosis)	joint adj chi2(2)	joint Prob>chi2
x2	10,000	0.9626	0.8534	0.04	0.9820

图 2-37

J-B 正态性检验结果显示 p 值>0.05，所以 x2 服从正态分布。

swilk x2　　//S-W 检验方法，查看 p 值是否大于 0.05，原假设为正态分布，结果见图 2-38

Shapiro-Wilk W test for normal data

Variable	Obs	W	V	z	Prob>z
x2	10,000	0.99990	0.477	-1.981	0.97623

Note: The normal approximation to the sampling distribution of W'
is valid for 4<=n<=2000.

图 2-38

上面检验的原假设：正态分布。当 p 值大于 0.05 时在 5%的显著性水平上不能拒绝正态分布的原假设。检验结果显示 x2 服从正态分布。

sfrancia x2 //Shapiro-Francia W′检验方法，结果见图 2-39

Shapiro-Francia W' test for normal data

Variable	Obs	W'	V'	z	Prob>z
x2	10,000	0.99991	0.506	-1.799	0.96397

Note: The normal approximation to the sampling distribution of W'
is valid for 10<=n<=5000 under the log transformation.

图 2-39

检验结果显示 x2 服从正态分布。

3. 练习三

经典 OLS 估计要求样本量小时扰动项必须服从正态分布。检验正态性的思路是先在 Stata 中进行回归，用 predict 保存残差 e，对残差 e 做正态性检验。样本量很大时不需要做这样的检验，因为中心极限定理保证样本量很大时扰动项或者残差服从正态分布。①

（1）命令与说明。

```
sysuse auto, clear
reg price weight mpg foreign        //先回归
predicte, r                          //r 即 residual，将残差保存为变量 e
hist e , normal        //hist 即 histogram，对残差 e 做直方图和正态曲线图
sum e , d                            //sum 即 summarize，d 即 detail
histogram e                          //查看直方图
hist e                               //与上面等价
sktest e                             //J-B 正态性检验
swilk e                              //S-W 检验方法
sfrancia e       //Shapiro-Francia W′检验方法，查看 p 值是否大于 0.05
```

上面三个检验的原假设为正态分布。当 p 值大于 0.05 时不能拒绝正态分布的原假设。

（2）主要执行结果。

```
sysuse auto, clear
reg price weight mpg foreign       //结果见图 2-40
```

Source	SS	df	MS			
				Number of obs	=	74
				F(3, 70)	=	23.29
Model	317252881	3	105750960	Prob > F	=	0.0000
Residual	317812515	70	4540178.78	R-squared	=	0.4996
				Adj R-squared	=	0.4781
Total	635065396	73	8699525.97	Root MSE	=	2130.8

price	Coef.	Std. Err.	t	P>|t|	[95% Conf.	Interval]
weight	3.464706	.630749	5.49	0.000	2.206717	4.722695
mpg	21.8536	74.22114	0.29	0.769	-126.1758	169.883
foreign	3673.06	683.9783	5.37	0.000	2308.909	5037.212
_cons	-5853.696	3376.987	-1.73	0.087	-12588.88	881.4934

图 2-40

```
predict e, r  //残差值以 e 为变量名保存，结果见图 2-41
```

① 如果上面的检验发现不符合正态分布，常用的处理方式有：对因变量取对数以缓解因变量的右偏分布；对因变量取指数以缓解因变量的左偏分布。

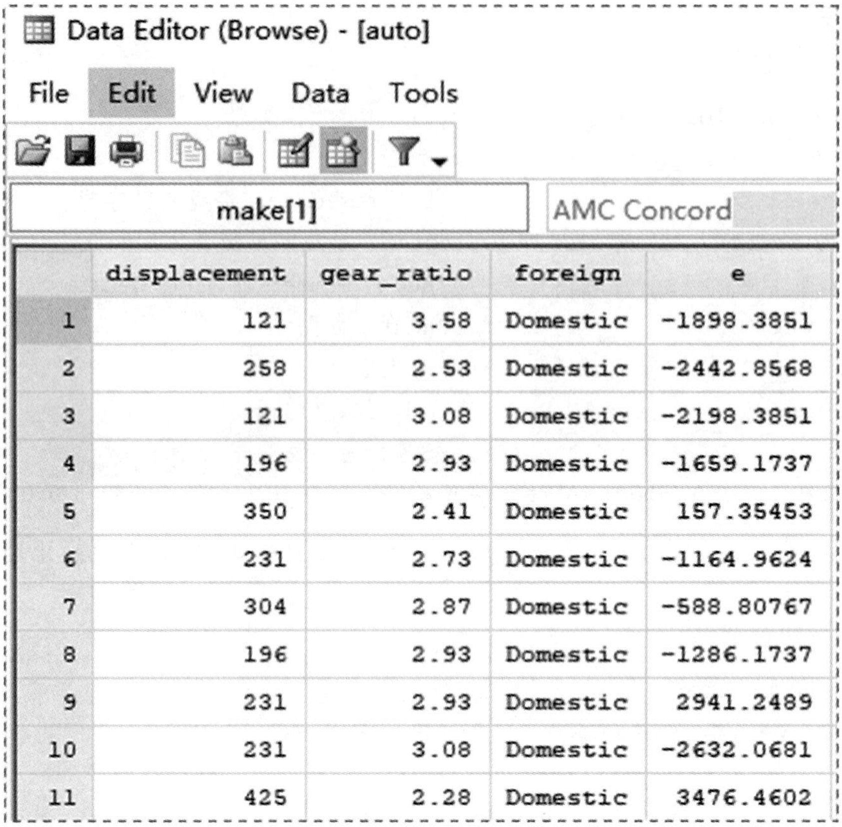

	displacement	gear_ratio	foreign	e
1	121	3.58	Domestic	-1898.3851
2	258	2.53	Domestic	-2442.8568
3	121	3.08	Domestic	-2198.3851
4	196	2.93	Domestic	-1659.1737
5	350	2.41	Domestic	157.35453
6	231	2.73	Domestic	-1164.9624
7	304	2.87	Domestic	-588.80767
8	196	2.93	Domestic	-1286.1737
9	231	2.93	Domestic	2941.2489
10	231	3.08	Domestic	-2632.0681
11	425	2.28	Domestic	3476.4602

图 2-41

hist e , normal//查看残差 e 的直方图，直观查看是否服从正态分布，结果见图 2-42

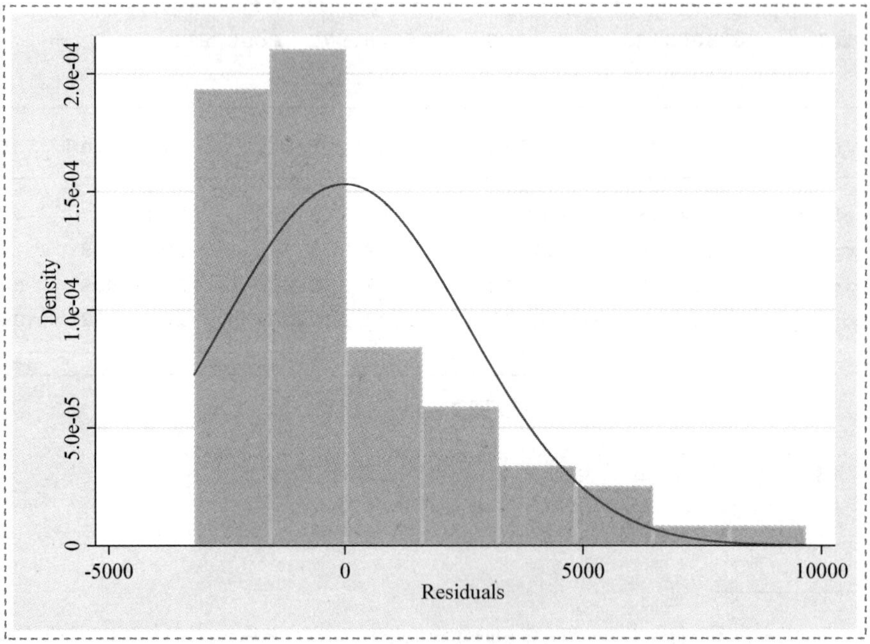

图 2-42 直方图

sum e, detail　　　//结果见图 2-43

```
                          Residuals
-------------------------------------------------------------

      Percentiles      Smallest
 1%    -3184.174      -3184.174
 5%    -2759.068      -2942.962
10%    -2442.857      -2892.962       Obs                  74
25%    -1898.385      -2759.068       Sum of Wgt.          74

50%    -959.7548                      Mean          -2.58e-13
                        Largest       Std. Dev.      2605.621
75%     1381.509       5207.671
90%     3938.608        5557.46       Variance        6789259
95%     5207.671        6591.46       Skewness       1.363227
99%     9669.721       9669.721       Kurtosis       4.650586

.
```

图 2-43

结果初步断定残差服从非对称分布，不服从正态分布，是一个右偏的厚尾分布。

sktest e　　//结果见图 2-44

Skewness/Kurtosis tests for Normality

Variable	Obs	Pr(Skewness)	Pr(Kurtosis)	joint adj chi2(2)	joint Prob>chi2
e	74	0.0000	0.0181	17.80	0.0001

图 2-44

对于 J-B 正态性检验，查看偏度和峰度的检验结果，当 p 大于 0.05 时认为服从正态分布。结果显示 p 值为 0.000 1，拒绝正态分布的原假设，即服从非正态分布。

swilk e　　//结果见图 2-45

Shapiro-Wilk W test for normal data

Variable	Obs	W	V	z	Prob>z
e	74	0.95488	2.906	2.327	0.00998

图 2-45

对于 S-W 检验方法，可以通过查看输出结果中的 p 值是否大于 0.05 来决定是否拒绝原假设。结果显示拒绝正态分布的原假设，不服从正态分布。

sfrancia e　　//结果见图 2-46

Shapiro-Francia W' test for normal data

Variable	Obs	W'	V'	z	Prob>z
e	74	0.86611	9.530	4.370	0.00001

图 2-46

通过 Shapiro-Francia W′检验方法，结果发现 p 值为 0.000 01，拒绝服从正态分布的原假设，即残差 e 不服从正态分布。

四、正态性变换之 ladder 命令

某个变量 x 服从非正态分布时，可以通过 ladder 命令进行转换（例如通过立方、平方、原始、开方、对数、开方倒数、倒数、平方倒数、立方倒数转换等），尝试变换成正态分布。

```
findit ladder              //若事先没有安装命令 ladder，需要查找后安装
sysuse citytemp, clear     //打开自带数据 citytemp
hist tempjuly              //对变量 tempjuly 做直方图，观察正态性
ladder tempjuly            //幂阶梯变换，实现 9 种变换，结果见图 2-47
```

Transformation	formula	chi2(2)	P(chi2)
cubic	tempjuly^3	47.49	0.000
square	tempjuly^2	19.70	0.000
identity	tempjuly	3.83	0.147
square root	sqrt(tempjuly)	1.83	0.400
log	log(tempjuly)	5.40	0.067
1/(square root)	1/sqrt(tempjuly)	13.72	0.001
inverse	1/tempjuly	26.36	0.000
1/square	1/(tempjuly^2)	64.43	0.000
1/cubic	1/(tempjuly^3)	.	0.000

图 2-47

原假设为正态分布，从每一种变换后面的 p 值可以看出，除第 3、4 和 5 种变换后是正态分布以外（与显著性水平 5%相比较），其余 6 种转换都不能将原变量变换为正态分布。

```
gladder tempjuly  //9 种变换后的直方图，结果见图 2-48
```

从变换后的直方图中看到，除了第 3、4 和 5 种转换在变换后很理想外，其余 6 种转换都不能将原变量变换为正态分布。

```
qladder tempjuly  //变换后的 QQ 图，通过图示了解是否正态，结果见图 2-49
```

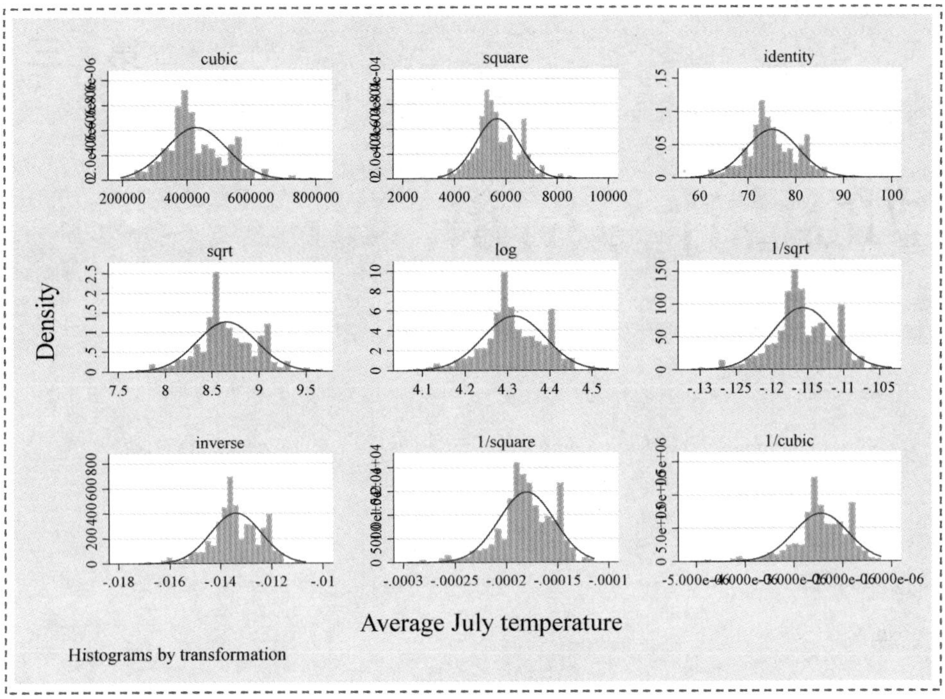

图 2-48 变换后的直方图

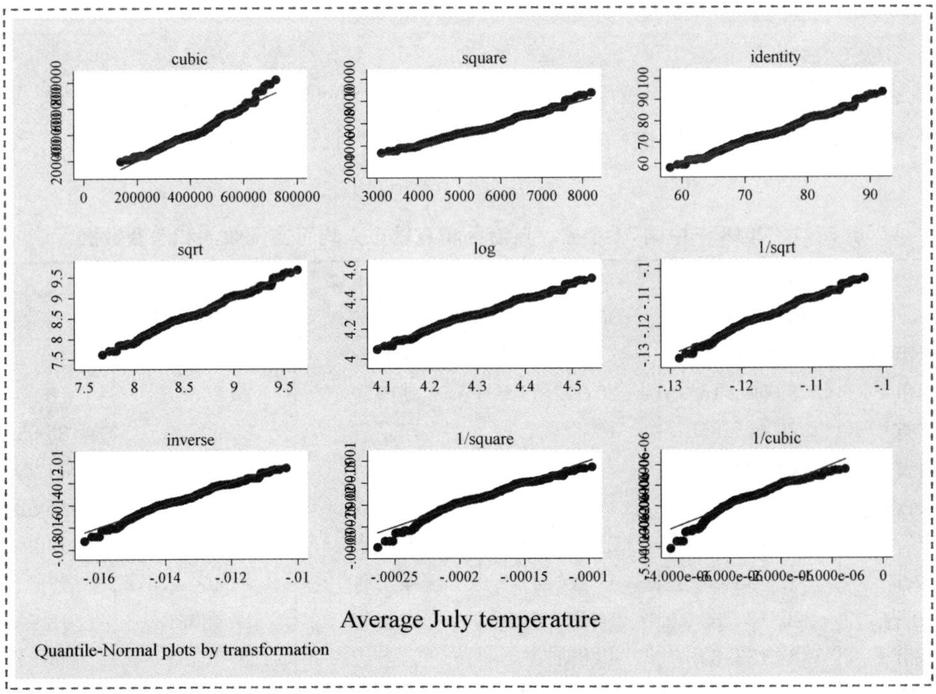

图 2-49 变换后的 QQ 图

在 9 种变换后的 QQ 图中，第 3、4 和 5 种变换后的散点集中在一条线上，其余 6 幅 QQ 图相对来说不是很理想，也就是说，其余 6 种变换都不能将其变换为正态分布。

第 三 章

模型的估计与结果

第一节　一元线性回归

以凯恩斯消费模型 $Y=\beta_0+\beta_1X+u$ 为例，X 表示我国居民人均可支配收入，Y 表示居民人均消费支出，u 是随机扰动项。2018 年我国 31 个省、自治区和直辖市的数据，见表 3－1。

表 3－1　2018 年中国 31 个省、自治区和直辖市人均可支配收入和消费数据　　单位：元

指标 地区	居民人均 可支配收入	居民人均 消费支出	指标 地区	居民人均 可支配收入	居民人均消费 支出
北京市	6 2361.22	3 9842.69	湖北省	2 5814.54	1 9537.79
天津市	39 506.15	29 902.91	湖南省	25 240.75	18 807.94
河北省	23 445.65	16 722	广东省	35 809.9	26 053.98
山西省	21 990.14	14 810.12	广西	21 485.03	14 934.75
内蒙古	28 375.65	19 665.22	海南省	24 579.04	17 528.44
辽宁省	29 701.45	21 398.31	重庆市	26 385.84	19 248.47
吉林省	22 798.37	17 200.41	四川省	22 460.55	17 663.55
黑龙江省	22 725.85	16 993.96	贵州省	18 430.18	13 798.06
上海市	64 182.65	43 351.3	云南省	20 084.19	14 249.93
江苏省	38 095.79	25 007.44	西藏	17 286.06	11 520.23
浙江省	45 839.84	29 470.68	陕西省	22 528.26	16 159.69
安徽省	23 983.58	17 044.64	甘肃省	17 488.39	14 623.95
福建省	32 643.93	22 996.04	青海省	20 757.26	16 557.19
江西省	24 079.68	15 792.02	宁夏	22 400.42	16 715.09

续表

指标 地区	居民人均可支配收入	居民人均消费支出
山东省	29 204.61	18 779.77
河南省	21 963.54	15 168.5
新疆	21 500.24	16 189.09

资料来源：中国统计年鉴（2019）. 北京：中国统计出版社，2019。从 2013 年起，国家统计局开展了城乡一体化住户收支与生活状况调查，2013 年及以后数据来自此项调查。与 2013 年前的分城镇和农村住户调查的调查范围、调查方法、指标口径有所不同。

按照前文从 Excel 导入数据的操作方式，点击“File”→“Import”→“Excel spreadsheet”将 Excel 中的数据导入 Stata（见图 3-1）。注意一定要勾选“Import first row as variable names”（见图 3-2），否则因为第一行是变量名，导入后的数据将全部是字符型。但如果勾选“Import first row as variable names”，则导入后的数据就是数值型的。点击“Data Editor（Browse）”按钮浏览数据，字符型的数据以红色显示，数值型的数据以灰色显示。在右下角的变量属性（Properties）窗口中点击“锁头”形状的按钮后（锁定状态下不能编辑），切换为打开状态，将中文变量名分别改成英文的 income 和 expenditure（见图 3-3）。将数据保存为后缀是 dta 的 Stata 格式的数据，下次打开该数据时可以直接用“use+路径+文件名”的方式打开，或者直接用鼠标拖拽数据到 Stata 界面的方式打开它。

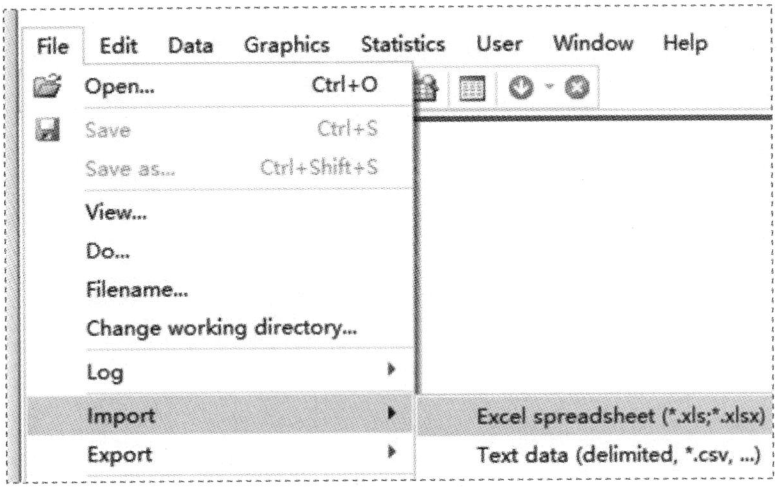

图 3-1　导入数据

需要注意的是，如果点击图 3-4 中的“Data Editor（Edit）”按钮进入了数据编辑（Data Editor）窗口后，不要轻易点击数据编辑窗口中的“Save”按钮（图 3-5 圆圈中的按钮），因为这个保存功能是不能撤销和恢复的，也就是在编辑数据后若不小心点击该按钮进行了保存，想要恢复到原来的数据是不可能的了，这与常用的 Word 或者 Excel 保存后依然可以随时撤销是完全不一样的，Stata 不可以恢复，所以要小心慎重地使用，能不用则不用。若想保存编辑后的数据，建议点击“File”菜单中的“Save as…”（另存数据），原文件名里的数据维持不变。如果只是浏览和查看数据，不需要编辑数据，则点击图 3-4 中圆圈右边的带放大镜的图标，即“Data Editor（Browse）”按钮。这个按钮很安全，只限于查看而不能编辑。即使不小心碰到鼠标或键盘，也不会改动原始数据，所以，这个用来查看数据的“放大镜”按钮是很常用的。

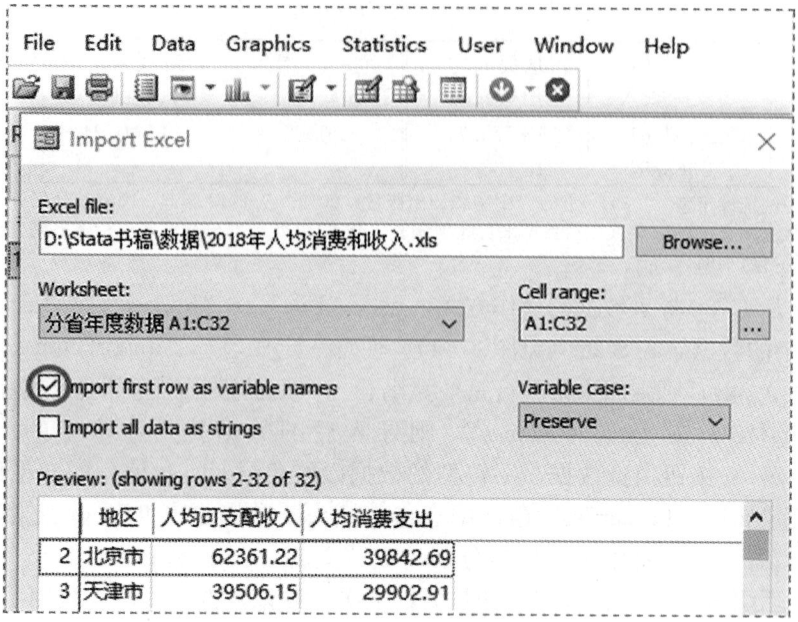

图 3-2 具体选择项

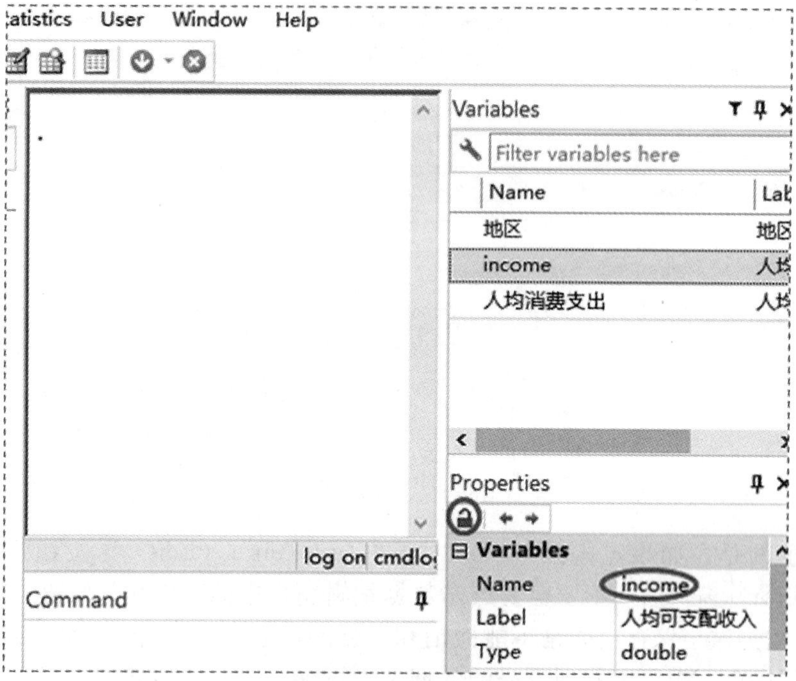

图 3-3 修改变量名

图 3-4 数据编辑按钮

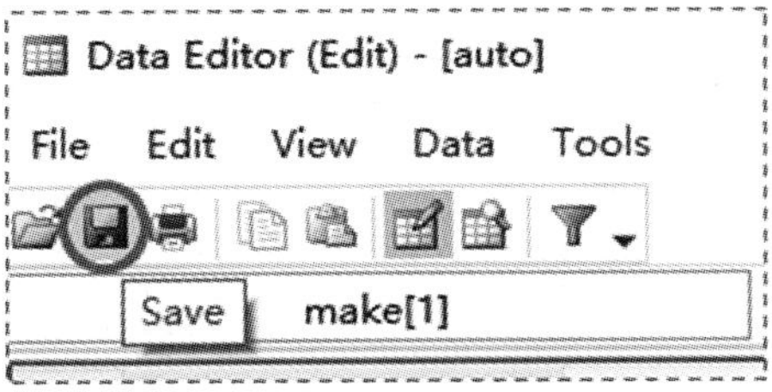

图 3-5　数据保存按钮

一、基础练习

1. 命令与说明

use "D: \ Stata 书稿 \ 2018 年人均消费和收入.dta", clear　//打开数据

describe　//显示数据概貌

list income expenditure　//屏显变量 income expenditure 的具体数据

list income expenditure in 1/5　//屏显变量 income expenditure 的前 5 个数据

list income expenditure in 20/30　//屏显变量 income expenditure 的第 20～30 个观测值

list income expenditure if income>=30000　//如果 income>=30000，屏显变量 income 与 expenditure 的数据

sort income　//按照 income 升序排列

drop if income>=30000　//删除满足 income >=30000 的数据

keep if expenditure<=20000　//只保留满足 expenditure<=20000 的数据

2. 执行结果与分析

use "D: \ Stata 书稿 \ 2018 年人均消费和收入.dta", clear　//打开数据

describe　//查看数据概貌，结果见图 3-6

```
> a
  obs:            31
 vars:             3                         29 Jan 2020 20:26
 size:         1,240
-------------------------------------------------------------------
              storage   display    value
variable name   type    format     label      variable label
-------------------------------------------------------------------
地区            str24   %24s                  地区
income          double  %10.0g                人均可支配收入
expenditure     double  %10.0g                人均消费支出
-------------------------------------------------------------------
Sorted by:
```

图 3-6

list income expenditure　//查看变量 income 和 expenditure 的具体数据，结果见图 3-7

	income	expend~e
1.	62361.22	39842.69
2.	39506.15	29902.91
3.	23445.65	16722
4.	21990.14	14810.12
5.	28375.65	19665.22
6.	29701.45	21398.31
7.	22798.37	17200.41
8.	22725.85	16993.96
9.	64182.65	43351.3
10.	38095.79	25007.44
11.	45839.84	29470.68
12.	23983.58	17044.64
13.	32643.93	22996.04
14.	24079.68	15792.02
15.	29204.61	18779.77
16.	21963.54	15168.5
17.	25814.54	19537.79
18.	25240.75	18807.94
19.	35809.9	26053.98
20.	21485.03	14934.75
21.	24579.04	17528.44
22.	26385.84	19248.47
23.	22460.55	17663.55
24.	18430.18	13798.06
25.	20084.19	14249.93
26.	17286.06	11520.23
27.	22528.26	16159.69
28.	17488.39	14623.95
29.	20757.26	16557.19
30.	22400.42	16715.09
31.	21500.24	16189.09

图 3-7

list income expenditure in 1/5 //查看变量 income 和 expenditure 的前 5 个数据，结果见图 3-8

	income	expend~e
1.	62361.22	39842.69
2.	39506.15	29902.91
3.	23445.65	16722
4.	21990.14	14810.12
5.	28375.65	19665.22

图 3-8

list income expenditure in 20/30　//查看变量 income 和 expenditure 的第 20～30 个观测值，结果见图 3-9

	income	expend~e
20.	21485.03	14934.75
21.	24579.04	17528.44
22.	26385.84	19248.47
23.	22460.55	17663.55
24.	18430.18	13798.06
25.	20084.19	14249.93
26.	17286.06	11520.23
27.	22528.26	16159.69
28.	17488.39	14623.95
29.	20757.26	16557.19
30.	22400.42	16715.09

图 3-9

list income expenditure if income> = 30000　//列出满足条件 income > = 30000 的变量 income 与变量 expenditure 的数据，结果见图 3-10

	income	expend~e
1.	62361.22	39842.69
2.	39506.15	29902.91
9.	64182.65	43351.3
10.	38095.79	25007.44
11.	45839.84	29470.68
13.	32643.93	22996.04
19.	35809.9	26053.98

图 3-10

```
sort income                      //按照 income 升序排列
drop if income> = 30000          //删除满足 income> = 30000 的数据
keep if expenditure< = 20000     //只保留满足 expenditure< = 20000 的数据
```

以上对原始数据做了改动，所以不要点击保存按钮（可以另存），因为后面的练习还需要使用原始数据，下面的练习需要重新打开原始数据。

二、作图练习

1. 命令与说明

use "D:\Stata 书稿\数据\2018 年人均消费和收入.dta", clear //再次打开数据

sum income //查看变量 income 的统计特征

su income if income>=30000 //计算满足条件 income>=30000 的子样本的统计指标

su income , detail //查看变量 income 的更多统计指标

sum //显示数据集中所有变量的统计指标

tabulate income //显示变量 income 的经验累积分布函数

pwcorr income expenditure, sig star (0.05) //计算 income 和 expenditure 变量之间的相关系数

histogram income, width (1000) frequency //变量 income 的直方图

kdensity income //income 的核密度图

scatter income expenditure //income 和 expenditure 的散点图

gen n = _n //产生 id 序号，记为变量 *n*

scatter income expenditure //income 与 expenditure 的散点图

scatter income expenditure || lfit income expenditure //在散点图上画出回归直线

generate large = (income>=30000) //生成虚拟变量，generate 可简写为 gen 或 g

2. 执行结果

use "D:\Stata 书稿\数据\2018 年人均消费和收入.dta", clear //再次打开数据

sum income //查看变量 income 的统计特征，结果见图 3-11

Variable	Obs	Mean	Std. Dev.	Min	Max
income	31	28166.09	11465.41	17286.06	64182.65

图 3-11

su income if income>=30000 //计算满足条件 income >=10000 的子样本的统计指标，结果见图 3-12

Variable	Obs	Mean	Std. Dev.	Min	Max
income	7	45491.35	12802.23	32643.93	64182.65

图 3-12

su income , detail //查看变量 income 的更多统计指标，结果见图 3-13

sum //显示数据集中所有变量的统计指标，结果见图 3-14

tabulate income //显示变量 income 的经验累积分布函数，结果见图 3-15

人均可支配收入

	Percentiles	Smallest		
1%	17286.06	17286.06		
5%	17488.39	17488.39		
10%	20084.19	18430.18	Obs	31
25%	21963.54	20084.19	Sum of Wgt.	31
50%	23983.58		Mean	28166.09
		Largest	Std. Dev.	11465.41
75%	29701.45	39506.15		
90%	39506.15	45839.84	Variance	1.31e+08
95%	62361.22	62361.22	Skewness	1.991074
99%	64182.65	64182.65	Kurtosis	6.446262

图 3-13

Variable	Obs	Mean	Std. Dev.	Min	Max
地区	0				
income	31	28166.09	11465.41	17286.06	64182.65
expenditure	31	19926.91	7231.602	11520.23	43351.3

图 3-14

人均可支配收入	Freq.	Percent	Cum.
17286.06	1	3.23	3.23
17488.39	1	3.23	6.45
18430.18	1	3.23	9.68
20084.19	1	3.23	12.90
20757.26	1	3.23	16.13
21485.03	1	3.23	19.35
21500.24	1	3.23	22.58
21963.54	1	3.23	25.81
21990.14	1	3.23	29.03
22400.42	1	3.23	32.26
22460.55	1	3.23	35.48
22528.26	1	3.23	38.71
22725.85	1	3.23	41.94
22798.37	1	3.23	45.16
23445.65	1	3.23	48.39
23983.58	1	3.23	51.61
24079.68	1	3.23	54.84
24579.04	1	3.23	58.06
25240.75	1	3.23	61.29
25814.54	1	3.23	64.52
26385.84	1	3.23	67.74
28375.65	1	3.23	70.97
29204.61	1	3.23	74.19
29701.45	1	3.23	77.42
32643.93	1	3.23	80.65
35809.9	1	3.23	83.87
38095.79	1	3.23	87.10
39506.15	1	3.23	90.32
45839.84	1	3.23	93.55
62361.22	1	3.23	96.77
64182.65	1	3.23	100.00
Total	31	100.00	

图 3-15

pwcorr income expenditure, sig star (0.05)　//计算 income 和 expenditure 变量之间的相关系数，结果见图 3-16

	income	expend~e
income	1.0000	
expenditure	0.9881* 0.0000	1.0000

图 3-16

histogram income, width (1000) frequency　//变量 income 的直方图，结果见图 3-17

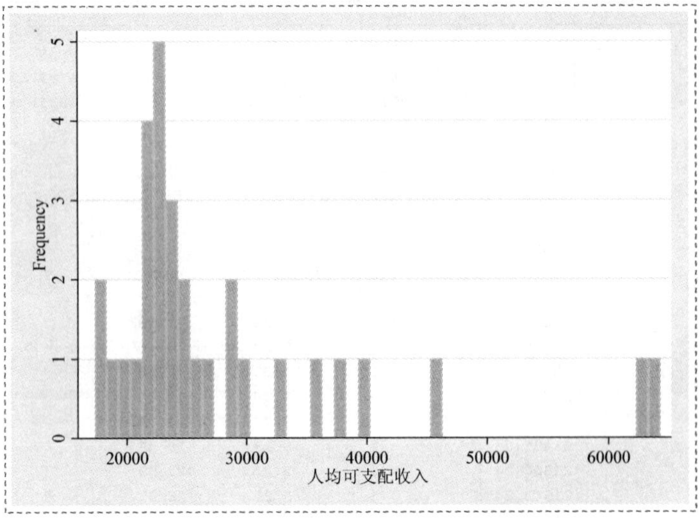

图 3-17

kdensity income　// income 的核密度图，结果见图 3-18

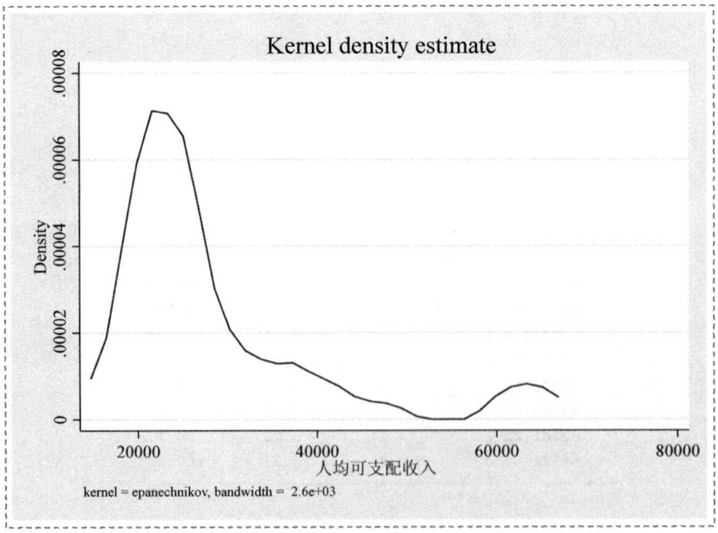

图 3-18

scatter income expenditure　//income 和 expenditure 的散点图，结果见图 3－19

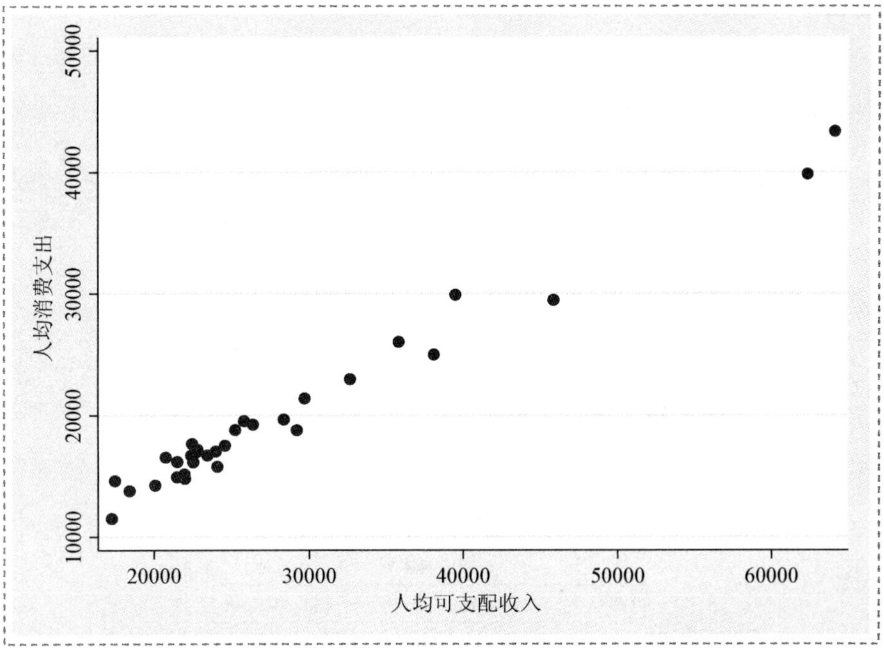

图 3－19

gen n＝ _n　//产生 id 序号，结果见图 3－20

Data Editor (Browse) - [2018年人均消费和收入]

File　Edit　View　Data　Tools

var7[29]

	地区	income	expenditure	n
1	北京市	62361.22	39842.69	1
2	天津市	39506.15	29902.91	2
3	河北省	23445.65	16722	3
4	山西省	21990.14	14810.12	4
5	内蒙古自治区	28375.65	19665.22	5
6	辽宁省	29701.45	21398.31	6
7	吉林省	22798.37	17200.41	7
8	黑龙江省	22725.85	16993.96	8
9	上海市	64182.65	43351.3	9
10	江苏省	38095.79	25007.44	10
11	浙江省	45839.84	29470.68	11
12	安徽省	23983.58	17044.64	12

图 3－20

scatter income expenditure || lfit income expenditure　//在散点图上画出回归直线，结果见图 3－21

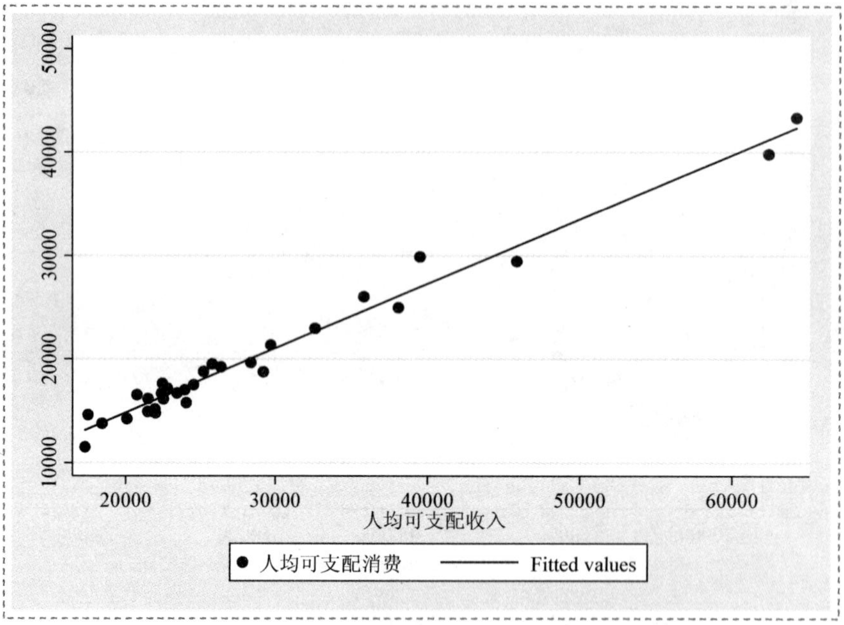

图 3－21

generate large＝（income>＝30000）//生成虚拟变量，generate 可简写为 gen 或 g，结果见图 3－22

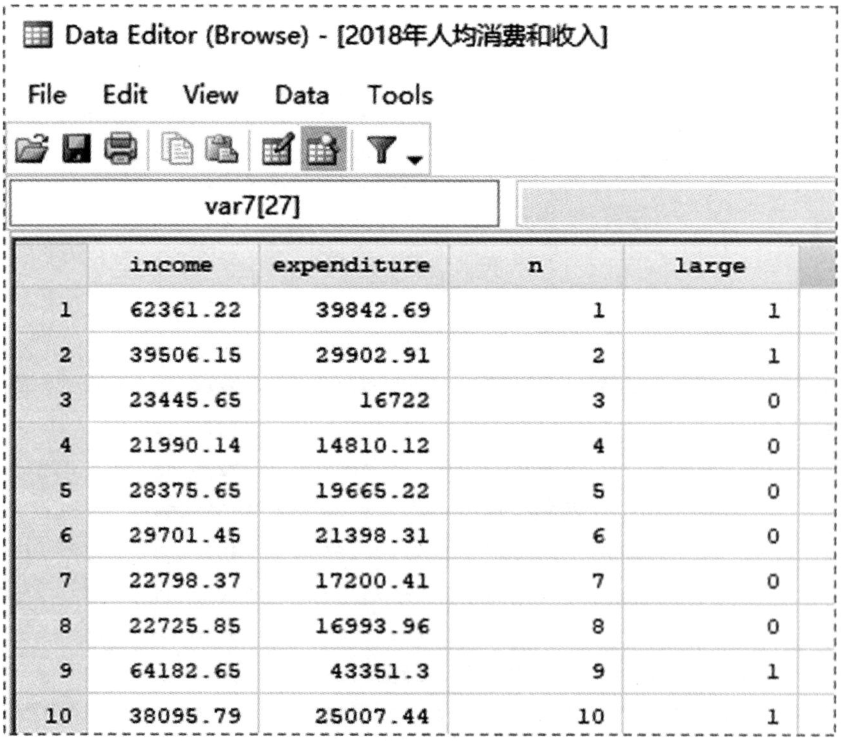

	income	expenditure	n	large
1	62361.22	39842.69	1	1
2	39506.15	29902.91	2	1
3	23445.65	16722	3	0
4	21990.14	14810.12	4	0
5	28375.65	19665.22	5	0
6	29701.45	21398.31	6	0
7	22798.37	17200.41	7	0
8	22725.85	16993.96	8	0
9	64182.65	43351.3	9	1
10	38095.79	25007.44	10	1

图 3－22

三、OLS 回归

1. 命令与说明

```
reg expenditure income                         //OLS 回归
predict y, xb                                  //保存预测值 hat，命名为变量 y
predict e, residual                            //保存残差为变量 e
sca expenditure_0 = _b[_cons] + 140 * _b[income]  //定义数值变量，sca 即 scalar
```

上面命令中的 _ b [income] 表示提取变量 income 的估计系数

```
display expenditure _0                         //显示估计结果
vce                                            //显示估计系数的方差—协方差矩阵
regress expenditure income, noconstant         //不带常数项的 OLS 回归
regress expenditure income if income>=2100     //对 income>=2100 的子样本进行回归
regress expenditure income if large=1          //对 large=1 的子样本进行回归
regress expenditure income if large= =0        //对 large=0 的子样本进行回归
regress expenditure income if ~large           //与上条指令等价
predict lnexpendhat  //计算被解释变量的拟合值，生成新变量 lnexpendhat
predict e1, residual  //保存残差，residual 可以简写为 r
```

2. 主要执行结果与分析

```
reg expenditure income   //OLS 回归，结果见图 3-23
```

Source	SS	df	MS			
				Number of obs	=	31
				F(1, 29)	=	1199.30
Model	1.5318e+09	1	1.5318e+09	Prob > F	=	0.0000
Residual	37041016.4	29	1277276.43	R-squared	=	0.9764
				Adj R-squared	=	0.9756
Total	1.5689e+09	30	52296066	Root MSE	=	1130.2

expenditure	Coef.	Std. Err.	t	P>|t|	[95% Conf.	Interval]
income	.6232416	.0179967	34.63	0.000	.5864343	.6600489
_cons	2372.63	546.0272	4.35	0.000	1255.879	3489.381

图 3-23

解释变量 income 的估计系数为 0.623 241 6，估计系数的标准误为 0.017 996 7，t 值为 34.63，p 值为 0.000，解释变量 income 在 5%的显著性水平上是显著的。线性模型的整体显著性检验的 F 统计量为 1 199.30，p 值为 0.000 0，线性模型整体是显著的。拟合

优度 R^2 为 0.976 4，调整后的 R^2 为 0.975 6，回归估计标准误即均方根误为 1 130.2。

predict y，xb //保存预测值，命名为变量 y，结果见图 3－24

(Browse) - [2018年人均消费和收入]
iew Data Tools
1C 41238.73744734

地区	income	expenditure	y
北京市	62361.22	39842.69	41238.737
天津市	39506.15	29902.91	26994.507
河北省	23445.65	16722	16984.935
山西省	21990.14	14810.12	16077.8
内蒙古自治区	28375.65	19665.22	20057.516
辽宁省	29701.45	21398.31	20883.809
吉林省	22798.37	17200.41	16581.523
黑龙江省	22725.85	16993.96	16536.325
上海市	64182.65	43351.3	42373.928
江苏省	38095.79	25007.44	26115.512

图 3－24

predict e，residual //保存残差为变量 e，结果见图 3－25

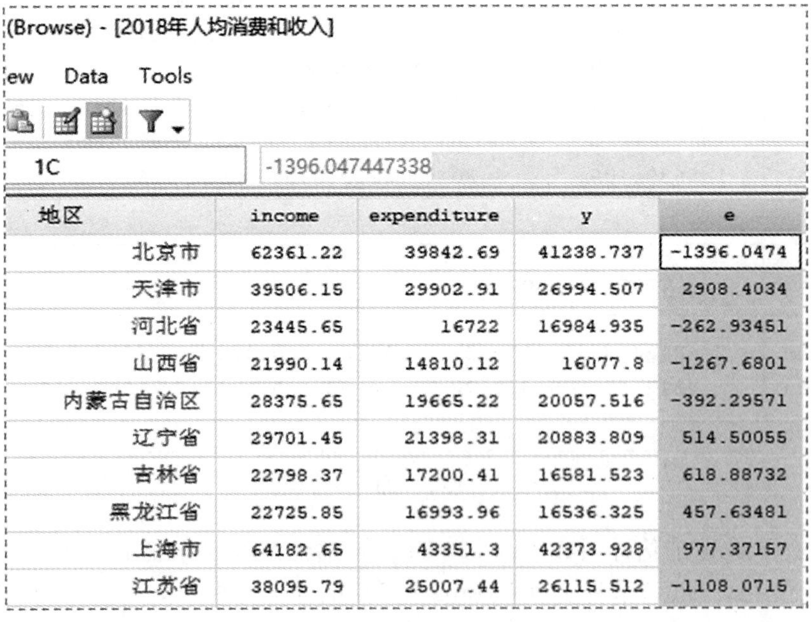
(Browse) - [2018年人均消费和收入]
ew Data Tools
1C -1396.047447338

地区	income	expenditure	y	e
北京市	62361.22	39842.69	41238.737	-1396.0474
天津市	39506.15	29902.91	26994.507	2908.4034
河北省	23445.65	16722	16984.935	-262.93451
山西省	21990.14	14810.12	16077.8	-1267.6801
内蒙古自治区	28375.65	19665.22	20057.516	-392.29571
辽宁省	29701.45	21398.31	20883.809	514.50055
吉林省	22798.37	17200.41	16581.523	618.88732
黑龙江省	22725.85	16993.96	16536.325	457.63481
上海市	64182.65	43351.3	42373.928	977.37157
江苏省	38095.79	25007.44	26115.512	-1108.0715

图 3－25

sca expenditure_0 = _b[_cons] + 140 * _b[income]　//定义数值变量，sca 即 scalar

上面命令中的 _ b [income] 表示提取变量 income 的估计系数

display expenditure _0　//显示估计结果，结果见图 3 - 26

```
. sca expenditure_0=_b[_cons]+140*_b[income]   //定义数值变量. sca即scalar

.
end of do-file

. do "C:\Users\THTF\AppData\Local\Temp\STD21b4_000000.tmp"

. display expenditure_0   //显示估计结果
2459.8834
```

图 3 - 26

vce　//显示估计系数的方差—协方差矩阵，结果见图 3 - 27

Covariance matrix of coefficients of regress model

e(V)	income	_cons
income	.00032388	
_cons	-9.1224325	298145.71

图 3 - 27

regress expenditure income，noconstant　//不带常数项的 OLS 回归，结果见图 3 - 28

Source	SS	df	MS			
				Number of obs	=	31
				F(1, 30)	=	6777.86
Model	1.3817e+10	1	1.3817e+10	Prob > F	=	0.0000
Residual	61157624.3	30	2038587.48	R-squared	=	0.9956
				Adj R-squared	=	0.9954
Total	1.3878e+10	31	447690774	Root MSE	=	1427.8

expenditure	Coef.	Std. Err.	t	P>|t|	[95% Conf.	Interval]
income	.6958375	.008452	82.33	0.000	.6785761	.7130989

图 3 - 28

regress expenditure income if income> = 2100　//只对 income> = 2100 的子样本进行回归，结果见图 3 - 29

Source	SS	df	MS			
				Number of obs	=	31
				F(1, 29)	=	1199.30
Model	1.5318e+09	1	1.5318e+09	Prob > F	=	0.0000
Residual	37041016.4	29	1277276.43	R-squared	=	0.9764
				Adj R-squared	=	0.9756
Total	1.5689e+09	30	52296066	Root MSE	=	1130.2

expenditure	Coef.	Std. Err.	t	P>|t|	[95% Conf.	Interval]
income	.6232416	.0179967	34.63	0.000	.5864343	.6600489
_cons	2372.63	546.0272	4.35	0.000	1255.879	3489.381

图 3-29

regress expenditure income if large　　//结果见图 3-30

Source	SS	df	MS			
				Number of obs	=	7
				F(1, 5)	=	112.07
Model	343387551	1	343387551	Prob > F	=	0.0001
Residual	15319832.9	5	3063966.59	R-squared	=	0.9573
				Adj R-squared	=	0.9487
Total	358707384	6	59784564	Root MSE	=	1750.4

expenditure	Coef.	Std. Err.	t	P>|t|	[95% Conf.	Interval]
income	.5909233	.0558188	10.59	0.000	.4474364	.7344102
_cons	4064.535	2624.048	1.55	0.182	-2680.794	10809.86

图 3-30

regress expenditure income if large = = 0　　//结果见图 3-31

```
. regress expenditure income if large==0
```

Source	SS	df	MS			
				Number of obs	=	24
				F(1, 22)	=	100.16
Model	92031073.2	1	92031073.2	Prob > F	=	0.0000
Residual	20214382.3	22	918835.557	R-squared	=	0.8199
				Adj R-squared	=	0.8117
Total	112245455	23	4880237.19	Root MSE	=	958.56

expenditure	Coef.	Std. Err.	t	P>|t|	[95% Conf.	Interval]
income	.6112735	.0610783	10.01	0.000	.4846048	.7379422
_cons	2584.585	1425.192	1.81	0.083	-371.0828	5540.252

图 3-31

```
regress expenditure income if ～large  //与上一条命令等价
predict lnexpendhat  //计算被解释变量的拟合值，结果见图 3-32
```

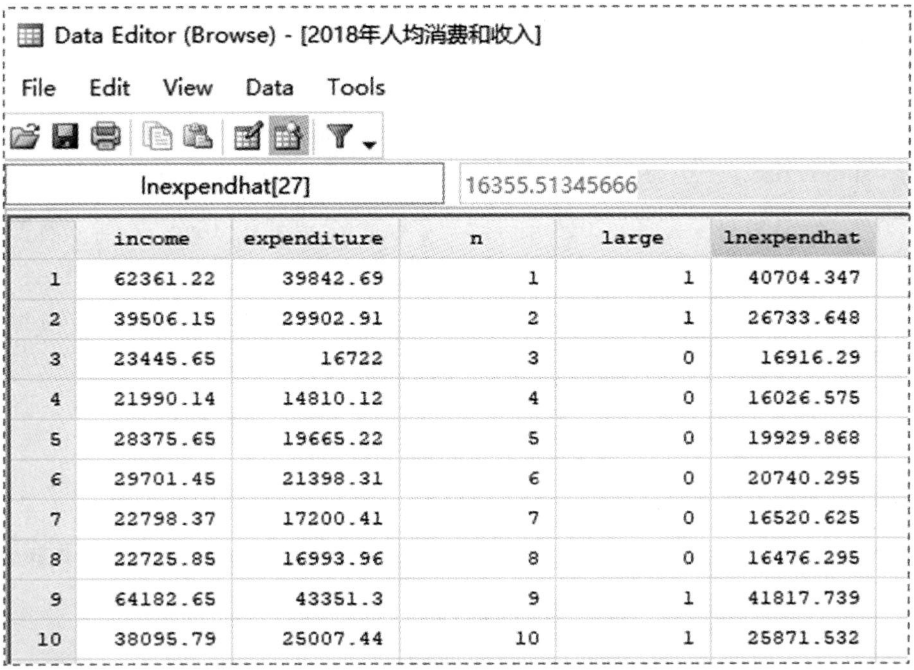

	income	expenditure	n	large	lnexpendhat
1	62361.22	39842.69	1	1	40704.347
2	39506.15	29902.91	2	1	26733.648
3	23445.65	16722	3	0	16916.29
4	21990.14	14810.12	4	0	16026.575
5	28375.65	19665.22	5	0	19929.868
6	29701.45	21398.31	6	0	20740.295
7	22798.37	17200.41	7	0	16520.625
8	22725.85	16993.96	8	0	16476.295
9	64182.65	43351.3	9	1	41817.739
10	38095.79	25007.44	10	1	25871.532

图 3-32

```
predict e1, residual  //保存残差
predict e1, r  //与上一条命令等价，结果见图 3-33
```

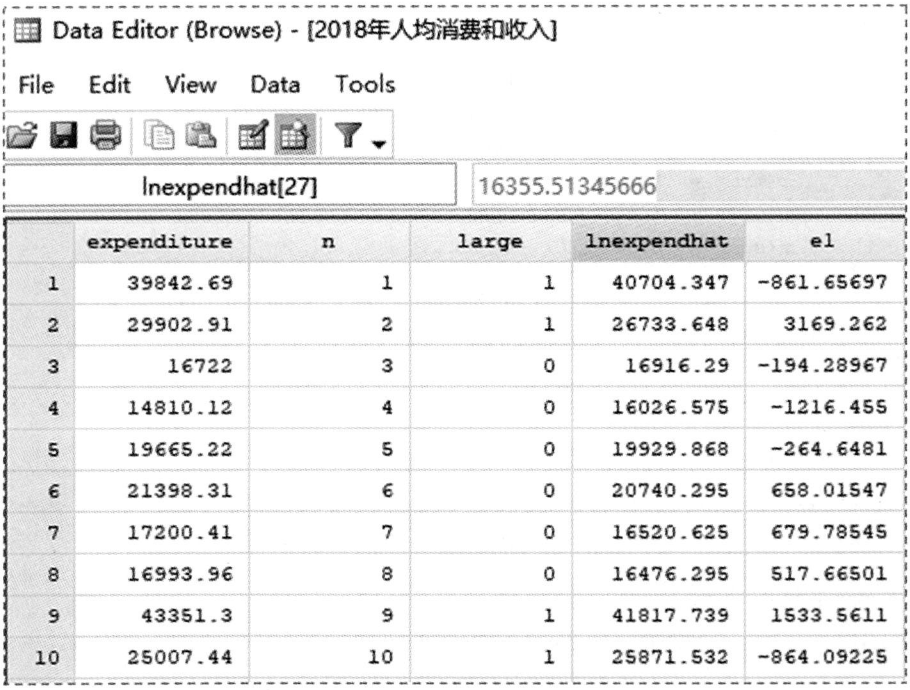

	expenditure	n	large	lnexpendhat	e1
1	39842.69	1	1	40704.347	-861.65697
2	29902.91	2	1	26733.648	3169.262
3	16722	3	0	16916.29	-194.28967
4	14810.12	4	0	16026.575	-1216.455
5	19665.22	5	0	19929.868	-264.6481
6	21398.31	6	0	20740.295	658.01547
7	17200.41	7	0	16520.625	679.78545
8	16993.96	8	0	16476.295	517.66501
9	43351.3	9	1	41817.739	1533.5611
10	25007.44	10	1	25871.532	-864.09225

图 3-33

四、e 类命令和 r 类命令

1. 命令与说明

Stata 命令可以分为两种，即 e 类命令（e-class commands）与 r 类命令（r-class commands）。e 类命令为估计命令（estimation commands），如 regress。所有其他命令为 r 类命令，比如"summarize"。r 类命令的运行结果存储在"r( )"，可通过"return list"显示，如：

```
use "D:\Stata书稿\数据\2018年人均消费和收入.dta", clear   //再次打开数据
summarize income              //r类命令
return list                   //sum之后显示r类命令
display r (sd) /r (mean)      //计算离散系数
reg expenditure income        //回归
ereturn list                  //回归之后显示e类命令的所有结果
```

2. 执行结果与分析

```
use "D:\Stata书稿\2018年人均消费和收入.dta", clear   //再次打开数据
summarize income
return list  //sum之后显示r类命令的结果
```

第一条 sum 命令执行后才能执行第二条命令，结果如图 3-34 所示：

```
. return list //sum之后显示r命令结果

scalars:
                  r(N) =  31
              r(sum_w) =  31
               r(mean) =  28166.08870967742
                r(Var) =  131455731.8040383
                 r(sd) =  11465.41459363935
                r(min) =  17286.06
                r(max) =  64182.65
                r(sum) =  873148.75
```

图 3-34

```
display r (sd) /r (mean)      //结果见图3-35
```

```
. display r(sd)/r(mean)
.40706449
```

图 3-35

```
reg expenditure income
ereturn list  //reg之后显示e类命令结果
```

reg 命令执行后才能执行第二条命令，结果如图 3－36 所示：

```
scalars:
                  e(N)  =  31
               e(df_m)  =  1
               e(df_r)  =  29
                  e(F)  =  1199.302617924928
                 e(r2)  =  .9763901830242843
               e(rmse)  =  1130.166548718695
                e(mss)  =  1531840963.725581
                e(rss)  =  37041016.40743905
               e(r2_a)  =  .975576051404432
                 e(ll)  =  -260.887107186481
               e(ll_0)  =  -318.9515437248738
               e(rank)  =  2
```

图 3－36

第二节　多元线性回归

一、多元回归中的净效应

用下面的两个例子理解多元回归的净效应思想，即控制纳入模型中的其他解释变量不变时某解释变量对被解释变量的净效应。

例 1

```
sysuse auto, clear
gen y = price                 //生成新变量
gen x1 = weight
gen x2 = length
reg y x1 x2                   //回归，结果见图 3－37
```

```
      Source |       SS           df       MS      Number of obs   =        74
-------------+----------------------------------   F(2, 71)        =     18.91
       Model |   220725280         2   110362640   Prob > F        =    0.0000
    Residual |   414340116        71  5835776.28   R-squared       =    0.3476
-------------+----------------------------------   Adj R-squared   =    0.3292
       Total |   635065396        73  8699525.97   Root MSE        =    2415.7

------------------------------------------------------------------------------
           y |      Coef.   Std. Err.      t    P>|t|     [95% Conf. Interval]
-------------+----------------------------------------------------------------
          x1 |   4.699065   1.122339     4.19   0.000     2.461184    6.936946
          x2 |  -97.96031    39.1746    -2.50   0.015    -176.0722   -19.84838
       _cons |   10386.54   4308.159     2.41   0.019     1796.316    18976.76
------------------------------------------------------------------------------
```

图 3－37

上面的回归结果中 x1 的系数是 4.699 065，与下面例 2 中 *e* 的回归系数是相同的。

例 2

```
reg x1 x2            //x1 对 x2 回归，结果见图 3-38
predict e, r         //e 是从 x1 中剔除 x2 后的残差
reg y e              //剔除了 x2 的影响，结果见图 3-39
```

Source	SS	df	MS			
Model	39461306.8	1	39461306.8	Number of obs	=	74
Residual	4632871.55	72	64345.4382	F(1, 72)	=	613.27
Total	44094178.4	73	604029.841	Prob > F	=	0.0000
				R-squared	=	0.8949
				Adj R-squared	=	0.8935
				Root MSE	=	253.66

x1	Coef.	Std. Err.	t	P>|t|	[95% Conf.	Interval]
x2	33.01988	1.333364	24.76	0.000	30.36187	35.67789
_cons	-3186.047	252.3113	-12.63	0.000	-3689.02	-2683.073

图 3-38

Source	SS	df	MS			
Model	102299413	1	102299413	Number of obs	=	74
Residual	532765983	72	7399527.54	F(1, 72)	=	13.83
Total	635065396	73	8699525.97	Prob > F	=	0.0004
				R-squared	=	0.1611
				Adj R-squared	=	0.1494
				Root MSE	=	2720.2

y	Coef.	Std. Err.	t	P>|t|	[95% Conf.	Interval]
e	4.699065	1.263796	3.72	0.000	2.179734	7.218396
_cons	6165.257	316.2177	19.50	0.000	5534.888	6795.625

图 3-39

回归结果中 e 的系数是 4.699 065，例 1 的回归结果中 x1 的系数也是 4.699 065。上面两个回归过程演示了多元回归的净效应原理，也就是说，例 1 中 y 对 x1 和 x2 的二元回归其实等价于例 2 中先将 x1 对 x2 回归（从 x1 中剔除 x2）后，再将 y 对剩余的残差部分 e 进行回归。

为了练习命令，例 2 也可以改写为：

```
reg x1 x2                    //通过回归从 x1 中剔除 x2
```

```
predict x1hat, xb          //①保存 x1 的预测值为 x1hat
gen e = x1-x1hat           //x1 剔除 x2 后保存为 e
reg y e                    //剔除了 x2 的影响
```

最后一个回归的结果如图 3－40 所示：

```
      Source |       SS           df       MS      Number of obs   =        74
-------------+----------------------------------   F(1, 72)        =     13.83
       Model |   102299413         1   102299413   Prob > F        =    0.0004
    Residual |   532765983        72  7399527.54   R-squared       =    0.1611
-------------+----------------------------------   Adj R-squared   =    0.1494
       Total |   635065396        73  8699525.97   Root MSE        =    2720.2

------------------------------------------------------------------------------
           y |      Coef.   Std. Err.      t    P>|t|     [95% Conf. Interval]
-------------+----------------------------------------------------------------
           e |   4.699065   1.263796     3.72   0.000     2.179734    7.218396
       _cons |   6165.257   316.2177    19.50   0.000     5534.888    6795.625
------------------------------------------------------------------------------
```

图 3－40

或者改写为：

```
reg price weight length trunk mpg
reg weight length trunk mpg
predict weighthat, xb
gen weighte = weight-weighthat
reg price weighte
```

最后一个回归的结果如图 3－41 所示：

```
      Source |       SS           df       MS      Number of obs   =        74
-------------+----------------------------------   F(1, 72)        =     13.83
       Model |   102299413         1   102299413   Prob > F        =    0.0004
    Residual |   532765983        72  7399527.54   R-squared       =    0.1611
-------------+----------------------------------   Adj R-squared   =    0.1494
       Total |   635065396        73  8699525.97   Root MSE        =    2720.2

------------------------------------------------------------------------------
       price |      Coef.   Std. Err.      t    P>|t|     [95% Conf. Interval]
-------------+----------------------------------------------------------------
    weighte |   4.699065   1.263796     3.72   0.000     2.179734    7.218396
       _cons |   6165.257   316.2177    19.50   0.000     5534.888    6795.625
------------------------------------------------------------------------------
```

图 3－41

---

① 该条命令也可以写成

```
predict yhat
```

或者

```
predict yfit, xb
list yhat yfit in 1/10
list yhat yfit x1hat
```

执行完上面两条 list 后会发现这三条命令是等价的。

上面的所有例子作为净效应的练习，纯粹是为了理解多元回归中净效应的思想，即控制其他解释变量不变时，某解释变量对被解释变量的净影响。

二、beta 系数

例 3　计算 beta 系数

beta 系数表示解释变量每增加一个标准差，被解释变量变动多少个标准差。在计量经济学中除了 OLS 回归系数外，还经常需要报告 beta 系数。逐条执行下面的命令能帮助理解 beta 系数的统计思想。

```
sysuse auto                              //打开系统自带数据 auto
reg price weight length                  //回归
sum price weight length                  //得出三个变量的均值和标准差
gen zprice = (price-6165.257)/2949.496
gen zweight = (weight- 3019.459)/777.1936
gen zlength = (length-187.9324)/22.26634
reg zprice zweight zlength
```

最后一条命令执行完毕后，回归结果如图 3-42 所示：

```
. reg zprice zweight zlength

      Source |       SS           df       MS      Number of obs   =        74
-------------+----------------------------------   F(2, 71)        =     18.91
       Model |  25.3721023         2  12.6860512   Prob > F        =    0.0000
    Residual |   47.627892        71   .67081538   R-squared       =    0.3476
-------------+----------------------------------   Adj R-squared   =    0.3292
       Total |  72.9999943        73  .999999922   Root MSE        =    .81903

------------------------------------------------------------------------------
      zprice |      Coef.   Std. Err.      t    P>|t|     [95% Conf. Interval]
-------------+----------------------------------------------------------------
     zweight |   1.238206    .295737     4.19   0.000     .6485231    1.827889
     zlength |  -.7395221   .2957369    -2.50   0.015    -1.329205   -.1498394
       _cons |   2.63e-07   .0952107     0.00   1.000    -.1898444     .189845
------------------------------------------------------------------------------
```

图 3-42

可见，解释变量 weight 的 beta 系数为 1.238 206；解释变量 length 的 beta 系数为−0.739 522 1。上面的命令纯粹是为了理解 beta 系数的统计思想。理解 beta 系数的含义后可以用下面一条命令简洁快速地输出 beta 系数。注意，命令中 beta 的首字母要小写（否则系统会报错），虽然输出结果中 Beta 的首字母是大写。

```
reg price weight length, beta            //命令中 beta 的首字母要小写
```

```
. reg price weight length,beta

      Source |       SS           df       MS      Number of obs   =        74
-------------+----------------------------------   F(2, 71)        =     18.91
       Model |   220725280         2   110362640   Prob > F        =    0.0000
    Residual |   414340116        71  5835776.28   R-squared       =    0.3476
-------------+----------------------------------   Adj R-squared   =    0.3292
       Total |   635065396        73  8699525.97   Root MSE        =    2415.7

------------------------------------------------------------------------------
       price |      Coef.   Std. Err.      t    P>|t|                     Beta
-------------+----------------------------------------------------------------
      weight |   4.699065   1.122339     4.19   0.000                 1.238206
      length |  -97.96031    39.1746    -2.50   0.015                -.7395222
       _cons |   10386.54   4308.159     2.41   0.019                        .
------------------------------------------------------------------------------
```

图 3-43

上面的回归结果中最后面是 beta 系数，表示解释变量 weight 每增加一个标准差，被解释变量 price 增加 1.238 206 个标准差。解释变量 length 每增加一个标准差，被解释变量 price 减少 0.739 522 2 个标准差。而变量 weight 的 beta 系数和 OLS 系数 4.699 065 的关系如下：

dis 4.699065 * 777.1936/2949.496　//beta 系数 = （变量系数 * 对应解释变量的标准差）/被解释变量的标准差

```
. dis 4.699065*777.1936/2949.496
1.2382059
```

图 3-44

从上面的计算公式中可以看出 beta 系数的计算公式是：beta 系数=（变量系数×对应解释变量的标准差）/被解释变量的标准差。

例 4　弹性函数的 beta 系数

```
sysuse auto
gen lnprice = log(price)                     //被解释变量 price 取对数
gen lnweight = log(weight)                   //解释变量 weight 取对数
gen lnlength = log(length)                   //解释变量 length 取对数
reg lnprice lnweight lnlength, beta          //弹性函数的 beta 系数，结果见图 3-45
```

```
      Source |       SS           df       MS      Number of obs   =        74
-------------+----------------------------------   F(2, 71)        =     12.22
       Model |  2.87416097         2  1.43708049   Prob > F        =    0.0000
    Residual |  8.34937332        71  .117596807   R-squared       =    0.2561
-------------+----------------------------------   Adj R-squared   =    0.2351
       Total |  11.2235343        73  .153747045   Root MSE        =    .34292

------------------------------------------------------------------------------
     lnprice |      Coef.   Std. Err.      t    P>|t|                     Beta
-------------+----------------------------------------------------------------
    lnweight |   1.067444   .4817506     2.22   0.030                 .7250765
    lnlength |  -.7712875   1.068029    -0.72   0.473                -.2363167
       _cons |   4.156855   2.277526     1.83   0.072                        .
------------------------------------------------------------------------------
```

图 3-45

lnweight 的 beta 系数也可以通过下面的命令来实现，以帮助理解 beta 系数的计算过程。

```
sum lnprice lnweight lnlength
dis 1.06744 * 0.2663436/0.3921059      //结果见图 3-46
```

Variable	Obs	Mean	Std. Dev.	Min	Max
lnprice	74	8.640633	.3921059	8.098947	9.674452
lnweight	74	7.978751	.2663436	7.473069	8.48467
lnlength	74	5.229035	.1201383	4.955827	5.451038

```
. dis 1.06744*.2663436/.3921059
.72507405
```

图 3-46

可以看出这种方法计算出的 lnweight 的 beta 系数依然是 0.725 074 05。

三、二次项模型

在应用经济学中，有时会出现边际效应递增或者递减的情况，这时候需要用到二次函数，如下面的一个模型（伍德里奇（2018））。

```
use HPRICE2.DTA
list rooms if rooms<4                    //显示 rooms<4 的观测值
list rooms if rooms<5                    //显示 rooms<5 的观测值
gen lndist = log (dist)                  //dist 取对数
gen squarerooms = rooms^2  //变量 rooms 取平方后生成新变量 squarerooms
reg lprice lnox lndist rooms squarerooms stratio  //回归
dis _b[rooms]/( -2 * _b[squareroom])     //显示对称轴
```

主要回归结果如图 3-47 和图 3-48 所示：

Source	SS	df	MS			
				Number of obs	=	506
				F(5, 500)	=	151.77
Model	50.9872385	5	10.1974477	Prob > F	=	0.0000
Residual	33.5949865	500	.067189973	R-squared	=	0.6028
				Adj R-squared	=	0.5988
Total	84.582225	505	.167489554	Root MSE	=	.25921

lprice	Coef.	Std. Err.	t	P>|t|	[95% Conf.	Interval]
lnox	-.9016821	.1146869	-7.86	0.000	-1.12701	-.6763544
lndist	-.0867814	.0432807	-2.01	0.045	-.1718159	-.001747
rooms	-.545113	.1654541	-3.29	0.001	-.870184	-.2200419
squarerooms	.0622612	.012805	4.86	0.000	.037103	.0874194
stratio	-.0475902	.0058542	-8.13	0.000	-.059092	-.0360884
_cons	13.38548	.5664731	23.63	0.000	12.27252	14.49844

图 3-47

```
. dis _b[rooms]/(-2*_b[squarerooms])   //显示对称轴
4.3776299
```

图 3-48

由上面的回归结果可知，房间数的平方项（squarerooms）是显著的。得到的计量模型为

$$lprice = 0.062\,261\,2 rooms^2 - 0.545\,113 rooms - 0.901\,682\,1 lnox - 0.086\,781\,4 lndist - 0.047\,590\,2 stratio + 13.385\,48$$

并且在 $rooms = 4.377\,629\,9$ 时被解释变量取得最大值。

四、交乘项模型

例 5　交乘项（伍德里奇（2018））

```
use attend.dta, clear
gen square1 = priGPA^2
gen square2 = ACT^2
gen jiaocheng = priGPA * atndrte
reg stndfnl atndrte priGPA ACT square1 square2 jiaocheng
```

Source	SS	df	MS			
Model	152.001029	6	25.3335049	Number of obs	=	680
Residual	512.762539	673	.761905704	F(6, 673)	=	33.25
				Prob > F	=	0.0000
				R-squared	=	0.2287
				Adj R-squared	=	0.2218
Total	664.763568	679	.979033237	Root MSE	=	.87287

stndfnl	Coef.	Std. Err.	t	P>|t|	[95% Conf.	Interval]
atndrte	-.0067129	.0102321	-0.66	0.512	-.0268036	.0133777
priGPA	-1.62854	.4810025	-3.39	0.001	-2.572986	-.6840937
ACT	-.1280394	.098492	-1.30	0.194	-.321428	.0653492
square1	.2959046	.1010495	2.93	0.004	.0974944	.4943147
square2	.0045334	.0021764	2.08	0.038	.00026	.0088068
jiaocheng	.0055859	.0043174	1.29	0.196	-.0028913	.0140631
_cons	2.050293	1.360319	1.51	0.132	-.6206862	4.721272

图 3-49

priGPA 的平均值是 2.59，所以当 priGPA＝2.59 时，atndrte 对 stndfnl 的影响是（－0.006 712 9）＋0.005 585 9＊2.59≈0.007 8。也就是说，当解释变量 atndrte 提高 10 个百分点时，被解释变量 stndfnl 比期末考试平均分高出 0.078 个单位，由于被解释变量

是标准分，所以也可以说提高了 0.007 8 个标准差。

例 6 减均值后的交乘项（伍德里奇（2018））

```
use attend.dta, clear
sum priGPA
gen newpriGPA = priGPA-2.59
gen newjiaocheng = newpriGPA * atndrte
reg stndfnl atndrte priGPA ACT square1 square2 newjiaocheng //与上面的例子对比 atndrte 的系数
```

Source	SS	df	MS		
				Number of obs =	680
				F(6, 673) =	33.25
Model	152.001029	6	25.3335049	Prob > F =	0.0000
Residual	512.762539	673	.761905704	R-squared =	0.2287
				Adj R-squared =	0.2218
Total	664.763568	679	.979033237	Root MSE =	.87287

stndfnl	Coef.	Std. Err.	t	P>|t|	[95% Conf.	Interval]
atndrte	.0077546	.0026393	2.94	0.003	.0025723	.0129368
priGPA	-1.62854	.4810025	-3.39	0.001	-2.572986	-.6840937
ACT	-.1280394	.098492	-1.30	0.194	-.321428	.0653492
square1	.2959046	.1010495	2.93	0.004	.0974944	.4943147
square2	.0045334	.0021764	2.08	0.038	.00026	.0088068
newjiaocheng	.0055859	.0043174	1.29	0.196	-.0028913	.0140631
_cons	2.050293	1.360319	1.51	0.132	-.6206862	4.721272

图 3-50

由于 newpriGPA= priGPA-2.59，也就是去均值处理，所以 newjiaocheng= newpriGPA * atndrte，所以当 newpriGPA=0，即 priGPA=2.59 时，atndrte 对 stndfnl 的影响系数是 0.007 754 6。

五、实例练习

1. 实例练习一：基本操作

(1) 命令复习。

```
pwd                                  //显示当前工作路径
cd " D:\Stata 书稿"                  //改变工作路径
use + 数据文件名                     //打开当前工作路径中的数据
use + 路径 + 文件名  //打开非当前路径中的数据，也可以用鼠标拖拽数据文件到 Stata
doedit + do 文件名  // 打开（编辑）do 文档，或者用鼠标拖拽 do 文档
sysdir                               //显示当前工作路径文件夹
sysuse + 自带数据                    //打开系统自带数据
```

上面的命令集合可以在 do 文档中逐条选中、逐条运行，达到复习巩固的目的。

（2）数据介绍。

nerlove.dta 是 Nerlove（1963）对电力行业规模报酬的经典研究（陈强（2014）），该数据集是有关 1955 年美国 145 家电力企业的截面数据。打开数据后我们会发现变量窗口（Variables）的 5 个变量，见表 3－2。

表 3－2　变量说明

变量类型	变量名	含义	变量标签
被解释变量	tcost	总成本	total cost
解释变量	toutput	总产量	total output
	plabor	小时工资率	price of labor
	pfuel	燃料价格	price of fuel
	pcapital	资本的租赁价格	user cost of capital

（3）主要命令与说明①。

```
use " D:\Stata 书稿\nerlove", clear
```

数据不在当前工作路径时用“use＋路径＋文件名”的方式打开，数据在当前路径下时用“use＋文件名”的方式直接打开。

```
describe                              //查看数据的基本情况
list tcost toutput                    //查看变量 tcost 与 toutput 的具体数据
list tcost toutput in 1/5  //查看变量 tcost 与 toutput 的前 5 个数据
list tcost toutput in 5/10  //查看变量 tcost 与 toutput 的第 5～10 个观测值
list tcost toutput if toutput >= 10000  //列出满足条件 toutput >= 10000 的变量 tcost 和 toutput 的数据
drop if toutput >= 10000         //删除满足条件 toutput >= 10000 的数据
keep if toutput >= 10000         //只保留满足条件 toutput >= 10000 的数据
summarize toutput  //查看变量 toutput 的统计特征，summarize 可以简写为 sum
su toutput if toutput >= 10000  //计算满足条件 toutput >= 10000 的子样本的统计指标
su toutput , detail                   //查看变量 toutput 的更多统计指标
summarize                             //显示数据集中所有变量的统计指标
tabulate plabor                       //显示变量 plabor 的经验累积分布函数
pwcorr plabor pfuel pcapital, sig star (0.05)  //计算 plabor、pfuel 和 pcapital 的相关系数并显示显著性水平
histogram toutput, width (1000) frequency //显示变量 toutput 的直方图
kdensity toutput                       //显示核密度图
scatter tcost toutput                 //tcost 与 toutput 的散点图
gen n = _n                            //产生 id 序号
```

① 对于基础较好的读者，可以直接阅读下列命令，不需要阅读后续的结果分析内容，以节约时间。

scatter tcost toutput, mlabel(n) mlabpos(6)　//显示 tcost 与 toutput 的散点图并以变量 n 为标签 mark label position 6

scatter tcost toutput　//做散点图

generate large =(toutput >= 10000)　//生成虚拟变量，generate 可简写为 gen 或 g

（4）执行结果与分析。

describe　//查看数据的基本情况，结果见图 3-51

```
Contains data from D:\1 Stata书稿\do\chp2\nerlove.dta
  obs:           145                          Nerlove 1963 paper
 vars:            10                          25 Aug 2021 18:42
 size:         5,220
---------------------------------------------------------------------------
              storage   display    value
variable name   type    format     label      variable label
---------------------------------------------------------------------------
tcost           float   %9.0g                 total cost
toutput         int     %8.0g                 total output
plabor          float   %9.0g                 price of labor
pfuel           float   %9.0g                 price of fuel
pcapital        int     %8.0g                 user cost of capital
lntcost         float   %9.0g
lntoutput       float   %9.0g
lnpfuel         float   %9.0g
lnpcapital      float   %9.0g
lnplabor        float   %9.0g
---------------------------------------------------------------------------
```

图 3-51

list tcost toutput　//查看变量 tcost 与 toutput 的具体数据

由于数据较多，上面命令的执行结果此处省略。

list tcost toutput in 1/5　//查看变量 tcost 与 toutput 的前 5 个数据，结果见图 3-52

	tcost	toutput
1.	.082	2
2.	.661	3
3.	.99	4
4.	.315	4
5.	.197	5

图 3-52

list tcost toutput in 5/10　//查看变量 tcost 与 toutput 的第 5～10 个观测值

	tcost	toutput
5.	.197	5
6.	.098	9
7.	.949	11
8.	.675	13
9.	.525	13
10.	.501	22

图 3-53

list tcost toutput if toutput >= 10000　//列出满足条件 toutput >= 10000 的变量 tcost 和 toutput 的数据，结果见图 3-54

	tc	q
142.	67.12	11477
143.	73.05	11796
144.	139.422	14359
145.	119.939	16719

图 3-54

drop if toutput >= 10000　//删除满足 toutput >= 10000 的观测值

keep if tcost <4　//保留 tcost <4 的观测值

以上内容是为了练习常用命令，每一步操作后不要将数据进行保存，否则无法恢复原始数据，如果需要，可以另存。经过以上操作，数据已经发生了很大变化，需要重新打开数据才能进行后面的操作。

use " D:\Stata 书稿\nerlove", clear　//重新打开数据

summarize toutput　//查看变量 toutput 的统计特征，summarize 可以简写为 sum，结果见图 3-55

Variable	Obs	Mean	Std. Dev.	Min	Max
toutput	145	2133.083	2931.942	2	16719

图 3-55

su toutput if toutput >= 10000　//计算满足条件 toutput >= 10000 的子样本的统计指标，结果见图 3-56

Variable	Obs	Mean	Std. Dev.	Min	Max
toutput	4	13587.75	2453.921	11477	16719

图 3-56

su toutput, detail //查看变量 toutput 的更多统计指标，结果见图 3-57

```
                        total output
-------------------------------------------------------------
      Percentiles      Smallest
 1%            3              2
 5%           13              3
10%           43              4       Obs                 145
25%          279              4       Sum of Wgt.         145

50%         1109                      Mean           2133.083
                        Largest       Std. Dev.      2931.942
75%         2507          11477
90%         5819          11796       Variance        8596285
95%         8642          14359       Skewness       2.398202
99%        14359          16719       Kurtosis       9.474916
```

图 3-57

summarize //显示数据集中所有变量的统计指标，结果见图 3-58

Variable	Obs	Mean	Std. Dev.	Min	Max
tcost	145	12.9761	19.79458	.082	139.422
toutput	145	2133.083	2931.942	2	16719
plabor	145	1.976552	.2300404	1.5	2.3
pfuel	145	26.17655	7.876071	10.3	42.8
pcapital	145	174.4966	18.20948	138	233
lntcost	145	1.724663	1.421723	-2.501036	4.937505
lntoutput	145	6.556651	1.912792	.6931472	9.724301
lnpfuel	145	3.208858	.3589002	2.332144	3.756538
lnpcapital	145	5.156777	.1003898	4.927254	5.451038
lnplabor	145	.6743732	.1197522	.4054651	.8329091

图 3-58

tabulate plabor //显示变量 plabor 的经验累积分布函数，结果见图 3-59

price of labor	Freq.	Percent	Cum.
1.5	7	4.83	4.83
1.6	4	2.76	7.59
1.7	15	10.34	17.93
1.8	26	17.93	35.86
1.9	12	8.28	44.14
2	12	8.28	52.41
2.1	32	22.07	74.48
2.2	17	11.72	86.21
2.3	20	13.79	100.00
Total	145	100.00	

图 3-59

pwcorr plabor pfuel pcapital, sig star (0.05)　//计算 plabor、pfuel 和 pcapital 的相关系数并显示显著性水平，结果见图 3-60

	plabor	pfuel	pcapital
plabor	1.0000		
pfuel	0.3310* 0.0000	1.0000	
pcapital	-0.1845* 0.0263	0.1254 0.1328	1.0000

图 3-60

hist toutput, frequency　//变量 toutput 的直方图，结果见图 3-61

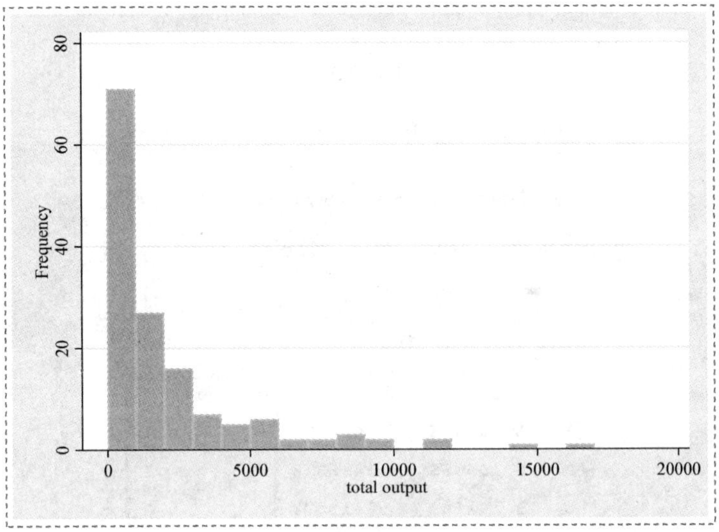

图 3-61

kdensity toutput　// toutput 的核密度图，结果见图 3-62

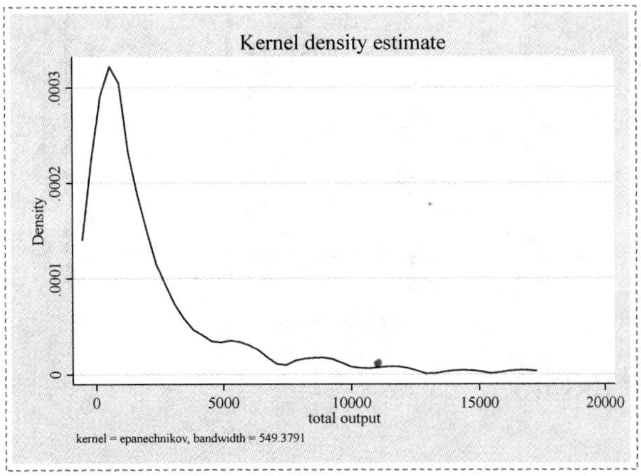

图 3-62

scatter tcost toutput // tcost 与 toutput 的散点图，结果见图 3-63

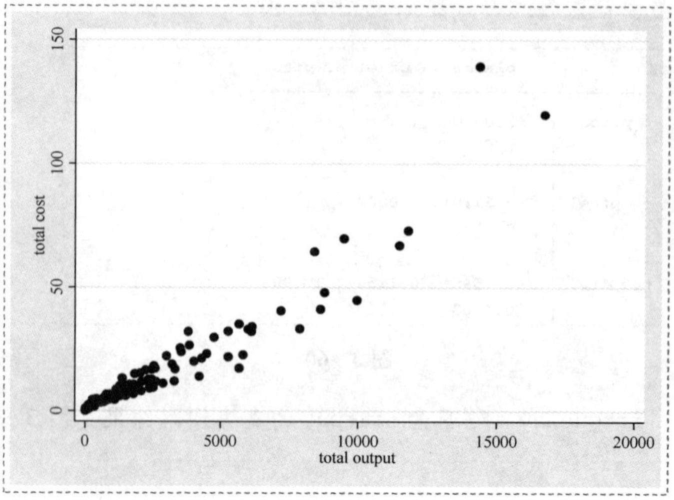

图 3-63

gen n = _n //产生 id 序号，记为变量名为 n，结果见图 3-64

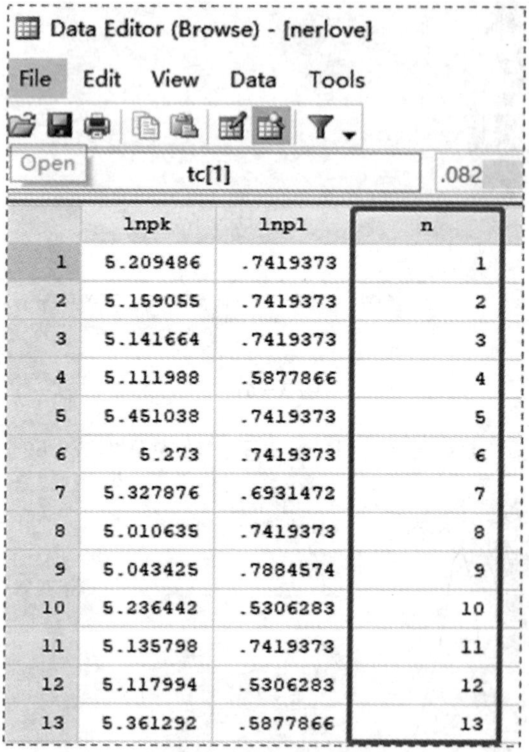

	lnpk	lnpl	n
1	5.209486	.7419373	1
2	5.159055	.7419373	2
3	5.141664	.7419373	3
4	5.111988	.5877866	4
5	5.451038	.7419373	5
6	5.273	.7419373	6
7	5.327876	.6931472	7
8	5.010635	.7419373	8
9	5.043425	.7884574	9
10	5.236442	.5306283	10
11	5.135798	.7419373	11
12	5.117994	.5306283	12
13	5.361292	.5877866	13

图 3-64

2. 实例练习二：约束回归

(1) 命令与说明。

use "D:\Stata 书稿\nerlove", clear //重新打开数据 nerlove

constraint def 1 lnplabor + lnpcapital + lnpfuel = 1　//def 和 1 之间一定要有空格

cnsreg lntcost lntoutput lnplabor lnpcapital lnpfuel, c(1) //在约束条件 1 下的回归

cons def 2 lntoutput = 1

cnsreg lntcost lntoutput lnplabor lnpcapital lnpfuel, c(1 - 2)　//在约束条件 1 和约束条件 2 下的回归

（2）执行结果与分析。

constraint def 1 lnplabor + lnpcapital + lnpfuel = 1

cnsreg lntcost lntoutput lnplabor lnpcapital lnpfuel, c(1)　//约束回归，结果见图 3 - 65

```
Constrained linear regression                    Number of obs     =        145
                                                 Root MSE          =     0.3915

 ( 1)   lnplabor + lnpcapital + lnpfuel = 1
```

lntcost	Coef.	Std. Err.	t	P>|t|	[95% Conf.	Interval]
lntoutput	.7213365	.0173912	41.48	0.000	.6869553	.7557176
lnplabor	.6064693	.207239	2.93	0.004	.196772	1.016167
lnpcapital	-.0208375	.1933394	-0.11	0.914	-.4030563	.3613813
lnpfuel	.4143682	.0987832	4.19	0.000	.2190805	.6096559
_cons	-4.636069	.8949922	-5.18	0.000	-6.405408	-2.866731

图 3 - 65

cons def 2 ln toutput = 1　//def 和 2 之间一定要有空格

cnsreg lntcost lntoutput lnplabor lnpcapital lnpfuel, c(1 - 2) //在约束条件 1 和约束条件 2 下的约束回归，结果见图 3 - 66

```
Constrained linear regression                    Number of obs     =        145
                                                 Root MSE          =     0.6553

 ( 1)   lnplabor + lnpcapital + lnpfuel = 1
 ( 2)   lntoutput = 1
```

lntcost	Coef.	Std. Err.	t	P>|t|	[95% Conf.	Interval]
lntoutput	1	(constrained)				
lnplabor	.1558956	.3436328	0.45	0.651	-.5234015	.8351927
lnpcapital	.1443526	.3231175	0.45	0.656	-.4943898	.7830949
lnpfuel	.6997518	.1626168	4.30	0.000	.3782892	1.021214
_cons	-7.926918	1.45791	-5.44	0.000	-10.80893	-5.044905

图 3 - 66

3. 实例练习三：规模报酬的估计与检验

（1）命令与说明。

use "D:\Stata 书稿\nerlove", clear　//重新打开数据 nerlove

generate large = (toutput> = 10000)　//生成虚拟变量，可简写为 gen 或 g

regress lntcost lntoutput lnplabor lnpcapital lnpfuel　//OLS 回归

vce　//显示估计系数的方差—协方差矩阵

regress lntcost lntoutput lnplabor lnpcapital lnpf, noconstant　//不带常数项的回归

regress lntcost lntoutput lnplabor lnpcapital lnpfuel if toutput> = 6000　//只对 toutput> = 6000 的子样本进行回归

regress lntcost lntoutput lnplabor lnpcapital lnpfuel if large　//对 large = 1 的子样本回归

regress lntcost lntoutput lnplabor lnpcapital lnpfuel if large = = 0

regress lntcost lntoutput lnplabor lnpcapital lnpfuel if ～large　//与上条指令等价

predict lntcosthat　//计算被解释变量的拟合值，即 lntcosthat

predict e1, residual　//计算残差或简写为 predict e1, r

display 1/_b [lntoutput]　//估计规模报酬

test lntoutput = 1　//检验规模报酬等于 1

test (lntoutput = 1) (lnplabor + lnpcapital + lnpfuel = 1)　//联合检验假设

test lnplabor lnpcapital　//显著性联合检验

(2) 执行结果与分析。

generate large = (toutput> = 10000)　//生成虚拟变量，generate 可简写为 gen 或 g，结果见图 3 - 67

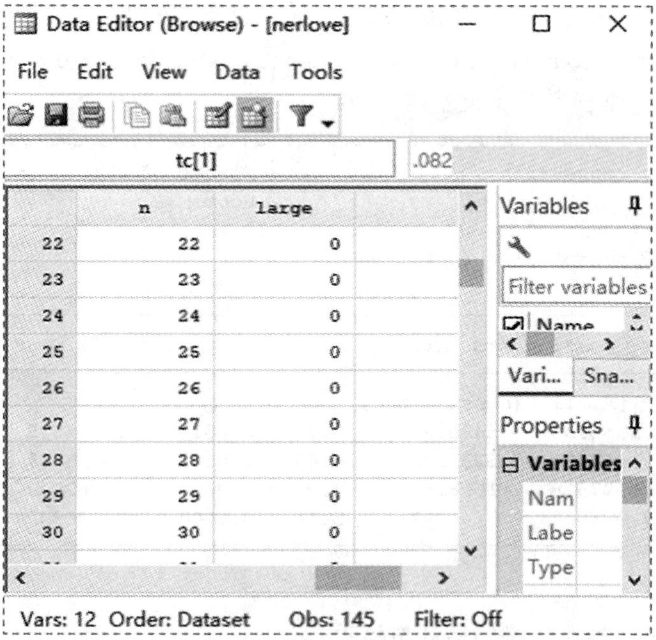

图 3 - 67

regress lntcost lntoutput lnplabor lnpcapital lnpfuel　//OLS 回归，结果见图 3 - 68

Source	SS	df	MS			
Model	269.524728	4	67.3811819	Number of obs	=	145
Residual	21.5420958	140	.153872113	F(4, 140)	=	437.90
				Prob > F	=	0.0000
				R-squared	=	0.9260
				Adj R-squared	=	0.9239
Total	291.066823	144	2.02129738	Root MSE	=	.39227

lntcost	Coef.	Std. Err.	t	P>|t|	[95% Conf.	Interval]
lntoutput	.7209135	.0174337	41.35	0.000	.6864462	.7553808
lnplabor	.4559645	.299802	1.52	0.131	-.1367602	1.048689
lnpcapital	-.2151476	.3398295	-0.63	0.528	-.8870089	.4567136
lnpfuel	.4258137	.1003218	4.24	0.000	.2274721	.6241554
_cons	-3.566513	1.779383	-2.00	0.047	-7.084448	-.0485779

图 3-68

vce　//显示估计系数的方差—协方差矩阵，结果见图 3-69

Covariance matrix of coefficients of regress model

e(V)	lntoutput	lnplabor	lnpcapital	lnpfuel	_cons
lntoutput	.00030393				
lnplabor	-.00035938	.08988127			
lnpcapital	.00034967	.02497537	.11548412		
lnpfuel	.00030089	-.01124831	-.00669535	.01006447	
_cons	-.00451909	-.15095534	-.59317676	.00784373	3.1662023

图 3-69

图 3-69 中对角线上的数据是各变量系数的方差，非对角线上的数据是相应两个变量系数的协方差。

regress lntcost lntoutput lnplabor lnpcapital lnpf, nocon　//不带常数项的 OLS 回归，结果见图 3-70

Source	SS	df	MS			
Model	700.203755	4	175.050939	Number of obs	=	145
Residual	22.1602671	141	.157165015	F(4, 141)	=	1113.80
				Prob > F	=	0.0000
				R-squared	=	0.9693
				Adj R-squared	=	0.9685
Total	722.364022	145	4.98182084	Root MSE	=	.39644

lntcost	Coef.	Std. Err.	t	P>|t|	[95% Conf.	Interval]
lntoutput	.715823	.0174313	41.07	0.000	.6813626	.7502834
lnplabor	.2859235	.290609	0.98	0.327	-.2885907	.8604377
lnpcapital	-.8833212	.0666914	-13.24	0.000	-1.015166	-.7514768
lnpfuel	.4346492	.1012917	4.29	0.000	.2344025	.6348959

图 3-70

regress lntcost lntoutput lnplabor lnpcapital lnpfuel if toutput> = 6000　//只对 toutput> = 6000 的子样本进行回归，结果见图 3-71

Source	SS	df	MS	Number of obs	=	14
				F(4, 9)	=	17.43
Model	2.58684888	4	.646712221	Prob > F	=	0.0003
Residual	.333945243	9	.037105027	R-squared	=	0.8857
				Adj R-squared	=	0.8349
Total	2.92079413	13	.224676471	Root MSE	=	.19263

lntcost	Coef.	Std. Err.	t	P>|t|	[95% Conf.	Interval]
lntoutput	1.212431	.1956448	6.20	0.000	.7698514	1.65501
lnplabor	.691631	.5184909	1.33	0.215	-.4812769	1.864539
lnpcapital	.2463727	.5679552	0.43	0.675	-1.038431	1.531177
lnpfuel	.1566504	.4341391	0.36	0.727	-.8254404	1.138741
_cons	-9.343626	3.074833	-3.04	0.014	-16.29938	-2.387871

图 3-71

regress lntcost lntoutput lnplabor lnpcapital lnpfuel if large = = 0 //结果见图 3-72

Source	SS	df	MS	Number of obs	=	141
				F(4, 136)	=	409.64
Model	237.960442	4	59.4901104	Prob > F	=	0.0000
Residual	19.7506069	136	.145225051	R-squared	=	0.9234
				Adj R-squared	=	0.9211
Total	257.711048	140	1.8407932	Root MSE	=	.38108

lntcost	Coef.	Std. Err.	t	P>|t|	[95% Conf.	Interval]
lntoutput	.7051105	.0175607	40.15	0.000	.6703832	.7398378
lnplabor	.2864937	.2957452	0.97	0.334	-.2983604	.8713477
lnpcapital	-.2822322	.3411666	-0.83	0.410	-.95691	.3924455
lnpfuel	.4135238	.0977804	4.23	0.000	.2201572	.6068904
_cons	-2.981844	1.787947	-1.67	0.098	-6.517617	.5539301

图 3-72

图 3-72 显示只对虚拟变量 large=0 的子样本回归的结果。

regress lntcost lntoutput lnplabor lnpcapital lnpfuel if ～large //与上条指令等价，结果见图 3-73

Source	SS	df	MS	Number of obs	=	141
				F(4, 136)	=	409.64
Model	237.960442	4	59.4901104	Prob > F	=	0.0000
Residual	19.7506069	136	.145225051	R-squared	=	0.9234
				Adj R-squared	=	0.9211
Total	257.711048	140	1.8407932	Root MSE	=	.38108

lntcost	Coef.	Std. Err.	t	P>|t|	[95% Conf.	Interval]
lntoutput	.7051105	.0175607	40.15	0.000	.6703832	.7398378
lnplabor	.2864937	.2957452	0.97	0.334	-.2983604	.8713477
lnpcapital	-.2822322	.3411666	-0.83	0.410	-.95691	.3924455
lnpfuel	.4135238	.0977804	4.23	0.000	.2201572	.6068904
_cons	-2.981844	1.787947	-1.67	0.098	-6.517617	.5539301

图 3-73

predict lntcosthat　//计算被解释变量的拟合值，结果见图 3－74

Data Editor (Browse) - [nerlove]

File　Edit　View　Data　Tools

tcost[1]　.082

	lnpcapital	lnplabor	large	lntcosthat
1	5.209486	.7419373	0	-2.557889
2	5.159055	.7419373	0	-1.9792911
3	5.141664	.7419373	0	-1.7715349
4	5.111988	.5877866	0	-1.8429826
5	5.451038	.7419373	0	-1.7861969
6	5.273	.7419373	0	-1.3214942
7	5.327876	.6931472	0	-1.1200918
8	5.010635	.7419373	0	-.90347259

图 3－74

predict e1, residual　//计算残差，结果见图 3－75

Data Editor (Browse) - [nerlove]

File　Edit　View　Data　Tools

tcost[1]　.082

	lnplabor	large	lntcosthat	e1
1	.7419373	0	-2.557889	.05685311
2	.7419373	0	-1.9792911	1.5652896
3	.7419373	0	-1.7715349	1.7614846
4	.5877866	0	-1.8429826	.68780004
5	.7419373	0	-1.7861969	.1616454
6	.7419373	0	-1.3214942	-1.0012936
7	.6931472	0	-1.1200918	1.0677453
8	.7419373	0	-.90347259	.51043003

图 3－75

display 1/ _b [lntoutput]　//估计规模报酬，结果见图 3－76

```
. display 1/_b[lntoutput]   //估计规模报酬
1.4182174
```

图 3－76

test lntoutput = 1 //检验规模报酬是否等于1，结果见图 3-77

```
( 1)  lntoutput = 1

      F(  1,   136) =  281.99
           Prob > F =    0.0000
```

图 3-77

结果显示拒绝原假设，即规模报酬不等于 1。

test (lntoutput = 1) (lnplabor + lnpcapital + lnpfuel = 1) //结果见图 3-78

```
( 1)  lntoutput = 1
( 2)  lnplabor + lnpcapital + lnpfuel = 1

      F(  2,   136) =  141.02
           Prob > F =    0.0000
```

图 3-78

结果显示拒绝原假设，即拒绝"lntoutput＝1 和 lnplabor＋lnpcapital＋lnpfuel＝1 同时成立"的原假设。

test lnplabor lnpcapital //显著性联合检验，结果见图 3-79

```
( 1)  lnplabor = 0
( 2)  lnpcapital = 0

      F(  2,   136) =    1.08
           Prob > F =    0.3413
```

图 3-79

由 p 值可以看出不能拒绝两变量（lnplabor 和 lnpcapital）系数都是 0 的原假设。

第三节 虚拟变量

一、虚拟变量陷阱

在逐步执行下面命令的过程中理解虚拟变量陷阱的含义。

1. 命令与说明（伍德里奇（2018））

use WAGE1.DTA, clear

gen male = 1-female //生成虚拟变量 male

reg wage educ male female //虚拟变量陷阱，male 和 female 与常数项完全共线，系

统删掉 female

reg wage educ female male　//虚拟变量陷阱，male 和 female 与常数项完全共线，系统删掉 male

reg wage female educ exper tenure　　　//没有完全共线的变量

reg wage male educ exper tenure　　　//没有完全共线的变量

2. 执行结果与分析

reg wage educ male female　//虚拟变量陷阱，male 和 female 与常数项完全共线，系统删掉 female，结果见图 3－80

note: female omitted because of collinearity

Source	SS	df	MS			
				Number of obs	=	526
				F(2, 523)	=	91.32
Model	1853.25304	2	926.626518	Prob > F	=	0.0000
Residual	5307.16125	523	10.1475359	R-squared	=	0.2588
				Adj R-squared	=	0.2560
Total	7160.41429	525	13.6388844	Root MSE	=	3.1855

wage	Coef.	Std. Err.	t	P>|t|	[95% Conf.	Interval]
educ	.5064521	.0503906	10.05	0.000	.4074592	.605445
male	2.273362	.2790444	8.15	0.000	1.725176	2.821547
female	0	(omitted)				
_cons	-1.650545	.652317	-2.53	0.012	-2.932028	-.3690617

图 3－80

结果显示，在只控制 educ 的情况下男性比女性的工资高 2.273 362 个单位。

reg wage female educ exper tenure　//没有完全共线的变量，结果见图 3－81

Source	SS	df	MS			
				Number of obs	=	526
				F(4, 521)	=	74.40
Model	2603.10658	4	650.776644	Prob > F	=	0.0000
Residual	4557.30771	521	8.7472317	R-squared	=	0.3635
				Adj R-squared	=	0.3587
Total	7160.41429	525	13.6388844	Root MSE	=	2.9576

wage	Coef.	Std. Err.	t	P>|t|	[95% Conf.	Interval]
female	-1.810852	.2648252	-6.84	0.000	-2.331109	-1.290596
educ	.5715048	.0493373	11.58	0.000	.4745802	.6684293
exper	.0253959	.0115694	2.20	0.029	.0026674	.0481243
tenure	.1410051	.0211617	6.66	0.000	.0994323	.1825778
_cons	-1.567939	.7245511	-2.16	0.031	-2.991339	-.144538

图 3－81

这个模型比上面的模型多加入了一个控制变量 tenure。结果显示，在控制了 educ、

exper 和 tenure 三个变量的情况下，女性比男性的工资高－1.810 852 个单位，即男性比女性的工资高 1.810 852 个单位。

二、用分类变量产生虚拟变量

1. 命令与说明

```
sysuse auto, clear                  //打开系统自带数据 auto
browse                              //浏览数据
tab foreign, gen(d)                 //用分类变量 foreign 产生虚拟变量
reg price weight d1 d2              //虚拟变量 d1、d2 与常数项共线，系统自动删掉 d2
reg price weight d2 d1              //虚拟变量 d2、d1 与常数项共线，系统自动删掉 d1
reg price weight i.foreign          //用分类变量 foreign 产生虚拟变量并回归
reg price weight foreign            //与上面的命令等价，用以对比
```

2. 执行结果与分析

```
sysuse auto                         //打开系统自带数据 auto
browse                              //浏览数据，结果见图 3-82
```

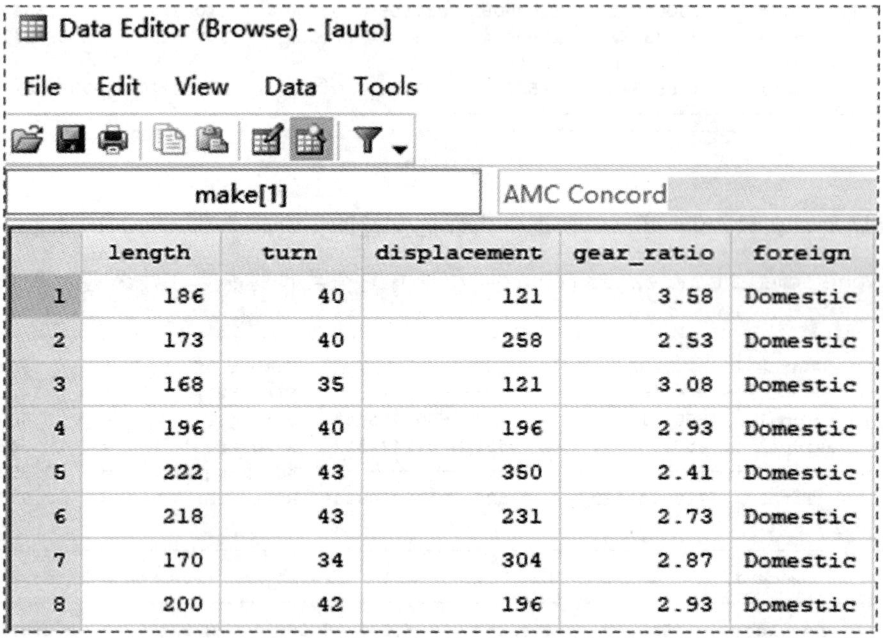

	length	turn	displacement	gear_ratio	foreign
1	186	40	121	3.58	Domestic
2	173	40	258	2.53	Domestic
3	168	35	121	3.08	Domestic
4	196	40	196	2.93	Domestic
5	222	43	350	2.41	Domestic
6	218	43	231	2.73	Domestic
7	170	34	304	2.87	Domestic
8	200	42	196	2.93	Domestic

图 3-82

```
tab foreign, gen(d)    //用分类变量 foreign 产生虚拟变量
```

Data Editor (Browse) - [auto]

File Edit View Data Tools

make[1] AMC Concord

	gear_ratio	foreign	e	d1	d2
1	3.58	Domestic	-1898.3851	1	0
2	2.53	Domestic	-2442.8568	1	0
3	3.08	Domestic	-2198.3851	1	0
4	2.93	Domestic	-1659.1737	1	0
5	2.41	Domestic	157.35453	1	0
6	2.73	Domestic	-1164.9624	1	0
7	2.87	Domestic	-588.80767	1	0
8	2.93	Domestic	-1286.1737	1	0

图 3-83

按照分类变量 foreign 生成虚拟变量 d1 和 d2。d1=1，domestic；d1=0，foreign。

reg price weight d1 d2 //结果见图 3-84

```
note: d2 omitted because of collinearity

      Source |       SS           df       MS      Number of obs   =        74
-------------+----------------------------------   F(2, 71)        =     35.35
       Model |  316859273         2  158429637     Prob > F        =    0.0000
    Residual |  318206123        71  4481776.38    R-squared       =    0.4989
-------------+----------------------------------   Adj R-squared   =    0.4848
       Total |  635065396        73  8699525.97    Root MSE        =      2117

------------------------------------------------------------------------------
       price |      Coef.   Std. Err.      t    P>|t|     [95% Conf. Interval]
-------------+----------------------------------------------------------------
      weight |   3.320737   .3958784     8.39   0.000     2.531378    4.110096
          d1 |  -3637.001    668.583    -5.44   0.000    -4970.118   -2303.885
          d2 |          0  (omitted)
       _cons |  -1305.843   1021.897    -1.28   0.205    -3343.447    731.7617
------------------------------------------------------------------------------
```

图 3-84

因为模型中同时纳入了 d1 和 d2，但 d1+d2=1，和常数项完全共线，所以系统自动删除后面的虚拟变量 d2，以避免完全共线问题。d1 的系数为−3 637.001 是指 d1=1（domestic）比 d1=0（foreign）的价格高−3 637.001 个单位，也就是说，foreign 比 domestic 要贵 3 637.001 个单位。

```
reg price weight i.foreign   //与上面的命令等价，结果见图 3-85
```

Source	SS	df	MS			
				Number of obs	=	74
				F(2, 71)	=	35.35
Model	316859273	2	158429637	Prob > F	=	0.0000
Residual	318206123	71	4481776.38	R-squared	=	0.4989
				Adj R-squared	=	0.4848
Total	635065396	73	8699525.97	Root MSE	=	2117

price	Coef.	Std. Err.	t	P>|t|	[95% Conf.	Interval]
weight	3.320737	.3958784	8.39	0.000	2.531378	4.110096
foreign						
Foreign	3637.001	668.583	5.44	0.000	2303.885	4970.118
_cons	-4942.844	1345.591	-3.67	0.000	-7625.876	-2259.812

图 3-85

图 3-85 和图 3-84 的结果是一致的，foreign 的系数为 3 637.001，同样是指 foreign 取值为 1 时比取值为 0 时贵 3 637.001 个单位。

```
reg price weight foreign   //结果见图 3-86
```

Source	SS	df	MS			
				Number of obs	=	74
				F(2, 71)	=	35.35
Model	316859273	2	158429637	Prob > F	=	0.0000
Residual	318206123	71	4481776.38	R-squared	=	0.4989
				Adj R-squared	=	0.4848
Total	635065396	73	8699525.97	Root MSE	=	2117

price	Coef.	Std. Err.	t	P>|t|	[95% Conf.	Interval]
weight	3.320737	.3958784	8.39	0.000	2.531378	4.110096
foreign	3637.001	668.583	5.44	0.000	2303.885	4970.118
_cons	-4942.844	1345.591	-3.67	0.000	-7625.876	-2259.812

图 3-86

对比图 3-86 和图 3-85 中的结果，可见系数估计值是相同的。

三、解释变量和虚拟变量的交乘模型

1. 数据说明

以系统自带数据文件 nlsw88 为例。用命令“sysuse nlsw88”打开数据后，在数据编辑窗口中单击右键出现图 3-87，可以通过“Value labels”→“Hide all value labels”来切换是否显示值标签（value labels）。下面的四种方法中第 4 种方法最简洁，四种方法回归结果一致。

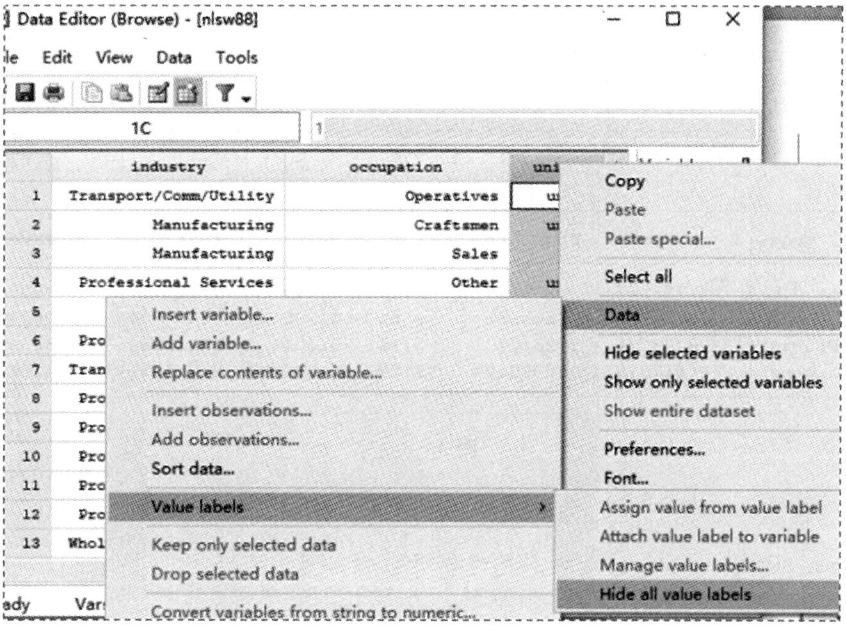

图 3-87

2. 模型

设定线性模型为：

$$y=\beta_0+\beta_1 \cdot hours+\beta_2 \cdot D+\beta_3 \cdot D \cdot hours+\varepsilon \qquad ①$$

其中 D 是虚拟变量，$hours$ 为解释变量，虚拟变量和解释变量有交互作用。从上面的模型中可以得出以下结论：

$$当\ D=1\ 时，y=(\beta_0+\beta_2)+(\beta_1+\beta_3) \cdot hours+\varepsilon \qquad ②$$

$$当\ D=0\ 时，y=\beta_0+\beta_1 \cdot hours+\varepsilon \qquad ③$$

所以，β_2 是式②与式③的常数项之差，即会员与非会员基本工资之差，也就是说，不工作时会员比非会员多 β_2；β_3 是式②与式③的一次项系数之差，即会员与非会员的边际工资之差，也就是说，每多工作 1 小时会员的工资比非会员多 β_3；β_1 表示非会员的边际工资；$\beta_1+\beta_3$ 表示会员的边际工资；β_0 表示非会员的基本工资；$\beta_0+\beta_2$ 表示会员的基本工资。

3. 命令和执行结果

（1）方法一。

```
sysuse nlsw88，clear              //打开系统自带数据文件 nlsw88
rename union D                    //将变量名 union 改为 D
gen Dhours = D * hours            //产生交互项，命名为 Dhours
reg wage D hours Dhours           //将 wage 对 D、hours 以及两者的交互项回归，
```

结果见图 3-88

Source	SS	df	MS			
				Number of obs	=	1,877
				F(3, 1873)	=	29.41
Model	1466.56092	3	488.853641	Prob > F	=	0.0000
Residual	31136.419	1,873	16.6238222	R-squared	=	0.0450
				Adj R-squared	=	0.0435
Total	32602.98	1,876	17.3789872	Root MSE	=	4.0772

wage	Coef.	Std. Err.	t	P>|t|	[95% Conf.	Interval]
D	4.393987	.924409	4.75	0.000	2.581007	6.206967
hours	.0694857	.0105981	6.56	0.000	.0487004	.0902711
Dhours	-.0782084	.0234042	-3.34	0.001	-.1241094	-.0323074
_cons	4.617519	.4095019	11.28	0.000	3.814391	5.420647

图 3-88

（2）方法二。

```
sysuse nlswork，clear  //如果已经打开数据，可以忽略
gen unionhour =  union  * hours
reg wage union hours unionhour   //结果见图 3-89
```

Source	SS	df	MS			
				Number of obs	=	1,877
				F(3, 1873)	=	29.41
Model	1466.56092	3	488.853641	Prob > F	=	0.0000
Residual	31136.419	1,873	16.6238222	R-squared	=	0.0450
				Adj R-squared	=	0.0435
Total	32602.98	1,876	17.3789872	Root MSE	=	4.0772

wage	Coef.	Std. Err.	t	P>|t|	[95% Conf.	Interval]
union	4.393987	.924409	4.75	0.000	2.581007	6.206967
hours	.0694857	.0105981	6.56	0.000	.0487004	.0902711
unionhour	-.0782084	.0234042	-3.34	0.001	-.1241094	-.0323074
_cons	4.617519	.4095019	11.28	0.000	3.814391	5.420647

图 3-89

这个方法产生交互项的步骤虽然比下面的方法多，但思路很简单。

（3）方法三。

reg wage union hours union#c. hours　　//结果见图 3-90

Source	SS	df	MS			
				Number of obs	=	1,877
				F(3, 1873)	=	29.41
Model	1466.56092	3	488.853641	Prob > F	=	0.0000
Residual	31136.419	1,873	16.6238222	R-squared	=	0.0450
				Adj R-squared	=	0.0435
Total	32602.98	1,876	17.3789872	Root MSE	=	4.0772

wage	Coef.	Std. Err.	t	P>|t|	[95% Conf.	Interval]
union	4.393987	.924409	4.75	0.000	2.581007	6.206967
hours	.0694857	.0105981	6.56	0.000	.0487004	.0902711
union#c.hours						
union	-.0782084	.0234042	-3.34	0.001	-.1241094	-.0323074
_cons	4.617519	.4095019	11.28	0.000	3.814391	5.420647

图 3-90

（4）方法四。

reg wage union##c. hours　　//自动产生交互项，结果见图 3-91

Source	SS	df	MS			
				Number of obs	=	1,877
				F(3, 1873)	=	29.41
Model	1466.56092	3	488.853641	Prob > F	=	0.0000
Residual	31136.419	1,873	16.6238222	R-squared	=	0.0450
				Adj R-squared	=	0.0435
Total	32602.98	1,876	17.3789872	Root MSE	=	4.0772

wage	Coef.	Std. Err.	t	P>|t|	[95% Conf.	Interval]
union						
union	4.393987	.924409	4.75	0.000	2.581007	6.206967
hours	.0694857	.0105981	6.56	0.000	.0487004	.0902711
union#c.hours						
union	-.0782084	.0234042	-3.34	0.001	-.1241094	-.0323074
_cons	4.617519	.4095019	11.28	0.000	3.814391	5.420647

图 3-91

上面的四种操作方法的执行结果是一致的，可以按照前面的模型分析依次解释各变量系数的含义。

若将数据里的缺失值删除之后再回归，则命令如下：

```
use nlswork, clear                     //如已经打开，可以忽略
drop if union = = .                    //删除缺失值
reg wage hours if union = = 1          //为讲解方便，先不加入控制变量
reg wage hours if union~ = 1
reg wage hours if union = = 0          //与上面等价
reg wage union# #c. hours
```

第四章

异方差和自相关

第一节　检验异方差

异方差（heteroskedasticity）是指扰动项的方差不再是常数 σ^2，而是依赖于下标 i。在有异方差的情况下 $\mathrm{var}(\hat{\beta})=\sigma^2/SST_X$ 不再成立，t 统计量不再服从 t 分布，F 统计量不再服从 F 分布，OLS 估计量不再是 BLUE，也不再渐近有效。总之，高斯-马尔可夫假定下的检验统计量都不成立，所以，需要为 $\hat{\beta}$ 找到一个有效的标准误。White（1980）给出了 $\hat{\beta}$ 的有效估计量，称为异方差稳健标准误，在不会引起误解的场合下，可直接称为稳健标准误，进而有稳健 t 统计量、稳健 F 统计量、稳健 LM 统计量。下面讲解用来检验是否存在异方差的 F 检验、B-P 检验和 White 检验。

一、*F* 检验

1. 命令与说明

```
use crime1.dta, clear             //打开数据（伍德里奇（2018））
reg narr86 avgsen pcnv ptime86 qemp86 inc86 black hispan   //回归
predict e1, r                     //生成残差 e1
gen squel = e1 * e1               //生成残差的平方 squel
reg squel avgsen pcnv ptime86 qemp86 inc86 black hispan   //残差的平方对解释变
量回归
```

test avgsen pcnv ptime86 qemp86 inc86 black hispan //检验联合显著性

2. 执行结果与分析

reg squel avgsen pcnv ptime86 qemp86 inc86 black hispan //残差的平方对各解释变量回归，结果见图 4-1

Source	SS	df	MS			
				Number of obs	=	2,725
				F(7, 2717)	=	7.07
Model	740.298561	7	105.756937	Prob > F	=	0.0000
Residual	40637.9726	2,717	14.9569277	R-squared	=	0.0179
				Adj R-squared	=	0.0154
Total	41378.2712	2,724	15.1902611	Root MSE	=	3.8674

squel	Coef.	Std. Err.	t	P>|t|	[95% Conf.	Interval]
avgsen	-.0037698	.0218904	-0.17	0.863	-.0466932	.0391537
pcnv	.0181774	.1883148	0.10	0.923	-.3510773	.3874322
ptime86	-.0805847	.0405731	-1.99	0.047	-.1601419	-.0010274
qemp86	-.2257705	.0673737	-3.35	0.001	-.3578794	-.0936616
inc86	-.0013754	.0015897	-0.87	0.387	-.0044925	.0017418
black	.7028462	.211961	3.32	0.001	.2872251	1.118467
hispan	.346735	.1853114	1.87	0.061	-.0166306	.7101005
_cons	1.120103	.1682191	6.66	0.000	.7902527	1.449953

图 4-1

结果显示，将残差的平方对各解释变量回归后，有些解释变量的系数显著不为 0。

test avgsen pcnv ptime86 qemp86 inc86 black hispan //检验联合显著性，结果见图 4-2

```
 ( 1)  avgsen = 0
 ( 2)  pcnv = 0
 ( 3)  ptime86 = 0
 ( 4)  qemp86 = 0
 ( 5)  inc86 = 0
 ( 6)  black = 0
 ( 7)  hispan = 0

       F(  7,  2717) =    7.07
            Prob > F =    0.0000
```

图 4-2

这是对上面的回归系数全为零的联合显著性检验，可以看出 F 统计量值为 7.07，p 值为 0.000 0，拒绝系数全为 0 的原假设，存在异方差。也就是说，将残差的平方对各解释变量回归时出现了系数不为零的情况，即残差的平方可以被某些解释变量解释。残差的平方或者残差能被某个或者某些解释变量解释是存在异方差性的依据。[①]

二、White 检验

1. 命令

```
use crime1.dta, clear
gen avgsensq = avgsen * avgsen
reg narr86 avgsen avgsensq pcnv ptime86 qemp86 inc86 black hispan
estat imtest, white              //原假设：同方差
```

或者采用下面的命令：

```
reg narr86 avgsen avgsensq pcnv ptime86 qemp86 inc86 black hispan
whitetst                         //原假设：同方差
```

2. 主要执行结果

```
reg narr86 avgsen avgsensq pcnv ptime86 qemp86 inc86 black hispan
estat imtest, white              //原假设：同方差，结果见图 4-3
```

```
White's test for Ho: homoskedasticity
         against Ha: unrestricted heteroskedasticity

         chi2(40)      =     82.97
         Prob > chi2   =    0.0001

Cameron & Trivedi's decomposition of IM-test
```

Source	chi2	df	p
Heteroskedasticity	82.97	40	0.0001
Skewness	23.50	8	0.0028
Kurtosis	4.19	1	0.0408
Total	110.65	49	0.0000

图 4-3

检验结果显示卡方统计量的值为 82.97，p 值为 0.000 1，拒绝同方差的原假设，即存在异方差性。

```
reg narr86 avgsen avgsensq pcnv ptime86 qemp86 inc86 black hispan
whitetst  //原假设：同方差，结果见图 4-4
```

① 杰弗里·M. 伍德里奇. 计量经济学导论. 6 版. 北京：中国人民大学出版社，2018.

```
.    whitetst    //原假设:同方差

White's general test statistic :  82.96694  Chi-sq(40)  P-value =  7.8e-05
```

图 4 - 4

检验结果显示卡方值为 82.966 94，p 值用科学计数法表示，几乎为 0，所以拒绝同方差的原假设，即存在异方差性。

三、B-P 检验

1. 命令

help bpagan　//查询 bpagan 指令，见图 4 - 5

```
help bpagan ×
                                                        Dialog▾ | Also see▾
------------------------------------------------------------------------------
help for bpagan                                                          (STB
> g137)
------------------------------------------------------------------------------

Calculate the Breusch-Pagan LM statistic after regress
----------------------------------------------------------

        bpagan  varlist  [if exp] [in range]

bpagan is for use after regress; see help regress.


Description
-----------

bpagan computes the Breusch-Pagan (1979) Lagrange multiplier test
for heteroskedasticity in the error distribution, conditional on a s
variables which are presumed to influence the error variance.
The test statistic, a Lagrange multiplier measure, is distributed
Chi-squared(p) under the null hypothesis of homoskedasticity.
The test is asymptotically equivalent to White's (1980) general test
for heteroskedasticity if the same auxiliary variables are specified
White's test, all distinct regressors, cross-products and squares of
regressors). See Greene (2000), pp. 507-511.
```

图 4 - 5

在 Stata 实现 B-P 异方差检验有两种方式：estat 和 bpagan，具体实现方法用下面的例子来展示：

use crime1.dta, clear　　　　　//打开数据

gen avgsensq = avgsen^2　　　　//生成平方项

方式一（estat）：

reg narr86 avgsen avgsensq pcnv ptime86 qemp86 inc86 black hispan

estat hettest avgsen avgsensq pcnv ptime86 qemp86 inc86 black hispan　//原假设：

同方差

方式二（bpagan）：

```
reg narr86 avgsen avgsensq pcnv ptime86 qemp86 inc86 black hispan
bpagan avgsen avgsensq pcnv ptime86 qemp86 inc86 black hispan   //原假设：同方差
```

2. 两种方法的主要执行结果

方式一的执行结果见图 4－6：

```
Breusch-Pagan / Cook-Weisberg test for heteroskedasticity
         Ho: Constant variance
         Variables: avgsen avgsensq pcnv ptime86 qemp86 inc86 black hispan

         chi2(8)      =    789.59
         Prob > chi2  =    0.0000
```

图 4－6

B-P 检验的原假设是同方差，从图 4－6 中的结果可以看到卡方值为 789.59，p 值为 0.000 0，拒绝同方差的假定，即存在异方差性。

方式二的执行结果见图 4－7：

```
Breusch-Pagan LM statistic:    789.591   Chi-sq( 8)   P-value =   4.e-165
```

图 4－7

结果显示卡方值为 789.591，p 值用科学计数法表示，几乎等于 0，所以拒绝同方差的假定，即存在异方差性。

上面的 F 检验、B-P 检验和 White 检验三种检验方式的结果一致，即存在异方差性。

第二节　异方差典型案例

前面已经指出在异方差情况下估计量依然无偏、一致且渐近正态，但是 t 检验和 F 检验失效，置信区间也不可靠，所以出现异方差问题的时候需要处理。一般有两种处理方法：（1）采用稳健标准误，这是一种很常用的方法，即稳健的最小二乘法估计；（2）WLS，即加权最小二乘（weight-least-square）法，这种方法需要对异方差模式进行设定。

一、数据介绍

以 nerlove. dta（1963）为例子来介绍方法，数据集中各变量的解释（陈强(2014)）如

表 4-1 所示。

表 4-1 各变量含义

变量名	全称	含义
tcost	total cost	总成本
output	total output	总产量
plabor	price of labor	小时工资率
pfuel	price of fuel	燃料价格
pcapital	user cost of capital	资本的租赁价格
lntcost	ln total cost	总成本对数
lntoutput	ln total output	总产量对数
lnplabor	ln price of labor	小时工资率对数
lnpfuel	ln price of fuel	燃料价格对数
lnpcapital	ln user cost of capital	资本的租赁价格对数

二、命令与说明①

use nerlove.dta，clear //打开数据文件 nerlove.dta

reg lntcost lntoutput lnplabor lnpcapital lnpfuel //先执行回归才能进行 white 检验或者 B-P 检验

rvfplot //residual-versus-fitted plot，尝试通过作图来发现是否有异方差现象

rvpplot lnq // residual-versus-predictor plot，尝试发现残差是否与某个解释变量有关（发现异方差）

在 Commond 窗口或者 do 文档中输入“help rvf”并执行，则可以看到以下代码的含义。

rvfplot residual-versus-fitted plot

avplot added-variable plot

avplots all added-variable plots in one image

cprplot component-plus-residual plot

acprplot augmented component-plus-residual plot

rvpplot residual-versus-predictor plot

lvr2plot leverage-versus-squared-residual plot

三、执行结果与分析

逐条分析上述命令的输出结果。

① 有计量经济学基础的读者阅读双斜杠“//”后面的注释即可；其他读者可以通过阅读后续的结果分析来帮助理解。有些非官方命令需要事先安装好外部命令。

```
reg lntcost lntoutput lnplabor lnpcapital lnpfuel   //结果见图 4-8
```

```
      Source |       SS           df       MS      Number of obs   =       145
-------------+----------------------------------   F(4, 140)       =    437.90
       Model |  269.524728         4  67.3811819   Prob > F        =    0.0000
    Residual |  21.5420958       140  .153872113   R-squared       =    0.9260
-------------+----------------------------------   Adj R-squared   =    0.9239
       Total |  291.066823       144  2.02129738   Root MSE        =    .39227

------------------------------------------------------------------------------
     lntcost |      Coef.   Std. Err.      t    P>|t|     [95% Conf. Interval]
-------------+----------------------------------------------------------------
   lntoutput |   .7209135   .0174337    41.35   0.000     .6864462    .7553808
    lnplabor |   .4559645    .299802     1.52   0.131    -.1367602    1.048689
  lnpcapital |  -.2151476   .3398295    -0.63   0.528    -.8870089    .4567136
     lnpfuel |   .4258137   .1003218     4.24   0.000     .2274721    .6241554
       _cons |  -3.566513   1.779383    -2.00   0.047    -7.084448   -.0485779
------------------------------------------------------------------------------
```

图 4-8

被解释变量为 lntcost（总成本对数），解释变量为 lntcost（总产量对数）、lnplabor（小时工资率对数）、lnpcapital（资本的租赁价格对数）、lnpfuel（燃料价格对数）。F 统计量为 437.90，p 值为 0.000 0，线性模型整体是显著的。线性模型能解释被解释变量的 92.6%的变动（$R^2=0.926$），调整后的 R^2 为 0.923 9，均方根误差为 0.392 27，即回归标准误为 0.392 27，比较小。四个解释变量中有两个是显著的（lntoutput 和 lnpfuel），有两个是不显著的（lnplabor 和 lnpcapital）。

```
rvfplot        //residual-versus-fitted plot
```

上面命令的意思是做横轴为拟合值、纵轴为残差的散点图，见图 4-9。

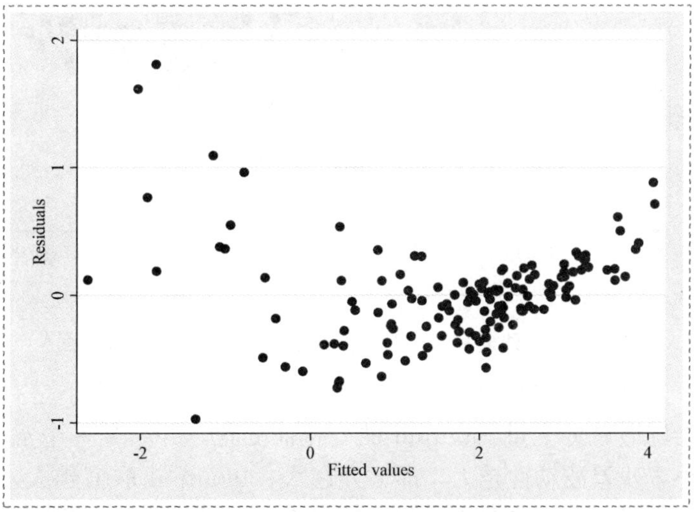

图 4-9　拟合值和残差的散点图

图 4-9 显示扰动项的方差与拟合值的大小有关，拟合值越小，残差的方差越大；拟合值越大，残差的波动性越小，有明显的异方差现象。如果没有先执行“reg lntcost lntoutput lnplabor lnpcapital lnpfuel”这个回归，而直接执行“rvfplot”这条命令，系统就会在结果窗口以红色提示报错，结果如图 4-10 所示，其中系统将“last estimates not found”以红色提示。

```
. do "C:\Users\THTF\AppData\Local\Temp\STD1b34_000000.tmp"

. rvfplot
last estimates not found
r(301);

end of do-file
```

图 4-10

rvpplot lnoutput // residual-versus-predictor plot

要先执行回归之后才能执行上面这条命令，意思是做出解释变量 lnoutput 为横轴、残差为纵轴的散点图，观察一下散点图中的残差是否与某个解释变量有关，散点图结果见图 4-11。

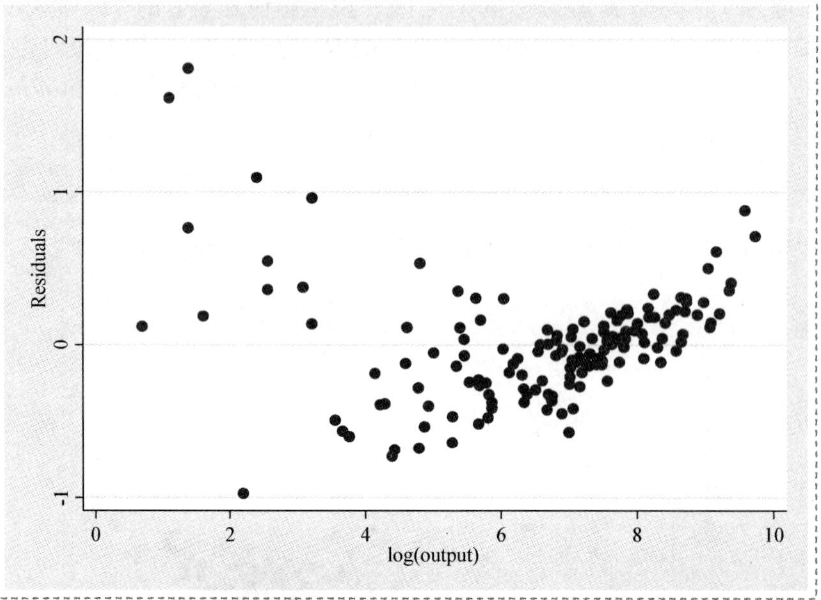

图 4-11　残差和某一个解释变量（lnoutput）的散点图

观察图 4-11 发现，残差的波动性与解释变量 lnoutput 的大小是有关系的，也就是说，残差的方差会随着解释变量 lnoutput 的变化而变化，并不是一个常数。具体变化为：lnoutput 取值越小，残差波动性越大，即方差越大；lnoutput 取值越大，残差越集中，也就是方差越小。残差随着解释变量 lnoutput 的变化而变化，不满足同方差这一经典回归的前提假定。图 4-11 发现了存在异方差现象，下面就需要处理异方差问题。

上面的例子采用了对残差做散点图的方式发现了异方差性的存在，除了这种直观的图示方法外，还可以用各种检验统计量来检测是否存在异方差性。

四、异方差检验

1. 命令与说明

在 Stata 中检验异方差性的方法有：

（1）检验方法一：White 检验。

```
ssc install whitetst, replace   //安装外部命令 White 检验，如果已安装，可以忽略
estat imtest, white             //White 检验，检验异方差性
```

（2）检验方法二：B-P 检验。

Stata 中的命令名是将异方差检验"heteroskedasticity test"缩写为"hettest"。默认异方差的存在形式是拟合值能解释误差方差，该检验假定扰动项是 i. i. d（独立同分布）的。所有以"estat"开头的命令都需要先执行回归才可以执行"estat"命令。

```
estat hettest, iid  //B-P 检验，默认异方差的形式是拟合值能解释误差方差
```

可以根据不同情况设定。当误差方差随着解释变量的变化而变化时，也就是说，用方程右边的解释变量解释误差方差时用下面的命令：

```
estat hettest, rhs iid  //B-P 检验，用解释变量解释误差方差
```

因为解释变量在模型的等号右边，所以命令中有 rhs（right-hand-side）。如果认为异方差可能是方差与某个具体的解释变量有关导致的，比如怀疑异方差是解释变量 lnoutput 引起的，可以用下面的命令来指定具体的解释变量。

```
estat hettest lntoutput, iid       //B-P 检验（指定解释变量 lntoutput）
help estat                         //通过帮助文档了解 estat
help hettest                       //通过帮助文档了解 hettest
```

2. 主要执行结果

```
estat imtest, white                //结果见图 4-12
```

```
White's test for Ho: homoskedasticity
         against Ha: unrestricted heteroskedasticity

         chi2(14)      =     73.88
         Prob > chi2   =    0.0000

Cameron & Trivedi's decomposition of IM-test
```

Source	chi2	df	p
Heteroskedasticity	73.88	14	0.0000
Skewness	22.79	4	0.0001
Kurtosis	2.62	1	0.1055
Total	99.29	19	0.0000

图 4-12

该命令是 White 检验，原假设是没有异方差性，p 值为 0.000 0，结果显示拒绝原假设，即存在异方差性。

estat hettest，iid　　　　　　　　　　//结果见图 4-13

```
Breusch-Pagan / Cook-Weisberg test for heteroskedasticity
         Ho: Constant variance
         Variables: fitted values of lntcost

         chi2(1)      =    29.13
         Prob > chi2  =   0.0000
```

图 4-13

从上述 B-P 检验的结果可以看出，原假设是同方差，p 值显示拒绝原假设，即存在异方差性。该检验假定扰动项是 i. i. d 的。

estat hettest，rhs iid　　　　　　　　//结果见图 4-14

```
Breusch-Pagan / Cook-Weisberg test for heteroskedasticity
         Ho: Constant variance
         Variables: lntoutput lnplabor lnpcapital lnpfuel

         chi2(4)      =    36.16
         Prob > chi2  =   0.0000
```

图 4-14

这条指令是当扰动项的方差随着解释变量的变化而变化时，用方程右边的解释变量解释误差方差。结果显示拒绝同方差的原假设，即存在异方差性。

estat hettest lnq，iid　　　　　　　　//结果见图 4-15

```
Breusch-Pagan / Cook-Weisberg test for heteroskedasticity
         Ho: Constant variance
         Variables: lntoutput

         chi2(1)      =    32.10
         Prob > chi2  =   0.0000
.
```

图 4-15

用指定的解释变量 lntoutput 解释误差方差，结果显示依然拒绝同方差的原假设。

既然我们用上面的多种方法发现了存在异方差现象，如何解决这个问题呢？下面进行讨论。

五、异方差的处理

为节约部分读者的时间，先讲解命令与说明，再呈现主要执行结果与分析。

1. 命令与说明

（1）异方差处理方法一：OLS+robust（稳健标准误）。

reg lntcost lntoutput lnplabor lnpcapital lnpfuel , robust //异方差下的稳健标准误

reg lntcost lntoutput lnplabor lnpcapital lnpfuel //普通标准误，用作对比

（2）异方差处理方法二：WLS（加权最小二乘）法。

reg lntcost lntoutput lnplabor lnpcapital lnpfuel //回归

predict e, resid //生成残差变量 e

gen lnesqu = log(e^2) //对残差的平方取自然对数，生成 lnesqu

reg lnesqu lntoutput, noc //将残差平方对解释变量 lntoutput 回归，看残差能否被解释变量 lntoutput 解释

2. 主要执行结果

（1）异方差处理方法一的执行结果。

reg lntcost lntoutput lnplabor lnpcapital lnpfuel , robust //异方差下的稳健标准误，结果见图 4-16

```
Linear regression                               Number of obs     =        145
                                                F(4, 140)         =     177.19
                                                Prob > F          =     0.0000
                                                R-squared         =     0.9260
                                                Root MSE          =     .39227
```

lntcost	Coef.	Robust Std. Err.	t	P>|t|	[95% Conf.	Interval]
lntoutput	.7209135	.0325376	22.16	0.000	.656585	.785242
lnplabor	.4559645	.260326	1.75	0.082	-.0587139	.9706429
lnpcapital	-.2151476	.3233711	-0.67	0.507	-.8544698	.4241745
lnpfuel	.4258137	.0740741	5.75	0.000	.2793653	.5722622
_cons	-3.566513	1.718304	-2.08	0.040	-6.963693	-.1693331

图 4-16

上面的输出结果用稳健标准误来处理异方差问题，由于异方差是普遍存在的，所以这种方法处理异方差是最常用的。一般情况下稳健标准误比普通标准误要大一些，所以当采用普通标准误时回归系数是显著的，而当采用稳健标准误时就不一定是显著的了。为了做对比，也输出普通标准误下的估计。

reg lntcost lntoutput lnplabor lnpcapital lnpfuel //普通标准误，结果见图 4-17

Source	SS	df	MS			
Model	269.524728	4	67.3811819	Number of obs	=	145
Residual	21.5420958	140	.153872113	F(4, 140)	=	437.90
				Prob > F	=	0.0000
Total	291.066823	144	2.02129738	R-squared	=	0.9260
				Adj R-squared	=	0.9239
				Root MSE	=	.39227

lntcost	Coef.	Std. Err.	t	P>|t|	[95% Conf.	Interval]
lntoutput	.7209135	.0174337	41.35	0.000	.6864462	.7553808
lnplabor	.4559645	.299802	1.52	0.131	-.1367602	1.048689
lnpcapital	-.2151476	.3398295	-0.63	0.528	-.8870089	.4567136
lnpfuel	.4258137	.1003218	4.24	0.000	.2274721	.6241554
_cons	-3.566513	1.779383	-2.00	0.047	-7.084448	-.0485779

图 4-17

（2）异方差处理方法二的输出结果。

reg lntcost lntoutput lnplabor lnpcapital lnpfuel //回归

predict e，resid //生成残差变量 e

gen lnesqu = log(e^2) //对残差的平方取自然对数，生成 lnesqu

reg lnesqu lntoutput，noc //将残差平方对解释变量 lntoutput 回归，看残差能否被解释变量 lntoutput 解释，结果见图 4-18

Source	SS	df	MS			
Model	2065.53636	1	2065.53636	Number of obs	=	145
Residual	708.275266	144	4.91857824	F(1, 144)	=	419.95
				Prob > F	=	0.0000
Total	2773.81163	145	19.1297354	R-squared	=	0.7447
				Adj R-squared	=	0.7429
				Root MSE	=	2.2178

lnesqu	Coef.	Std. Err.	t	P>|t|	[95% Conf.	Interval]
lntoutput	-.5527533	.0269733	-20.49	0.000	-.6060681	-.4994384

图 4-18

回归结果显示残差能被解释变量 lntoutput 解释。lntoutput 能解释残差平方和总变动的 74.47%。异方差主要是由解释变量 lntoutput 引起的，所以需要采用加权最小二乘法解决异方差问题。下面是用该方法处理异方差的具体命令。

predict yaht //保存用解释变量 lntoutput 解释的 yaht

generate exyaht = exp(yaht) //把方差信息存储于变量 exyaht 中，为下一步做权重做准备

```
regress lntcost lntoutput lnplabor lnpcapital lnpfuel    [aweight = 1/exyaht]
//对方差的倒数做权重，结果见图 4-19
```

```
(sum of wgt is   8.1811e+03)

      Source |       SS           df       MS      Number of obs   =       145
-------------+----------------------------------   F(4, 140)       =    895.03
       Model |  173.069989         4  43.2674973   Prob > F        =    0.0000
    Residual |  6.76790872       140  .048342205   R-squared       =    0.9624
-------------+----------------------------------   Adj R-squared   =    0.9613
       Total |  179.837898       144  1.24887429   Root MSE        =    .21987

------------------------------------------------------------------------------
     lntcost |      Coef.   Std. Err.      t    P>|t|     [95% Conf. Interval]
-------------+----------------------------------------------------------------
   lntoutput |   .8759035   .0153841    56.94   0.000     .8454883    .9063187
    lnplabor |   .5603879   .1734141     3.23   0.002     .2175389    .9032369
  lnpcapital |  -.0929807   .1960402    -0.47   0.636    -.4805627    .2946014
     lnpfuel |   .4672438   .0616476     7.58   0.000     .3453632    .5891243
       _cons |  -5.522088   .9928472    -5.56   0.000       -7.485   -3.559176
------------------------------------------------------------------------------
```

图 4-19

上面的输出结果是用 WLS（加权最小二乘）法来处理异方差问题。方差较小的数据提供的信息量较大，而方差较大的数据提供的信息量较小，所以在上面的命令中采用方差的倒数做权重是比较自然的。

第三节　自相关

本节主要讲解自相关的检验方法：直观看图＋检验（LM 检验、wntest 检验和计算 DW 值方法），以及自相关的处理方法：HAC、聚类稳健标准误、FGLS 和修改模型。

一、检验自相关

扰动项存在自相关时，高斯-马尔可夫定理不再成立，方差不再是 $\sigma^2(X'X)^{-1}$，t 检验、F 检验失效，但 OLS 估计量依然是无偏且一致的。我们用下面的例子来演示自相关检验，也就是说如何发现自相关问题。发现存在自相关问题后需采用适当的方法解决自相关问题。

1. 数据说明

以 Hildreth 和 LU（1960）中对冰淇淋的需求函数为例（陈强（2014）），变量名及其含义如表 4-2 所示。

表 4-2　各变量名称及含义

变量类别	变量名	变量含义
被解释变量	consumption	人均冰淇淋消费量
解释变量	income	家庭平均收入
	price	冰淇淋价格
	temp	平均华氏温度
	time	时间
	temp100	平均华氏温度/100

2. 命令及说明

```
use icecream, clear                          //打开数据文件 icecream
tsset time    //设定时间序列的时间变量，时间序列数据必须如此设定，time 是时间
              变量
help symbolstyle                             //通过 help 查找标记符号
twoway connect consumption temp100 time
regress consumption income price temp100     //回归
predict e, r                                 //将回归的残差保存为变量 e
gen le = l.e1                                //用滞后一期残差生成新变量 le
```

注意，上述命令中等号左右两边的“l”都是小写的英文字母，而不是阿拉伯数字。英文字母“l”后面加英文点号“.”后的“l.”是“lag.”的缩写，表示滞后一期。“l2.”表示“lag2.”，是滞后两期的意思。上述命令运行后将发现数据集里多了一个新变量 le，变量 le 的数据是残差的滞后一期。

```
scatter e le                    //对残差和残差的滞后一期做散点图
ac e                            //查看残差 e 的自相关图
pac e    //查看残差 e 的偏自相关图，pa 即 patial，c 即 correlation
corrgram e                      //残差的相关系数矩阵，corrgram 中的 corr 即 cor-
relation（相关系数），gra 即 graph（图形），m 即 matrix（矩阵），也就是可以用图形的
方式展示相关系数矩阵
help estat bgodfrey  //通过 help 查看 estat bgodfrey 命令的详细内容
estat bgodfrey                  //BG-LM 检验，该检验的原假设：无自相关
wntest q e                      //Q 检验
estat dwatson                   //DW 检验，只能用来检验一阶自相关
```

3. 执行结果及分析

```
reg consumption income price temp100      //结果见图 4-20
```

Source	SS	df	MS			
				Number of obs	=	30
				F(3, 26)	=	22.17
Model	.090250523	3	.030083508	Prob > F	=	0.0000
Residual	.035272835	26	.001356647	R-squared	=	0.7190
				Adj R-squared	=	0.6866
Total	.125523358	29	.004328392	Root MSE	=	.03683

consumption	Coef.	Std. Err.	t	P>|t|	[95% Conf.	Interval]
income	.0033078	.0011714	2.82	0.009	.0008999	.0057156
price	-1.044413	.834357	-1.25	0.222	-2.759459	.670632
temp100	.345843	.0445547	7.76	0.000	.2542595	.4374264
_cons	.197315	.2702161	0.73	0.472	-.3581222	.7527521

图 4-20

解释变量为 consumption，被解释变量为 income、price 和 temp100，做普通 OLS 回归。回归后绘制残差和残差的滞后一期的散点图，从图形上观察是否可能存在自相关问题。

```
scatter e le  //对残差和残差的滞后一期做散点图，结果见图 4-21
```

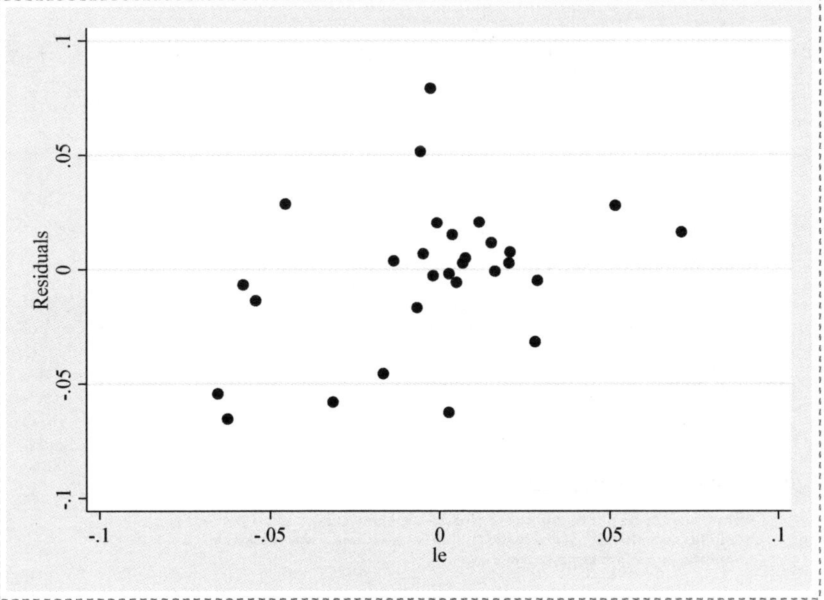

图 4-21 残差和残差的滞后一期的散点图

图 4-20 显示可能存在自相关。残差和残差的滞后一期可能存在正相关关系。

```
corrgram e  //残差的相关系数，结果见图 4-22
```

LAG	AC	PAC	Q	Prob>Q	-1 0 1 [Autocorrelation]	-1 0 1 [Partial Autocor]
1	0.3298	0.3969	3.6	0.0578		
2	0.0362	-0.1681	3.645	0.1616		
3	0.0111	0.0767	3.6494	0.3019		
4	-0.0934	-0.1483	3.9715	0.4099		
5	-0.3186	-0.3565	7.8703	0.1635		
6	-0.2058	0.0011	9.5645	0.1442		
7	-0.2582	-0.4237	12.346	0.0897		
8	-0.1373	-0.0721	13.169	0.1062		
9	-0.1035	-0.3300	13.658	0.1350		
10	-0.2378	-0.8928	16.372	0.0895		
11	-0.1193	-0.5017	17.091	0.1052		
12	0.1923	-0.4590	19.064	0.0870		
13	0.3554	0.0493	26.197	0.0160		

图 4-22

结果显示残差和残差的滞后一期存在正相关关系（p 值为 0.0578，接近 5%的显著性水平）。在 10%的显著性水平上拒绝无自相关的原假设，接受存在一阶自相关的备择假设。

由于前面已经做完回归，所以这里可以继续做 estat bgodfrey 检验，即 B-P 检验。

```
help estat bgodfrey
```

通过 help 命令查看一下“estat bgodfrey”这条命令的详细使用方法。结果见图 4-23。

```
                                              Dialog▾  Also see▾  Jump to▾
Syntax for estat bgodfrey

        estat bgodfrey [, bgodfrey_options]

    bgodfrey_options       Description
    -------------------------------------------------------------------------
    lags(numlist)          test numlist lag orders
    nomiss0                do not use Davidson and MacKinnon's approach
    small                  obtain p-values using the F or t distribution
    -------------------------------------------------------------------------

Menu for estat

    Statistics > Postestimation

Description for estat bgodfrey

    estat bgodfrey performs the Breusch-Godfrey test for higher-order serial
    correlation in the disturbance.  This test does not require that all the
    regressors be strictly exogenous.

Options for estat bgodfrey

    lags(numlist) specifies a list of numbers, indicating the lag orders to
        be tested.  The test will be performed separately for each order.
        The default is order one.

    nomiss0 specifies that Davidson and MacKinnon's approach (1993, 358),
        which replaces the missing values in the initial observations on the
        lagged residuals in the auxiliary regression with zeros, not be used.
```

图 4-23

```
estat bgodfrey
wntestq e          //Q 检验
estat dwatson      //DW 检验  结果见图 4-24
```

```
. estat bgodfrey //BG检验

Breusch-Godfrey LM test for autocorrelation
```

lags(p)	chi2	df	Prob > chi2
1	4.237	1	0.0396

```
                        H0: no serial correlation

. wntestq e //Q检验

Portmanteau test for white noise

 Portmanteau (Q) statistic =    26.1974
 Prob > chi2(13)           =     0.0160

. estat dwatson //DW检验

Durbin-Watson d-statistic(  4,    30) =  1.021169
```

图 4-24

上面三条命令的执行结果显示，BG-LM 检验的 p 值为 0.039 6，Q 检验的 p 值为 0.016 0，都拒绝无自相关的原假设，即存在自相关，DW 值为 1.021 169，远小于 2，也说明存在正的自相关。

既然存在自相关，就要解决这个问题，这就是下面要介绍的内容。

二、处理自相关

1. 内容提要

自相关的处理方式有：

第一种：OLS+HAC①，即 Newey-West（Newey and West，1987）。

第二种：OLS+聚类稳健标准误，即聚类样本，针对面板数据。

第三种：FGLS（模型满足严格外生性时比较有效，否则可能不一致，不如 OLS 稳健）。

第四种：修改模型。可能模型设定有误，如遗漏自相关的解释变量，或将动态模型错误地设定为静态模型。

2. 命令及说明

（1）第一种处理方式：OLS+HAC，即 Newey-West 方法，指令如下：

① HAC（heteroskedasticity and autocorrelation consistent）标准误，即异方差与自相关情况下的稳健标准误。

先取 Newey-West 滞后阶数为 3。

newey consumption temp price income, lag(3) //HAC 标准误（异方差与自相关情况下的稳健标准误）

newey consumption temp price income, lag(5) //改变滞后阶数看稳定性如何

（2）第二种处理方式：针对面板数据，此处略。

（3）第三种处理方式：FGLS（可行广义最小二乘估计）。

若存在自相关，则 OLS 不再是 BLUE，考虑使用 FGLS 对模型进行转换和重新估计。如果对自相关系数的估计比较准确，且严格满足外生性假定，则 FGLS 比 OLS 更有效，否则 FGLS 可能不一致，但 OLS 是一致的。所以说 OLS 比 FGLS 稳健。

prais consumption temp price income, corc //科克伦-奥克特方法，提升 DW 值

prais consumption temp price income, nolog //普莱斯-温斯登方法（PW 估计），提升 DW 值

（4）第四种处理方式：修改模型。

存在自相关也可能是因为遗漏重要变量，加入变量 temp 的滞后值以改进模型。

regress consumption temp l.temp price income //修改模型，加入气温的滞后项

3. 执行结果及分析

（1）第一种处理方式的执行结果。

newey consumption temp price income, lag(3) //HAC（异方差与自相关情况下的稳健标准误），结果见图 4 - 25

```
Regression with Newey-West standard errors          Number of obs     =         30
maximum lag: 3                                      F(  3,        26) =      27.63
                                                    Prob > F          =     0.0000
```

consumption	Coef.	Newey-West Std. Err.	t	P>|t|	[95% Conf.	Interval]
temp	.0034584	.0004002	8.64	0.000	.0026357	.0042811
price	-1.044413	.9772494	-1.07	0.295	-3.053178	.9643518
income	.0033078	.0013278	2.49	0.019	.0005783	.0060372
_cons	.1973149	.3378109	0.58	0.564	-.4970655	.8916952

图 4 - 25

上述结果使用了 Newey-West 方法处理自相关，也可以更换滞后阶数来做对比分析。

newey consumption temp price income, lag(5) //滞后阶数提高为 5，结果见图 4 - 26

```
Regression with Newey-West standard errors          Number of obs  =        30
maximum lag: 5                                      F(  3,     26) =     49.08
                                                    Prob > F       =    0.0000

------------------------------------------------------------------------------
             |             Newey-West
 consumption |      Coef.   Std. Err.      t    P>|t|     [95% Conf. Interval]
-------------+----------------------------------------------------------------
        temp |   .0034584   .0003572     9.68   0.000     .0027243    .0041926
       price |  -1.044413   .9963659    -1.05   0.304    -3.092473    1.003646
      income |   .0033078   .0013323     2.48   0.020     .0005691    .0060464
       _cons |   .1973149   .3383736     0.58   0.565     -.498222    .8928518
------------------------------------------------------------------------------
```

图 4－26

将滞后阶数由 3 改为 5 之后，重新执行命令，发现 Newey-West 方法处理自相关基本是稳定的（标准误变化不大）。这种方法到此结束。

（2）第二种处理方式在本节内容中略去。

（3）第三种处理方式的执行结果。

使用 CO（科克伦-奥克特）方法，以期望提高 DW 值。

```
prais consumption temp price income, corc    //科克伦-奥克特方法，结果见图 4－27
```

```
Cochrane-Orcutt AR(1) regression -- iterated estimates

      Source |       SS       df       MS              Number of obs =      29
-------------+------------------------------           F(3, 25)      =   15.40
       Model |  .047040596     3  .015680199           Prob > F      =  0.0000
    Residual |  .025451894    25  .001018076           R-squared     =  0.6489
-------------+------------------------------           Adj R-squared =  0.6068
       Total |  .072492491    28  .002589018           Root MSE      =  .03191

------------------------------------------------------------------------------
 consumption |      Coef.   Std. Err.      t    P>|t|     [95% Conf. Interval]
-------------+----------------------------------------------------------------
        temp |   .0035584   .0005547     6.42   0.000      .002416    .0047008
       price |  -.8923963   .8108501    -1.10   0.282    -2.562373    .7775807
      income |   .0032027   .0015461     2.07   0.049     .0000186    .0063869
       _cons |   .1571479   .2896292     0.54   0.592    -.4393546    .7536504
-------------+----------------------------------------------------------------
         rho |   .4009256
------------------------------------------------------------------------------
Durbin-Watson statistic (original)    1.021169
Durbin-Watson statistic (transformed) 1.548837
```

图 4－27

结果显示，转换后 DW 值由初始的 1.021 169 上升为 1.548 837。下面尝试采用 PW 法估计，也是希望提高 DW 值。

```
prais consumption temp price income, nolog    //结果见图 4－28
```

```
Prais-Winsten AR(1) regression -- iterated estimates

      Source |       SS           df       MS      Number of obs   =        30
-------------+----------------------------------   F(3, 26)        =     14.35
       Model |  .04494596         3  .014981987   Prob > F        =    0.0000
    Residual |  .027154354        26  .001044398   R-squared       =    0.6234
-------------+----------------------------------   Adj R-squared   =    0.5799
       Total |  .072100315        29  .002486218   Root MSE        =    .03232

------------------------------------------------------------------------------
 consumption |      Coef.   Std. Err.      t    P>|t|     [95% Conf. Interval]
-------------+----------------------------------------------------------------
        temp |   .0029541   .0007109     4.16   0.000     .0014929    .0044152
       price |  -1.048854    .759751    -1.38   0.179    -2.610545    .5128361
      income |  -.0008022   .0020458    -0.39   0.698    -.0050074    .0034029
       _cons |   .5870049   .2952699     1.99   0.057    -.0199311    1.193941
-------------+----------------------------------------------------------------
         rho |   .8002264
------------------------------------------------------------------------------
Durbin-Watson statistic (original)    1.021169
Durbin-Watson statistic (transformed) 1.846795
```

图 4-28

结果显示，采用 PW 估计法后 DW 值由初始的 1.021 169 上升为 1.846 795。

（4）第四种处理方式的执行结果。

遗漏重要解释变量也是引起自相关的原因。结合实际情况，冰淇淋的销售量可能受到气温的滞后项的影响，所以在模型中加入 l.temp 后再做自相关检验以确定是否可以缓解自相关问题。

reg consumption temp l.temp price income //修改模型，加入气温的滞后项，结果见图 4-29

```
      Source |       SS           df       MS      Number of obs   =        29
-------------+----------------------------------   F(4, 24)        =     28.98
       Model |  .103387183         4  .025846796   Prob > F        =    0.0000
    Residual |  .021406049        24  .000891919   R-squared       =    0.8285
-------------+----------------------------------   Adj R-squared   =    0.7999
       Total |  .124793232        28  .004456901   Root MSE        =    .02987

------------------------------------------------------------------------------
 consumption |      Coef.   Std. Err.      t    P>|t|     [95% Conf. Interval]
-------------+----------------------------------------------------------------
        temp |
         --. |   .0053321   .0006704     7.95   0.000     .0039484    .0067158
         L1. |  -.0022039   .0007307    -3.02   0.006    -.0037119   -.0006959
             |
       price |  -.8383021   .6880205    -1.22   0.235    -2.258307    .5817025
      income |   .0028673   .0010533     2.72   0.012     .0006934    .0050413
       _cons |   .1894822   .2323169     0.82   0.423    -.2899963    .6689607
------------------------------------------------------------------------------
```

图 4-29

三、处理之后再检验

处理自相关问题之后可以用原来的检验命令再检验一下是否还存在自相关问题。

```
reg consumption temp l.temp price income  //对修改后的模型回归
estat bgodfrey   //对修改后的模型做 BG-LM 检验，原假设：无自相关
wntestq e1       //Q 检验
estat dwatson    //结果见图 4-30
```

```
. estat bgodfrey

Breusch-Godfrey LM test for autocorrelation

    lags(p)  |        chi2            df              Prob > chi2
-------------+----------------------------------------------------
       1     |        0.120            1                 0.7292

                        H0: no serial correlation

. wntestq e1 //Q检验

Portmanteau test for white noise

 Portmanteau (Q) statistic =    26.1974
 Prob > chi2(13)           =     0.0160

. estat dwatson

Durbin-Watson d-statistic(  5,    29) =  1.582166
```

图 4-30

LM 检验不存在自相关，Q 检验在 1%的显著性水平上不存在自相关（结果不尽完美），DW 值提到到 1.582 166，结果显示处理后的自相关问题基本解决。

如果系数的估计值与标准误不会随着估计方法的改变而发生较大幅度的变化，就说明估计结果是比较稳健的。研究者在一定程度上可以选择所使用的模型，也可以将各种模型的结果在同一表格中列出用于对比和参考，以验证结果的稳健性。

第五章

工具变量

第一节　IV 外生性、弱 IV 和解释变量的内生性

用工具变量（instrumental variable，IV）进行估计称为 IV 估计。只有在恰好识别或过度识别的情况下才能用 IV 估计，只有在过度识别的情况下才能进行 IV 的外生性检验。

1. IV 的外生性检验（即过度识别检验）

（1）恰好识别时（n _ ivs＝n _ 内生变量）①，只能定性讨论外生性。

（2）过度识别时（n _ ivs＞n _ 内生变量）②，对 IV 的外生性检验（原假设：IV 均外生）。

只有在过度识别的情况下才可以检验 IV 的外生性。

方法一：Sargan（同方差时）；

方法二：Hansen J（异方差时）。

说明：①在恰好识别的情况下目前无法检验外生性，只能定性讨论 IV 是否满足外生性。

②只有过度识别时才可以检验 IV 的外生性，所以 IV 的外生性检验又叫作过度识别检验。但过度识别检验不是检验过度不过度，而是检验 IV 的外生性（因为对于过度不过度，只要数一数工具变量的个数是否多于内生变量的个数即可，无须检验）。

2. 弱 IV 检验（原假设：IV 是弱工具变量）

识别方法：

---

① 恰好识别是指工具变量的个数等于内生变量的个数。

② 过度识别是指工具变量的个数大于内生变量的个数。

方法一：偏 R^2。

方法二：最小特征统计量 F。

方法三：Cragg-Donalf wald F（i. i. d，即独立同分布时）。

方法四：Kleibergen-Paap Wald rk F（不是 i. i. d，即不是独立同分布时）。

如果出现了弱工具变量问题，如何解决？处理方法如下：

（1）寻找强 IV。

（2）LIML（对弱 IV 不敏感）。

（3）舍掉冗余 IV（冗余即第一阶段不显著的 IV），检验的原假设：IV 冗余。

3. 对所有解释变量的内生性检验（原假设：所有解释变量均外生）

（1）Hausman（同方差时）。

（2）DWH（异方差时）。

说明：Hausman 检验用来选择是用 IV 估计还是用 OLS 估计。若拒绝原假设，则说明有内生变量，用 IV 估计，否则用 OLS 估计。也可用外部命令“ivreg2”检验指定某个变量是否内生（原假设：指定解释变量外生）。如下面的命令是检验解释变量 iq 的内生性：

ivreg2 lw s expr tenure rns smsa (iq= med kww), r endog(iq)

说明：①同方差时：2SLS 最有效（同方差下最优 GMM 就是 2SLS）。

②异方差或自相关时：GMM 更有效。

4. underidentification test（不可识别检验），原假设：列满秩（即可识别）

说明：该检验用来检验是否满足秩条件（列满秩），若列满秩不成立，则不可识别，即不可以使用工具变量法。该检验的方法有如下两种：

方法一：Anderson LM 统计量（同方差时）。

方法二：Kleibergen-Paap rk LM 统计量（异方差时）。

第二节 例题实操

一、数据说明

数据 grilic. dta（Hayashi，2000）采用工具变量刻画了工资随着受教育程度的变化而变化的情况。当控制其他变量不变时，解释变量 s（受教育年限）每增加一年，被解释变量 lw（工资对数）的增长情况如何（增加一年教育的回报率）？因为两者是正向关系，故可以预测这个回归系数应该是正的。如果估计出来的回归系数是个负值，那么模型一定有问题，需要排查原因，修改模型。该例子中的变量名和具体含义如表 5－1 所示。

表 5－1 变量含义

变量类型	变量名	含义
被解释变量	lw	工资对数

续表

变量类型	变量名	含义
解释变量	s	受教育年限
	age	年龄
	expr	工龄
	tenure	在现单位的工作年数
	iq	智商
	med	母亲的受教育年限
	kww	在“knowledge of the world of work”测试中的成绩
	mrt	婚姻虚拟变量，已婚为 1，其余为 0
	rns	南方虚拟变量，住在南方为 1，其余为 0
	smsa	大城市虚拟变量，住在大城市为 1，其余为 0
	year	有数据的最早年份，1966—1973 年的某一年
	lw80	1980 年工资的对数

二、主要命令及说明

1. 工具变量的第一个条件：外生性

```
use grilic.dta, clear                    //打开数据文件
sum                                      //对各变量的描述性分析
reg lw s expr tenure rns smsa, r         //遗漏能力这一重要解释变量的 OLS
```

每个人的能力显然会影响收入，但是“个人能力”这一变量是很难测量的，所以上面的回归存在的问题是并没有将“个人能力”这一重要的解释变量纳入上面的模型中。而遗漏重要解释变量是造成内生性问题的原因之一，进而导致 OLS 估计不一致。既然个人能力难以测量，那么退而求其次，选择“iq”（智商）作为个人能力的代理变量。代理变量在代理个人能力的时候存在测量误差，“iq”是内生的解释变量，此时需要为“iq”寻找合理的工具变量。在下面的命令中，括号内的变量“med kww mrt age”是为“iq”寻找的 4 个工具变量，并使用两阶段最小二乘法进行回归。

```
ivregress 2sls lw s expr tenure rns smsa (iq = med kww mrt age), r
```

使用 IV 估计的前提是工具变量的有效性，即所有工具变量均是外生的，即工具变量与扰动项不相关，所以需要做下面的过度识别检验，用以检验所选择的工具变量是否满足外生性这个前提条件。该检验的原假设是所有工具变量都是外生的。

```
estat overid  //过度识别检验
```

上面的识别检验结果如果不能拒绝原假设，也就是说，发现有内生的工具变量，就需要在模型中去掉这些内生的工具变量。那么如何检验哪些工具变量是内生的呢？可以用下面的外部命令“ivreg2”检验部分工具变量的外生性，命令如下：

```
ivreg2 lw s expr tenure rns smsa (iq = med kww mrt age)
```

该条指令后面没有加“r”，也就是告诉系统是同方差情况（此处是为了与异方差作对比），Stata 在同方差情况下输出过度识别的 Sargan 检验统计量。需要注意的是，“ivreg2”

是外部命令，如果之前没有安装过，需要先安装，然后检验部分工具变量的外生性问题。安装方法非常简单、快捷，命令如下：

```
ssc install ivreg2
```

若在运行上面的安装命令时提示要安装或更新“ranktest”，则运行下面的命令即可安装完毕。

```
ssc install ranktest
```

安装完毕后即可使用“ivreg2”。

```
ivreg2 lw s expr tenure rns smsa (iq = med kww mrt age), r orthog (mrt age)
```

上面这条指令用来检验部分工具变量 mrt 和 age 是否满足外生性，该检验的原假设是后面括号内的 mrt 和 age 都是外生的。

```
ivreg2 lw s expr tenure rns smsa (iq = med kww mrt age), orthog (mrt age)
```

上面的命令中没有 robust，系统认为扰动项是 i. i. d 的，输出 Sargan 检验统计量，可以用来做参考。检验后发现有内生的工具变量，将它们从工具变量组里去掉，仅仅保留满足外生性的工具变量。异方差是无处不在的，所以在上面的命令中加入“r”，即稳健标准误，该方法是经常使用的。保留下来的两个工具变量是否全部外生呢？需要运用“estat overid”（过度识别检验）再次做检验。

```
ivregress 2sls lw s expr tenure rns smsa (iq = med kww), robust first
estat overid
```

如果保留下来的工具变量通过了过度识别检验（即没有拒绝全外生的原假设），则说明工具变量是满足外生性的。为了练习，可以将下面的命令也执行一下，下面的命令输出的是同方差情况下的 Sargan 检验，也是一种过度识别检验统计量。

```
ivregress 2sls lw s expr tenure rns smsa (iq = med kww)    //2sls 回归
estat overid  //同方差报告 Sargan 检验
```

需要注意的是，要执行“estat overid”命令，必须先执行回归①，也就是说上面的两条命令，先执行第一条，再执行第二条，如果第一条没有执行，只是单独执行第二条命令，则 Stata 会报错。

2. 工具变量的第二个条件：与内生变量的相关性

一个优秀的工具变量还要满足第二个条件：有效性，即必须与因为内生性问题而需要寻找工具变量的那个内生变量之间具有高度的相关性。如果相关程度太低，则存在弱工具变量问题。

```
estat firststage, all forcenonrobust
```

上面这条指令用来检验工具变量的有效性，即检验工具变量与内生解释变量是否相关，也就是通常所说的弱工具变量检验。该检验的原假设是工具变量和内生解释变量之间不相关（在回归的第一阶段中系数为 0），只有拒绝了原假设，才能认为不存在弱工具变量问

① 所有以“estat”开头的命令都必须在执行回归之后。

题，也就是常说的通过了弱工具变量检验。

3. 检验解释变量内生性的 Hausman 检验

传统的 Hausman 检验有三步：

quietly reg lw iq s expr tenure rns smsa //quietly 表示不在结果窗口中报告回归结果（第一步）

estimates storeols

quietly ivregress 2sls lw s expr tenure rns smsa (iq = med kww) //第二步

estimates store iv

hausman iv ols, constant sigmamore //第三步

上面的 Hausman 检验用来检验解释变量是不是内生的，如果是内生的，则需要为其寻找工具变量。

上面的内容对主要命令及其功能做了简要介绍。下面介绍这些命令的执行结果和对结果的详细解读。

三、执行结果及分析

sum //对变量的描述性分析，结果略

reg lw s expr tenure rns smsa, r //结果见图 5-1

```
Linear regression                               Number of obs     =        758
                                                F(5, 752)         =      84.05
                                                Prob > F          =     0.0000
                                                R-squared         =     0.3521
                                                Root MSE          =     .34641
```

lw	Coef.	Robust Std. Err.	t	P>|t|	[95% Conf.	Interval]
s	.102643	.0062099	16.53	0.000	.0904523	.1148338
expr	.0381189	.0066144	5.76	0.000	.025134	.0511038
tenure	.0356146	.0079988	4.45	0.000	.0199118	.0513173
rns	-.0840797	.029533	-2.85	0.005	-.1420566	-.0261029
smsa	.1396666	.028056	4.98	0.000	.0845893	.194744
_cons	4.103675	.0876665	46.81	0.000	3.931575	4.275775

图 5-1

结果分析：教育投资的回报率为 10.26%，而且是显著的，也就是说，受教育年限每增加一年，工资收入增长 10.26 个百分数[①]。这个教育回报率过高，与实际情况不符，

① 增长百分比和增长百分点是不同的，当某个解释变量取对数且被解释变量也取对数时，该解释变量的回归系数对被解释变量而言是增长百分比的关系，不是增长百分点的关系。参见杰弗里·M. 伍德里奇. 计量经济学导论. 6版. 北京：中国人民大学出版社，2018。

很可能是遗漏了“个人能力”这个关键的控制变量，导致这个系数并不是纯粹的教育回报率，而是夹杂着“个人能力”这一变量对工资的影响。此时需要引入“个人能力”这一变量，以净化教育回报率系数。求个人能力与受教育年限的相关系数，发现是显著的正相关关系，能力越强的人可能越容易通过各种入学考试，受教育年限可能越长，这也进一步说明了“个人能力”对工资的贡献被叠加到教育对工资的贡献里，因此，由于受教育年限长而多获得的工资回报，也就是我们常说的教育回报率，在这个模型中被高估了。如何测量个人能力呢？这是一个难题，无奈之举是将个人的智商 iq 作为能力的代理变量纳入模型，进行 OLS 回归，并使用稳健标准误，具体如下：

```
reg lw s iq expr tenure rns smsa, r
```

命令中的 r 是 robust 的缩写，运行结果如图 5－2 所示。

```
Linear regression                               Number of obs     =        758
                                                F(6, 751)         =      71.89
                                                Prob > F          =     0.0000
                                                R-squared         =     0.3600
                                                Root MSE          =     .34454
```

lw	Coef.	Robust Std. Err.	t	P>|t|	[95% Conf.	Interval]
s	.0927874	.0069763	13.30	0.000	.0790921	.1064826
iq	.0032792	.0011321	2.90	0.004	.0010567	.0055016
expr	.0393443	.0066603	5.91	0.000	.0262692	.0524193
tenure	.034209	.0078957	4.33	0.000	.0187088	.0497092
rns	-.0745325	.0299772	-2.49	0.013	-.1333815	-.0156834
smsa	.1367369	.0277712	4.92	0.000	.0822186	.1912553
_cons	3.895172	.1159286	33.60	0.000	3.667589	4.122754

图 5－2

结果分析：加入能力的代理变量 iq 后，教育回报率系数被净化为 9.28%，较之前的估计值有所下降，似乎较为合理，但和实际情况相比仍然过高。原因可能是由于能力用 iq 来测量，也就是说 iq 作为能力的代理变量，本身就存在测量误差，是一个内生变量。遗漏变量、测量误差和互为因果都会产生内生性问题，所以需要对内生的变量 iq 寻找工具变量。初步想法是选择 med、kww、mrt 和 age 作为 iq 的工具变量。一个优秀的工具变量需要满足外生性条件，这是工具变量需要满足的第一个条件，所以下一步必须讨论工具变量的外生性问题。

1. 工具变量的第一个条件：外生性检验

```
ivregress 2sls lw s expr tenure rns smsa (iq = med kww mrt age), r
```

上面这条命令是在没有考虑外生性问题的情况下直接采用两阶段最小二乘回归，用以查看是否出现了矛盾。上面命令中被解释变量依然是工资对数 lw，核心解释变量为 s，控制变量为 expr、tenure、rns、smsa、iq，括号内的意思是将 med、kww、mrt、age 这四个变量一起作为 iq 的工具变量，并使用稳健标准误。运行结果如图 5－3 所示。

```
Instrumental variables (2SLS) regression          Number of obs   =        758
                                                  Wald chi2(6)    =     355.73
                                                  Prob > chi2     =     0.0000
                                                  R-squared       =     0.2002
                                                  Root MSE        =     .38336

------------------------------------------------------------------------------
             |               Robust
          lw |      Coef.   Std. Err.      z    P>|z|     [95% Conf. Interval]
-------------+----------------------------------------------------------------
          iq |  -.0115468   .0056376    -2.05   0.041    -.0225962   -.0004974
           s |   .1373477   .0174989     7.85   0.000     .1030506    .1716449
        expr |   .0338041   .0074844     4.52   0.000      .019135    .0484732
      tenure |    .040564   .0095848     4.23   0.000     .0217781      .05935
         rns |  -.1176984   .0359582    -3.27   0.001    -.1881751   -.0472216
        smsa |    .149983   .0322276     4.65   0.000     .0868182    .2131479
       _cons |   4.837875   .3799432    12.73   0.000       4.0932     5.58255
------------------------------------------------------------------------------
Instrumented:  iq
Instruments:   s expr tenure rns smsa med kww mrt age
```

图 5-3

结果分析：使用工具变量后，教育回报率上升到 13.73%，而智商 iq 的系数为−0.011 546 8，在为 iq 找到四个工具变量后竟然使 iq 的系数由正变负，这显然与实际情况极不吻合，智商越高，工资收入反而越低，这是不可能的，选择的工具变量肯定有问题。使用 IV 估计的前提是工具变量满足有效性，即所有工具变量均是外生的，也就是要求选择的工具变量与扰动项不相关，所以需要做下面的过度识别检验，用以检验所选择的工具变量是否满足外生性这个前提条件。在这个识别检验过程中，若满足同方差条件，则 Stata 系统输出的是 Sargan 检验，若在异方差情况下，则系统自动输出的是 Hansen J 检验。关于这两种情况下统计量的选择问题，读者可以参阅相关的计量经济学教材。下面的命令是进行过度识别检验，即外生性检验，该检验的原假设为：所有工具变量均外生。

```
estat overid  //过度识别检验
```

上面这条命令的运行结果如图 5-4 所示。

```
Test of overidentifying restrictions:

Score chi2(3)          =  51.5449  (p = 0.0000)
```

图 5-4

由于前面回归时加入了“r”，即要求系统输出稳健标准误，也就是告诉系统存在异方差，所以上面的检验结果是在异方差下的 Hansen J 过度识别检验，p 值显示拒绝原假设（原假设为工具变量与扰动项不相关，即外生的），即过度识别检验发现有内生的工具变量与扰动项相关。为了做个参考，也可以执行下面的同方差假定下的过度识别 Sargan 检验。

```
ivregress 2sls lw s expr tenure rns smsa (iq = med kww mrt age)
```

该条指令后面没有加“r”，也就是告诉系统是同方差情况（与异方差作对比），则 Stata 在同方差情况下输出过度识别的 Sargan 检验统计量，输出结果如图 5-5 所示。

```
Tests of overidentifying restrictions:

Sargan (score) chi2(3) =  61.1366  (p = 0.0000)
Basmann chi2(3)        =  65.6229  (p = 0.0000)
```

图 5-5

既然过度识别检验发现有内生的工具变量，就需要进一步找出来并从模型中删掉。初步怀疑可能是 mrt 和 age 不满足外生性，下面用外部命令“ivreg2”检验部分工具变量 mrt 和 age 的外生性，命令如下：

```
ivreg2 lw s expr tenure rns smsa (iq= med kww mrt age), r orthog (mrt age)
```

上面这条命令是用来检验部分工具变量 mrt 和 age 是否满足外生性的检验，该检验的原假设是：mrt 和 age 都是外生的。该命令的输出结果如图 5-6 所示。

```
IV (2SLS) estimation
--------------------

Estimates efficient for homoskedasticity only
Statistics robust to heteroskedasticity

                                                      Number of obs =      758
                                                      F(  6,    751) =    58.74
                                                      Prob > F      =   0.0000
Total (centered) SS     =  139.2861498                Centered R2   =   0.2002
Total (uncentered) SS   =  24652.24662                Uncentered R2 =   0.9955
Residual SS             =    111.39959                Root MSE      =    .3834

------------------------------------------------------------------------------
             |               Robust
          lw |      Coef.   Std. Err.      z    P>|z|     [95% Conf. Interval]
-------------+----------------------------------------------------------------
          iq |  -.0115468   .0056376    -2.05   0.041    -.0225962   -.0004974
           s |   .1373477   .0174989     7.85   0.000     .1030506    .1716449
        expr |   .0338041   .0074844     4.52   0.000      .019135    .0484732
      tenure |    .040564   .0095848     4.23   0.000     .0217781      .05935
         rns |  -.1176984   .0359582    -3.27   0.001    -.1881751   -.0472216
        smsa |    .149983   .0322276     4.65   0.000     .0868182    .2131479
       _cons |   4.837875   .3799432    12.73   0.000       4.0932     5.58255
------------------------------------------------------------------------------
Underidentification test (Kleibergen-Paap rk LM statistic):             33.294
                                                   Chi-sq(4) P-val =    0.0000
------------------------------------------------------------------------------
Weak identification test (Cragg-Donald Wald F statistic):               10.538
                         (Kleibergen-Paap rk Wald F statistic):          9.585
Stock-Yogo weak ID test critical values:  5% maximal IV relative bias    16.85
                                         10% maximal IV relative bias    10.27
                                         20% maximal IV relative bias     6.71
                                         30% maximal IV relative bias     5.34
                                         10% maximal IV size             24.58
                                         15% maximal IV size             13.96
                                         20% maximal IV size             10.26
                                         25% maximal IV size              8.31
Source: Stock-Yogo (2005).  Reproduced by permission.
NB: Critical values are for Cragg-Donald F statistic and i.i.d. errors.
------------------------------------------------------------------------------
Hansen J statistic (overidentification test of all instruments):        51.545
                                                   Chi-sq(3) P-val =    0.0000
-orthog- option:
Hansen J statistic (eqn. excluding suspect orthog. conditions):          0.116
                                                   Chi-sq(1) P-val =    0.7333
C statistic (exogeneity/orthogonality of suspect instruments):          51.429
                                                   Chi-sq(2) P-val =    0.0000
Instruments tested:   mrt age
------------------------------------------------------------------------------
Instrumented:         iq
Included instruments: s expr tenure rns smsa
Excluded instruments: med kww mrt age
------------------------------------------------------------------------------
```

图 5-6

结果分析：由服从卡方分布的 C 统计量为 51.429，p 值为 0.000 知，拒绝 mrt 和 age 均外生的原假设。

ivreg2 lw s expr tenure rns smsa (iq = med kww mrt age), orthog (mrt age)

上面的命令中没有后缀“r”，系统认为是 i. i. d 情况，输出的是 Sargan 检验统计量，可以用来做参考。结果见图 5－7。

```
IV (2SLS) estimation
--------------------

Estimates efficient for homoskedasticity only
Statistics consistent for homoskedasticity only

                                                      Number of obs =       758
                                                      F(  6,    751) =     55.92
                                                      Prob > F      =    0.0000
Total (centered) SS     =  139.2861498                Centered R2   =    0.2002
Total (uncentered) SS   =  24652.24662                Uncentered R2 =    0.9955
Residual SS             =    111.39959                Root MSE      =     .3834

------------------------------------------------------------------------------
          lw |      Coef.   Std. Err.      z    P>|z|     [95% Conf. Interval]
-------------+----------------------------------------------------------------
          iq |  -.0115468   .0052169    -2.21   0.027    -.0217717   -.001322
           s |   .1373477   .0169631     8.10   0.000     .1041007   .1705947
        expr |   .0338041    .007268     4.65   0.000      .019559   .0480492
      tenure |    .040564   .0088553     4.58   0.000      .023208   .0579201
         rns |  -.1176984   .0353037    -3.33   0.001    -.1868924  -.0485043
        smsa |    .149983   .0314254     4.77   0.000     .0883903   .2115757
       _cons |   4.837875   .3448209    14.03   0.000     4.162038   5.513711
------------------------------------------------------------------------------
Underidentification test (Anderson canon. corr. LM statistic):           40.438
                                                   Chi-sq(4) P-val =     0.0000
------------------------------------------------------------------------------
Weak identification test (Cragg-Donald Wald F statistic):                10.538
Stock-Yogo weak ID test critical values:  5% maximal IV relative bias    16.85
                                         10% maximal IV relative bias    10.27
                                         20% maximal IV relative bias     6.71
                                         30% maximal IV relative bias     5.34
                                         10% maximal IV size             24.58
                                         15% maximal IV size             13.96
                                         20% maximal IV size             10.26
                                         25% maximal IV size              8.31
Source: Stock-Yogo (2005).  Reproduced by permission.
------------------------------------------------------------------------------
Sargan statistic (overidentification test of all instruments):           61.137
                                                   Chi-sq(3) P-val =     0.0000
-orthog- option:
Sargan statistic (eqn. excluding suspect orthogonality conditions):       0.117
                                                   Chi-sq(1) P-val =     0.7319
C statistic (exogeneity/orthogonality of suspect instruments):           61.019
                                                   Chi-sq(2) P-val =     0.0000
Instruments tested:   mrt age
------------------------------------------------------------------------------
Instrumented:         iq
Included instruments: s expr tenure rns smsa
Excluded instruments: med kww mrt age
------------------------------------------------------------------------------
```

图 5－7

ivregress 2sls lw s expr tenure rns smsa (iq = med kww), robust first　//2SLS 回归并使用稳健标准误，结果见图 5-8

实际情况是异方差是很难避免的，所以在命令中加入“r”，即稳健标准误。

结果分析：教育回报率降为 6.08%，与实际情况较吻合，结果合理，而且 iq 对解释变量 lw 的贡献为正。

```
First-stage regressions
-----------------------

                                                Number of obs     =        758
                                                F(   7,     750)  =      47.74
                                                Prob > F          =     0.0000
                                                R-squared         =     0.3066
                                                Adj R-squared     =     0.3001
                                                Root MSE          =    11.3931

------------------------------------------------------------------------------
             |               Robust
          iq |      Coef.   Std. Err.      t    P>|t|     [95% Conf. Interval]
-------------+----------------------------------------------------------------
           s |   2.467021   .2327755    10.60   0.000     2.010052     2.92399
        expr |  -.4501353   .2391647    -1.88   0.060    -.9196471    .0193766
      tenure |   .2059531    .269562     0.76   0.445    -.3232327    .7351388
         rns |  -2.689831   .8921335    -3.02   0.003    -4.441207    -.938455
        smsa |   .2627416   .9465309     0.28   0.781    -1.595424    2.120907
         med |   .3470133   .1681356     2.06   0.039     .0169409    .6770857
         kww |   .3081811   .0646794     4.76   0.000     .1812068    .4351553
       _cons |   56.67122   3.076955    18.42   0.000     50.63075    62.71169
------------------------------------------------------------------------------


Instrumental variables (2SLS) regression          Number of obs   =        758
                                                  Wald chi2(6)    =     370.04
                                                  Prob > chi2     =     0.0000
                                                  R-squared       =     0.2775
                                                  Root MSE        =     .36436

------------------------------------------------------------------------------
             |               Robust
          lw |      Coef.   Std. Err.      z    P>|z|     [95% Conf. Interval]
-------------+----------------------------------------------------------------
          iq |   .0139284   .0060393     2.31   0.021     .0020916    .0257653
           s |   .0607803   .0189505     3.21   0.001      .023638    .0979227
        expr |   .0433237   .0074118     5.85   0.000     .0287968    .0578505
      tenure |   .0296442    .008317     3.56   0.000     .0133432    .0459452
         rns |  -.0435271   .0344779    -1.26   0.207    -.1111026    .0240483
        smsa |   .1272224   .0297414     4.28   0.000     .0689303    .1855146
       _cons |   3.218043   .3983683     8.08   0.000     2.437256    3.998831
------------------------------------------------------------------------------
Instrumented:  iq
Instruments:   s expr tenure rns smsa med kww
```

图 5-8

estat overid　　//结果见图 5-9

上面的命令用来检验 med 和 kww 是否全为外生变量，该检验的原假设为：工具变量全是外生的。该命令报告的是异方差的 Hansen J 检验统计量。运行结果显示过度识别检验的 p 值为 0.697 2，不能拒绝均外生的原假设，所以 med 和 kww 是满足外生性的两个工具变量，通过了过度识别检验。

```
Test of overidentifying restrictions:

Score chi2(1)          =  .151451  (p = 0.6972)
```

图 5 - 9

为了练习命令和对比参考，将下面的命令也执行一下。下面的命令输出的是同方差情况下的 Sargan 检验，也是一种过度识别检验统计量。

```
ivregress 2sls lw s expr tenure rns smsa (iq= med kww)    //2sls 回归
estat overid  //同方差报告 Sargan 检验，结果见图 5-10
```

需要提醒的是，要执行“estat overid”命令，必须先执行回归，也就是说上面的两条命令，先执行第一条，再执行第二条。如果第一条命令没有执行，只是单独执行第二条命令，Stata 就会报错。

```
. ivregress 2sls lw s expr tenure rns smsa (iq= med kww) //2sls回归

Instrumental variables (2SLS) regression          Number of obs   =        758
                                                  Wald chi2(6)    =     375.11
                                                  Prob > chi2     =     0.0000
                                                  R-squared       =     0.2775
                                                  Root MSE        =     .36436

------------------------------------------------------------------------------
          lw |      Coef.   Std. Err.      z    P>|z|     [95% Conf. Interval]
-------------+----------------------------------------------------------------
          iq |   .0139284   .0058572     2.38   0.017     .0024485    .0254084
           s |   .0607803   .0186481     3.26   0.001     .0242306    .0973301
        expr |   .0433237   .0070053     6.18   0.000     .0295935    .0570539
      tenure |   .0296442   .0085218     3.48   0.001     .0129418    .0463466
         rns |  -.0435271   .0347602    -1.25   0.210    -.1116558    .0246016
        smsa |   .1272224   .0299973     4.24   0.000     .0684288    .1860161
       _cons |   3.218043   .3830327     8.40   0.000     2.467313    3.968774
------------------------------------------------------------------------------
Instrumented:  iq
Instruments:   s expr tenure rns smsa med kww

. estat overid

  Tests of overidentifying restrictions:

  Sargan (score) chi2(1) =  .129965  (p = 0.7185)
  Basmann chi2(1)        =  .128615  (p = 0.7199)
```

图 5 - 10

2. 工具变量的第二个条件：与内生变量的相关性

一个优秀的工具变量还要满足第二个条件，即与因为内生而需要寻找工具变量的内生变量之间具有高度相关性。如果相关程度太低，则存在弱工具变量问题。关于工具变量要满足的这两个条件在计量经济学教材中都有很详细的讨论，这里不再赘述，需要了解理论知识的读者可以参阅计量经济学的相应内容。

estat firststage，all forcenonrobust　　//结果见图 5-11

这条命令用来检验工具变量的有效性，即检验工具变量与内生解释变量是否有相关性，也就是通常所说的弱工具变量检验。该检验的原假设为：first-stage 系数为 0，即原假设是工具变量和内生解释变量之间是不相关的。只有拒绝了原假设，才能认为不存在弱工具变量问题，也就是常说的通过了弱工具变量检验。上面命令的输出结果如图 5-11 所示。

First-stage regression summary statistics

Variable	R-sq.	Adjusted R-sq.	Partial R-sq.	F(2,750)	Prob > F
iq	0.3066	0.3001	0.0382	14.9058	0.0000

Shea's partial R-squared

Variable	Shea's Partial R-sq.	Shea's Adj. Partial R-sq.
iq	0.0382	0.0305

Minimum eigenvalue statistic = 14.9058

Critical Values　　# of endogenous regressors:　1
Ho: Instruments are weak　　# of excluded instruments:　2

2SLS relative bias	5%	10%	20%	30%
	(not available)			

	10%	15%	20%	25%
2SLS Size of nominal 5% Wald test	19.93	11.59	8.75	7.25
LIML Size of nominal 5% Wald test	8.68	5.33	4.42	3.92

图 5-11

出于参考对比和练习命令的目的，下面使用对弱工具变量不太敏感的有限信息最大似然法（LIML）估计，具体命令如下：

ivregress liml lw s expr tenure rns smsa (iq= med kww)，robust　//结果见图 5-12

结果分析：LIML 与 2SLS 的估计值非常接近，这两种弱工具变量检验结果都说明不存在弱工具变量问题，选择的工具变量是合理的，结果是可信的。从严谨的角度出发，还需要考虑一个问题：选择的工具变量有没有冗余的工具变量呢？如果想检验工具变量 kww 是不是冗余的，执行下面的命令。

ivreg2 lw s expr tenure rns smsa (iq= med kww)，r redundant (kww)　　//冗余检验原假设：kww 为冗余工具变量，结果见图 5-13

```
Instrumental variables (LIML) regression          Number of obs   =        758
                                                  Wald chi2(6)    =     369.62
                                                  Prob > chi2     =     0.0000
                                                  R-squared       =     0.2768
                                                  Root MSE        =     .36454

------------------------------------------------------------------------------
             |               Robust
          lw |      Coef.   Std. Err.      z    P>|z|     [95% Conf. Interval]
-------------+----------------------------------------------------------------
          iq |   .0139764   .0060681     2.30   0.021     .0020831    .0258697
           s |   .0606362    .019034     3.19   0.001     .0233303    .0979421
        expr |   .0433416   .0074185     5.84   0.000     .0288016    .0578816
      tenure |   .0296237    .008323     3.56   0.000     .0133109    .0459364
         rns |  -.0433875    .034529    -1.26   0.209    -.1110631    .0242881
        smsa |   .1271796   .0297599     4.27   0.000     .0688512     .185508
       _cons |   3.214994   .4001492     8.03   0.000     2.430716    3.999272
------------------------------------------------------------------------------
Instrumented:  iq
Instruments:   s expr tenure rns smsa med kww
```

图 5-12

```
IV (2SLS) estimation
--------------------

Estimates efficient for homoskedasticity only
Statistics robust to heteroskedasticity

                                                      Number of obs =      758
                                                      F(  6,   751) =    61.10
                                                      Prob > F      =   0.0000
Total (centered) SS     =  139.2861498                Centered R2   =   0.2775
Total (uncentered) SS   =  24652.24662                Uncentered R2 =   0.9959
Residual SS             =  100.6291971                Root MSE      =    .3644

------------------------------------------------------------------------------
             |               Robust
          lw |      Coef.   Std. Err.      z    P>|z|     [95% Conf. Interval]
-------------+----------------------------------------------------------------
          iq |   .0139284   .0060393     2.31   0.021     .0020916    .0257653
           s |   .0607803   .0189505     3.21   0.001      .023638    .0979227
        expr |   .0433237   .0074118     5.85   0.000     .0287968    .0578505
      tenure |   .0296442    .008317     3.56   0.000     .0133432    .0459452
         rns |  -.0435271   .0344779    -1.26   0.207    -.1111026    .0240483
        smsa |   .1272224   .0297414     4.28   0.000     .0689303    .1855146
       _cons |   3.218043   .3983683     8.08   0.000     2.437256    3.998831
------------------------------------------------------------------------------
Underidentification test (Kleibergen-Paap rk LM statistic):             24.223
                                                   Chi-sq(2) P-val =    0.0000
-redundant- option:
IV redundancy test (LM test of redundancy of specified instruments):    22.222
                                                   Chi-sq(1) P-val =    0.0000
Instruments tested:   kww
------------------------------------------------------------------------------
Weak identification test (Cragg-Donald Wald F statistic):               14.906
                         (Kleibergen-Paap rk Wald F statistic):         13.403
Stock-Yogo weak ID test critical values: 10% maximal IV size             19.93
                                         15% maximal IV size             11.59
                                         20% maximal IV size              8.75
                                         25% maximal IV size              7.25
Source: Stock-Yogo (2005).  Reproduced by permission.
NB: Critical values are for Cragg-Donald F statistic and i.i.d. errors.
------------------------------------------------------------------------------
Hansen J statistic (overidentification test of all instruments):         0.151
                                                   Chi-sq(1) P-val =    0.6972
------------------------------------------------------------------------------
Instrumented:         iq
Included instruments: s expr tenure rns smsa
Excluded instruments: med kww
------------------------------------------------------------------------------
```

图 5-13

结果显示工具变量 kww 不是冗余的。

也是为了练习和参考起见，可以使用下面的命令执行独立同分布情况下的弱工具变量检验。

ivreg2 lw s expr tenure rns smsa (iq= med kww) //去掉 robust 选择项，即认为扰动项独立同分布下的检验，结果见图 5-14

```
IV (2SLS) estimation
--------------------

Estimates efficient for homoskedasticity only
Statistics consistent for homoskedasticity only

                                                      Number of obs =      758
                                                      F(  6,    751) =    61.94
                                                      Prob > F      =   0.0000
Total (centered) SS     =  139.2861498                Centered R2   =   0.2775
Total (uncentered) SS   =  24652.24662                Uncentered R2 =   0.9959
Residual SS             =  100.6291971                Root MSE      =    .3644

------------------------------------------------------------------------------
          lw |      Coef.   Std. Err.      z    P>|z|     [95% Conf. Interval]
-------------+----------------------------------------------------------------
          iq |   .0139284   .0058572     2.38   0.017     .0024485    .0254084
           s |   .0607803   .0186481     3.26   0.001     .0242306    .0973301
        expr |   .0433237   .0070053     6.18   0.000     .0295935    .0570539
      tenure |   .0296442   .0085218     3.48   0.001     .0129418    .0463466
         rns |  -.0435271   .0347602    -1.25   0.210    -.1116558    .0246016
        smsa |   .1272224   .0299973     4.24   0.000     .0684288    .1860161
       _cons |   3.218043   .3830327     8.40   0.000     2.467313    3.968774
------------------------------------------------------------------------------
Underidentification test (Anderson canon. corr. LM statistic):          28.978
                                                   Chi-sq(2) P-val =    0.0000
------------------------------------------------------------------------------
Weak identification test (Cragg-Donald Wald F statistic):               14.906
Stock-Yogo weak ID test critical values: 10% maximal IV size             19.93
                                         15% maximal IV size             11.59
                                         20% maximal IV size              8.75
                                         25% maximal IV size              7.25
Source: Stock-Yogo (2005).  Reproduced by permission.
------------------------------------------------------------------------------
Sargan statistic (overidentification test of all instruments):           0.130
                                                   Chi-sq(1) P-val =    0.7185
------------------------------------------------------------------------------
Instrumented:         iq
Included instruments: s expr tenure rns smsa
Excluded instruments: med kww
------------------------------------------------------------------------------
```

图 5-14

独立同分布情况下弱工具变量检验输出的 Cragg-Donald Wald F 统计量为 14.906，拒绝弱工具变量的原假设，即不存在弱工具变量问题。过度识别检验在独立同分布情况下输出 Sargan 检验统计量，结果显示不能拒绝工具变量全部外生的原假设。扰动项一般很难满足独立同分布，所以这个检验结果仅供参考和对比。

3. 检验解释变量内生性的 Hausman 检验

iq 到底是不是一个内生的解释变量呢？只有 iq 是内生的解释变量才需要为其寻找工

具变量。下面的 Hausman 检验和 DWH[①] 是用来检验 iq 的内生性问题的。同方差时采用传统的 Hausman 检验，异方差时采用 DWH 检验，以检验不同情况下 iq 是否为内生变量。

①传统的 Hausman 检验分三步：

quietly reglw iq s expr tenure rns smsa //quietly 表示不在结果窗口中报告回归结果 step1

estimates storeols

quietlyivregress 2sls lw s expr tenure rns smsa (iq= med kww) //step2

estimates store iv

hausman iv ols, constant sigmamore //step3

```
. quietly reg lw iq s expr tenure rns smsa

. estimates store ols

. quietly ivregress 2sls lw s expr tenure rns smsa (iq= med kww)

. estimates store iv

. hausman iv ols,constant sigmamore

Note: the rank of the differenced variance matrix (1) does not equal the number
      of coefficients being tested (7); be sure this is what you expect, or
      there may be problems computing the test.  Examine the output of your
      estimators for anything unexpected and possibly consider scaling your
      variables so that the coefficients are on a similar scale.

                 ---- Coefficients ----
             |      (b)          (B)            (b-B)     sqrt(diag(V_b-V_B))
             |       iv          ols         Difference          S.E.
-------------+----------------------------------------------------------------
          iq |    .0139284     .0032792        .0106493        .0054318
           s |    .0607803     .0927874        -.032007        .0163254
        expr |    .0433237     .0393443        .0039794        .0020297
      tenure |    .0296442      .034209       -.0045648        .0023283
         rns |   -.0435271    -.0745325        .0310054        .0158145
        smsa |    .1272224     .1367369       -.0095145        .0048529
       _cons |    3.218043     3.895172       -.6771285        .3453751
------------------------------------------------------------------------------
                          b = consistent under Ho and Ha; obtained from ivregress
           B = inconsistent under Ha, efficient under Ho; obtained from regress

    Test:  Ho:  difference in coefficients not systematic

                  chi2(1) = (b-B)'[(V_b-V_B)^(-1)](b-B)
                          =        3.84
                Prob>chi2 =      0.0499
                (V_b-V_B is not positive definite)
```

图 5-15

Hausman 检验结果显示 $p=0.0499$，拒绝原假设，即 iq 为内生变量。

---

① 即杜宾-吴-豪斯曼检验。

②异方差稳健的 DWH 检验。

传统的 Hausman 检验要满足同方差的前提，故上面的回归中没有使用稳健标准误，下面进行异方差稳健的 DWH 检验。

estat endogenous //异方差稳健的 DWH 检验，结果见图 5-16

```
Tests of endogeneity
Ho: variables are exogenous

Durbin (score) chi2(1)          =  3.87962  (p = 0.0489)
Wu-Hausman F(1,750)             =  3.85842  (p = 0.0499)
```

图 5-16

ivreg2 lw s expr tenure rns smsa (iq= med kww), r endog (iq) //使用 ivreg2 进行内生性检验，检验 iq 是否为内生变量，结果见图 5-17

```
IV (2SLS) estimation
--------------------

Estimates efficient for homoskedasticity only
Statistics robust to heteroskedasticity

                                                  Number of obs =       758
                                                  F(  6,    751) =     61.10
                                                  Prob > F      =    0.0000
Total (centered) SS     =  139.2861498            Centered R2   =    0.2775
Total (uncentered) SS   =  24652.24662            Uncentered R2 =    0.9959
Residual SS             =  100.6291971            Root MSE      =     .3644

------------------------------------------------------------------------------
             |               Robust
          lw |      Coef.   Std. Err.      z    P>|z|     [95% Conf. Interval]
-------------+----------------------------------------------------------------
          iq |   .0139284   .0060393     2.31   0.021     .0020916    .0257653
           s |   .0607803   .0189505     3.21   0.001      .023638    .0979227
        expr |   .0433237   .0074118     5.85   0.000     .0287968    .0578505
      tenure |   .0296442    .008317     3.56   0.000     .0133432    .0459452
         rns |  -.0435271   .0344779    -1.26   0.207    -.1111026    .0240483
        smsa |   .1272224   .0297414     4.28   0.000     .0689303    .1855146
       _cons |   3.218043   .3983683     8.08   0.000     2.437256    3.998831
------------------------------------------------------------------------------
Underidentification test (Kleibergen-Paap rk LM statistic):             24.223
                                                   Chi-sq(2) P-val =    0.0000
------------------------------------------------------------------------------
Weak identification test (Cragg-Donald Wald F statistic):               14.906
                         (Kleibergen-Paap rk Wald F statistic):         13.403
Stock-Yogo weak ID test critical values: 10% maximal IV size             19.93
                                         15% maximal IV size             11.59
                                         20% maximal IV size              8.75
                                         25% maximal IV size              7.25
Source: Stock-Yogo (2005).  Reproduced by permission.
NB: Critical values are for Cragg-Donald F statistic and i.i.d. errors.
------------------------------------------------------------------------------
Hansen J statistic (overidentification test of all instruments):         0.151
                                                   Chi-sq(1) P-val =    0.6972
-endog- option:
Endogeneity test of endogenous regressors:                               3.615
                                                   Chi-sq(1) P-val =    0.0573
Regressors tested:    iq
------------------------------------------------------------------------------
Instrumented:         iq
Included instruments: s expr tenure rns smsa
Excluded instruments: med kww
------------------------------------------------------------------------------
```

图 5-17

DWH 结果显示在 10%的水平下拒绝外生的原假设，即接受 iq 为内生变量的备择假设。如果存在异方差，也可以考虑使用 GMM 估计，因为 GMM 估计比 2sls 更有效率。下面用 GMM 进行估计，用作参考和对比。

```
ivregress gmm lw s expr tenure rns smsa (iq= med kww)   //GMM 估计
estat overid  //H0：所有 ivs 都是外生的，结果见图 5-18
```

```
. ivregress gmm lw s expr tenure rns smsa (iq= med kww) //GMM估计

Instrumental variables (GMM) regression            Number of obs   =        758
                                                   Wald chi2(6)    =     372.75
                                                   Prob > chi2     =     0.0000
                                                   R-squared       =     0.2750
GMM weight matrix: Robust                          Root MSE        =     .36499

------------------------------------------------------------------------------
             |               Robust
          lw |      Coef.   Std. Err.      z    P>|z|     [95% Conf. Interval]
-------------+----------------------------------------------------------------
          iq |   .0140888   .0060357     2.33   0.020     .0022591    .0259185
           s |   .0603672   .0189545     3.18   0.001     .0232171    .0975174
        expr |   .0431117   .0074112     5.82   0.000     .0285861    .0576373
      tenure |   .0299764   .0082728     3.62   0.000      .013762    .0461908
         rns |   -.044516   .0344404    -1.29   0.196    -.1120179    .0229859
        smsa |   .1267368   .0297633     4.26   0.000     .0684018    .1850718
       _cons |   3.207298    .398083     8.06   0.000     2.427069    3.987526
------------------------------------------------------------------------------
Instrumented:  iq
Instruments:   s expr tenure rns smsa med kww

. estat overid

  Test of overidentifying restriction:

  Hansen's J chi2(1) = .151451 (p = 0.6972)
```

图 5-18

GMM 估计结果显示 s 的系数为 0.060 367 2，与前面 2sls 估计出的 s 的系数 0.060 780 3 相比没有太大的变化，这也验证了结果是稳健的。表格下面部分显示是为 iq 选择工具变量，s、expr、tenure、rns、sma 这些变量自己是自己的工具变量，med 和 kww 是 iq 的工具变量。过度识别检验 Hansen J 统计量检验结果显示不能拒绝工具变量全是外生的这一原假，也就是说工具变量是外生的，通过了过度识别检验。在上面命令的后面写上 igmm 就是迭代 GMM 估计了。这种估计法显示 s 的系数为 0.060 362 9，系数也基本没有太大变化。

ivregress gmm lw s expr tenure rns smsa (iq= med kww), igmm //迭代 GMM 估计，结果见图 5-19

```
Iteration 1: change in beta =  1.753e-05   change in W =  1.100e-02
Iteration 2: change in beta =  4.872e-08   change in W =  7.880e-05
Iteration 3: change in beta =  2.501e-10   change in W =  2.304e-07

Instrumental variables (GMM) regression            Number of obs   =        758
                                                   Wald chi2(6)    =     372.73
                                                   Prob > chi2     =     0.0000
                                                   R-squared       =     0.2750
GMM weight matrix: Robust                          Root MSE        =     .36499

------------------------------------------------------------------------------
             |               Robust
          lw |      Coef.   Std. Err.      z    P>|z|     [95% Conf. Interval]
-------------+----------------------------------------------------------------
          iq |   .0140901   .0060357     2.33   0.020     .0022603     .02592
           s |   .0603629   .0189548     3.18   0.001     .0232122    .0975135
        expr |   .0431101   .0074113     5.82   0.000     .0285841     .057636
      tenure |   .0299752   .0082729     3.62   0.000     .0137606    .0461898
         rns |  -.0445114   .0344408    -1.29   0.196    -.1120142    .0229913
        smsa |   .1267399   .0297637     4.26   0.000     .0684041    .1850757
       _cons |   3.207224   .3980878     8.06   0.000     2.426986    3.987462
------------------------------------------------------------------------------
Instrumented:  iq
Instruments:   s expr tenure rns smsa med kww
```

图 5-19

第六章

时间序列

第一节 基础介绍

一、时间序列数据

见表 6-1 中的时间序列数据（李子奈和潘文卿（2015））。

表 6-1 时间序列数据

year（年份）	consume（中国居民消费）	lnconsume（消费自然对数）	gconsume（消费增长率）	year（年份）	consume（中国居民消费）	lnconsume（消费自然对数）	gconsume（消费增长率）
1980	4 605.294	8.434 962	—	1997	18 080.16	9.802 571	0.057 785
1981	5 063.391	8.529 792	0.099 472	1998	19 363.89	9.871 165	0.071 002
1982	5 482.342	8.609 288	0.082 741	1999	20 989.59	9.951 782	0.083 955
1983	5 983.519	8.696 764	0.091 417	2000	22 864.42	10.037 34	0.089 322
1984	6 745.989	8.816 703	0.127 428	2001	24 480.49	10.105 63	0.070 680
1985	7 728.607	8.952 684	0.145 660	2002	26 485.92	10.184 37	0.081 920
1986	8 211.398	9.013 279	0.062 468	2003	28 436.74	10.255 44	0.073 655
1987	8 839.971	9.087 039	0.076 549	2004	30 963.54	10.340 57	0.088 857
1988	9 560.267	9.165 371	0.081 482	2005	34 026.07	10.434 88	0.098 908
1989	9 085.155	9.114 397	−0.049 697	2006	37 939.58	10.543 75	0.115 015
1990	9 450.900	9.153 865	0.040 257	2007	42 232.57	10.650 95	0.113 153
1991	10 375.75	9.247 227	0.097 858	2008	46 232.67	10.741 44	0.094 716
1992	11 815.05	9.377 129	0.138 718	2009	51 530.08	10.849 92	0.114 582
1993	13 004.83	9.473 076	0.100 701	2010	56 817.07	10.947 59	0.102 600
1994	13 944.59	9.542 847	0.072 262	2011	64 712.02	11.077 70	0.138 954
1995	15 467.91	9.646 523	0.109 241	2012	69 002.39	11.141 90	0.066 300
1996	17 092.47	9.746 393	0.105 027	2013	77 198.39	11.254 13	0.118 779

像上面同一个体按照时间顺序排列的数据就叫作时间序列数据。时间序列数据有许多截面数据没有的特点，比较典型的是要考虑时间序列数据的平稳性问题。

二、单位根问题

经典回归模型（classical regression model）是建立在平稳数据变量基础上的。平稳时间序列（stationary time series）的定义如下：

假定某个时间序列｛Xt｝（$t=1$，2，…）满足下列条件：

（1）$E(X_t)=\mu$，均值是与时间 t 无关的常数，

（2）$\mathrm{Var}(X_t)=\sigma^2$，方差是与时间 t 无关的常数，

（3）$\mathrm{Cov}(X_t, X_{t+k})=\gamma_k$，协方差是只与时期间隔 k 有关而与时间 t 无关的常数，

则称该随机时间序列是平稳的（stationary）。

然而许多经济变量是非平稳的，这就给经典的回归分析方法带来了很大限制。所以，采用时间序列作为样本，首先需要检验是否满足平稳性这一前提。平稳性问题即是否存在单位根问题①，若时间序列存在单位根，则称其为非平稳序列。对于非平稳时间序列变量，不能使用经典回归模型，否则建模会造成一系列问题，如线性回归估计量 $\hat{\beta}$ 不服从渐近正态分布、t 统计量失效、造成虚假回归等问题。非平稳的时间序列常常可通过取差分的方法形成平稳序列，而时间序列的平稳性可以替代随机抽样假定。采用平稳时间序列作为样本，模型的随机扰动项仍然满足经典模型的基本假设（除了仍不能满足序列无关假设外），有效减少了虚假回归。

虚假回归（spurious regression）也称为伪回归，是由 2003 年诺贝尔经济学奖得主格兰杰提出的。格兰杰通过模拟试验发现，完全无关的非平稳时间序列之间可以得到拟合很好但毫无道理的回归结果。由于非平稳时间序列具有共同的变化趋势，所以即使它们之间在经济行为上并不存在因果关系，但是将它们分别作为被解释变量和解释变量，也能够显示较强的统计显著性。

Granger 和 Newbold（1974）从伪回归的蒙特卡罗模拟结果发现，尽管 u 和 v 是独立的，但是由 u 和 v 分别产生随机游走 y 和 x 后，y 对 x 的回归结果却是显著的。有兴趣的读者可以用 Stata 命令验证如下：

```
drop _all  //删去内存中已有的数据
set obs 10000  //设定观测值个数为 10000
set seed 1234  //设定随机数种子为 1234
gen u = rnormal ()    //产生服从标准正态分布的扰动项
gen y = sum (u)    //定义随机游走 y
set seed 12345  //设定随机数种子为 12345
gen v = rnormal ()    //产生服从标准正态分布的扰动项
gen x = sum (v)    //定义随机游走 x
reg y x  //y 对 x 回归
```

① 需要参考计量经济学教材中关于单位根的相关理论知识。

reg u v　//u 对 v 回归

上面命令执行后的主要结果如图 6-1 所示。

```
. reg y x  //y对x回归

      Source |       SS           df       MS      Number of obs   =    10,000
-------------+----------------------------------   F(1, 9998)      =    866.95
       Model |  2406935.56         1  2406935.56   Prob > F        =    0.0000
    Residual |  27757622.6     9,998  2776.31752   R-squared       =    0.0798
-------------+----------------------------------   Adj R-squared   =    0.0797
       Total |  30164558.1     9,999  3016.75749   Root MSE        =    52.691

------------------------------------------------------------------------------
           y |      Coef.   Std. Err.      t    P>|t|     [95% Conf. Interval]
-------------+----------------------------------------------------------------
           x |  -.4000392   .0135864   -29.44   0.000    -.4266713   -.3734071
       _cons |  -55.43203   1.104488   -50.19   0.000    -57.59705   -53.26701
------------------------------------------------------------------------------

. reg u v  //u对v回归

      Source |       SS           df       MS      Number of obs   =    10,000
-------------+----------------------------------   F(1, 9998)      =      0.49
       Model |  .50065903         1  .50065903     Prob > F        =    0.4819
    Residual |  10121.5297     9,998  1.01235544   R-squared       =    0.0000
-------------+----------------------------------   Adj R-squared   =   -0.0001
       Total |  10122.0303     9,999  1.01230427   Root MSE        =    1.0062

------------------------------------------------------------------------------
           u |      Coef.   Std. Err.      t    P>|t|     [95% Conf. Interval]
-------------+----------------------------------------------------------------
           v |  -.0070983   .0100937    -0.70   0.482    -.0268841    .0126874
       _cons |   -.009079   .0100624    -0.90   0.367    -.0288033    .0106452
------------------------------------------------------------------------------
```

图 6-1　非平稳序列出现伪回归现象

结果显示，u 和 v 虽然是相互独立的，但是各自产生相互独立的随机游走 y 和 x 后，y 对 x 回归的系数却在 1%的水平上是显著的，这是一个伪回归。原因是存在单位根，也就是说，非平稳的变量可能造成伪回归。所以对时序数据做单位根检验是很有必要的。

关于虚假回归有一种误解：认为只有非平稳时间序列之间才会出现虚假回归，平稳时间序列之间不会出现虚假回归。其实并不是这样的，虚假回归可能出现在非平稳时间序列之间，也可能出现在平稳时间序列之间和截面数据之间。非平稳时间序列之间出现虚假回归的可能性更大，所以，对时间序列进行平稳性检验可以有效地减少虚假回归。另外，需要注意，回归分析是一种统计分析，揭示的是数据之间的统计关系。数据之间的统计关系是经济关系的必要条件，但不是经济关系的充分条件。

平稳的时间序列叫作“零阶单整”，记为 I(0)，意思是长期而言有回到其期望值的趋势，这种性质被称为均值回复（mean-reverting）。如果一个时间序列经过一次差分后变成平稳的，则称原序列是一阶单整（integrated of 1）序列，记为 I(1)，也叫作单位根过程；如果一个时间序列经过 d 次差分后变成平稳的，则称原序列是 d 阶单整（integrated of d）序列，记为 I(d)。表 6-1 中中国居民消费（consume）是非平稳数据，经过两次差分后是平稳的；消费自然对数也是非平稳的，经过一次差分后变平稳；消费增长率是平稳的。也就是说，中国居民消费序列 consume～I(2)，中国居民消费自然对数序列 lnconsume～I(1)，中国居民消费增长率序列 gconsume～I(0)。实际上，

(1) 只有少数经济指标的时间序列为平稳的，如：利率等。

(2) 大多数经济指标的时间序列是非平稳的。如：以当年价表示的消费额、收入等常常是 2 阶单整的；以不变价格表示的消费额、收入等常常表现为 1 阶单整。

(3) 大多数非平稳的时间序列一般可通过一次或多次差分的形式变为平稳的。

(4) 也有一些时间序列，无论经过多少次差分，都不能变为平稳的，这种序列被称为非单整的（non-integrated）。

前面提到过，如果时间序列存在单位根，即非平稳的时间序列回归可能产生估计有偏（虽然仍是一致估计），则此时 t 统计量失效，可能出现伪回归。如何解决这个问题呢？一般来讲，解决方法有两种：一种是做一次差分后再回归；一种方法是做“协整”。如果变量之间有着长期的稳定关系，即它们之间是协整的（cointegrated），则可以建立经典回归模型。例如，对于中国居民消费水平与居民收入水平这两个变量，从经济理论上说，居民收入水平决定着居民消费水平，它们之间有着长期的稳定关系，即它们之间是协整的。

三、检验

下面的命令是对表 6-1 中的变量做单位根检验。

1. 命令与说明

```
use consume, clear
tsset year
line consume year
line lnconsume year
line gconsume year
dfuller d2.consume, trend        //consume 两次差分后平稳，即 consume ～I(2)
dfuller d.lnconsume, notrend     //lnconsume 一次差分后平稳，即 lnconsume～I(1)
dfuller gconsume, notrend        //gconsume 是平稳的，即 gconsume～I(0)
```

2. 执行结果与分析

```
use consume, clear
tsset year
line consume year     //结果见图 6-2
```

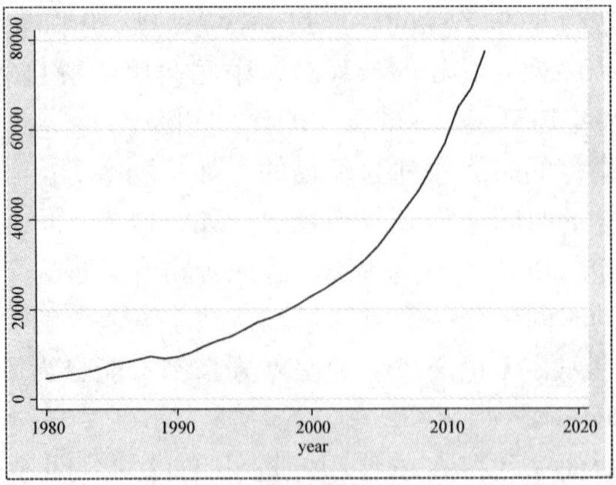

图 6－2

```
line lnconsume year      //结果见图 6－3
```

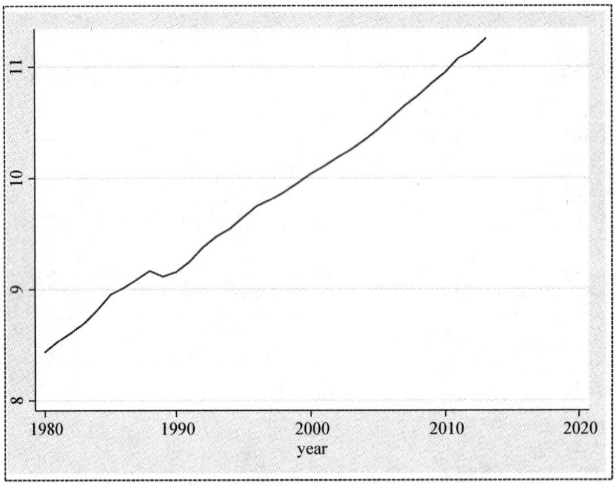

图 6－3

```
line gconsume year      //结果见图 6－4
```

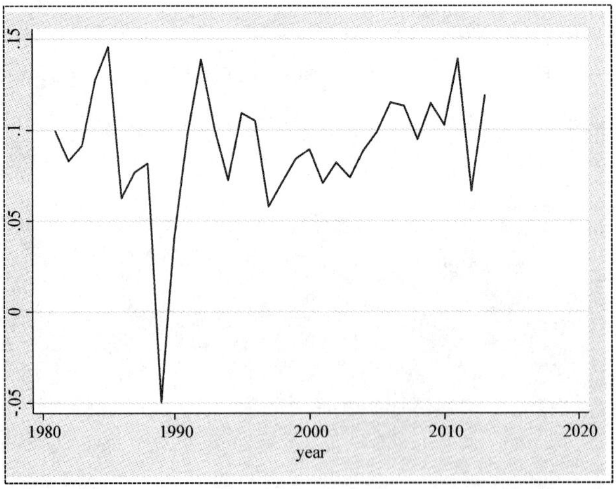

图 6－4

dfuller d2. consume, trend　　//结果见图 6-5

```
Dickey-Fuller test for unit root                   Number of obs   =        31

                               ---------- Interpolated Dickey-Fuller ---------
                  Test         1% Critical       5% Critical      10% Critical
               Statistic           Value             Value             Value
------------------------------------------------------------------------------
 Z(t)            -13.338            -4.325            -3.576            -3.226
------------------------------------------------------------------------------
MacKinnon approximate p-value for Z(t) = 0.0000
```

图 6-5

DF 检验的原假设是存在单位根。检验结果显示，变量 consume 经过两次差分后 d2. consume 不存在单位根（p 值为 0），是平稳的，即 consume～I(2)。

dfuller d2. consume, trend lag(3)　　//结果见图 6-6

```
Augmented Dickey-Fuller test for unit root         Number of obs   =        28

                               ---------- Interpolated Dickey-Fuller ---------
                  Test         1% Critical       5% Critical      10% Critical
               Statistic           Value             Value             Value
------------------------------------------------------------------------------
 Z(t)             -3.554            -4.352            -3.588            -3.233
------------------------------------------------------------------------------
MacKinnon approximate p-value for Z(t) = 0.0339

.
```

图 6-6

设定滞后阶数为 3 阶的 ADF 检验结果依然显示，在 5%的显著性水平上，consume 经过两次差分后是平稳的（p 值是 0.033 9<5%）。

dfuller d. lnconsume, notrend　//一次差分后平稳 即 lnconsume～I(1)，结果见图 6-7

```
Dickey-Fuller test for unit root                   Number of obs   =        32

                               ---------- Interpolated Dickey-Fuller ---------
                  Test         1% Critical       5% Critical      10% Critical
               Statistic           Value             Value             Value
------------------------------------------------------------------------------
 Z(t)             -4.146            -3.702            -2.980            -2.622
------------------------------------------------------------------------------
MacKinnon approximate p-value for Z(t) = 0.0008
```

图 6-7

DF 检验结果显示，变量 lnconsume 经过一次差分后拒绝存在单位根的原假设（p 值为 0.000 8），是平稳的，即 lnconsume～I(1)。

dfuller d. lnconsume, notrend lags(2)　　//结果见图 6-8

```
Augmented Dickey-Fuller test for unit root          Number of obs   =        30

                               ---------- Interpolated Dickey-Fuller ---------
                  Test         1% Critical       5% Critical      10% Critical
               Statistic           Value             Value             Value
------------------------------------------------------------------------------
 Z(t)             -2.777            -3.716            -2.986            -2.624
------------------------------------------------------------------------------
MacKinnon approximate p-value for Z(t) = 0.0616
```

图 6-8

设定滞后阶数为 2 阶的 ADF 检验结果显示在 10%的显著性水平上 lnconsume 经过一次差分后是平稳的（p 值是 0.061 6<10%），即 lnconsume～I(1)。

dfuller gconsume, notrend //gconsume～I(0)，结果见图 6-9

```
Dickey-Fuller test for unit root                    Number of obs   =        32

                               ---------- Interpolated Dickey-Fuller ---------
                  Test         1% Critical       5% Critical      10% Critical
               Statistic           Value             Value             Value
------------------------------------------------------------------------------
 Z(t)             -4.137            -3.702            -2.980            -2.622
------------------------------------------------------------------------------
MacKinnon approximate p-value for Z(t) = 0.0008
```

图 6-9

DF 检验结果显示消费增长率 gconsume 是平稳的（p 值为 0.000 8），即 gconsume～I(0)。

dfuller gconsume, notrend lags (1)　　结果见图 6-10

```
Augmented Dickey-Fuller test for unit root          Number of obs   =        31

                               ---------- Interpolated Dickey-Fuller ---------
                  Test         1% Critical       5% Critical      10% Critical
               Statistic           Value             Value             Value
------------------------------------------------------------------------------
 Z(t)             -3.543            -3.709            -2.983            -2.623
------------------------------------------------------------------------------
MacKinnon approximate p-value for Z(t) = 0.0069
```

图 6-10

设定滞后阶数为 1 阶的 ADF 检验结果显示消费增长率 gconsume 是平稳的（p 值为 0.006 9)，即 gconsume～I(0)。

第二节 单位根检验和协整实例

一、操作练习一

1. 数据说明

各变量具体含义见表 6-2（朱顺泉（2018））。

表 6-2 各变量含义

变量类型	变量名	含义
时间变量	year	年份
被解释变量	poptrans	城乡人口净转移
解释变量	unemploy	城镇失业规模
	incomgap	城乡收入差距

2. 相关命令及说明

（1）单位根检验。

①DF 检验。

DF 检验中是否设定为带有常数项或者时间趋势主要从理论上考虑，加以时间趋势图辅助判断。根据理论经验，lnGDP 包含时间趋势，利率、汇率等不应该有时间趋势。

dfuller 命令默认的滞后阶数为 0，此时的 ADF 检验对应于 DF 检验。

```
use chap6. dta, clear          //打开数据
tsset year                     //设定 year 是时间变量
line poptrans year             //poptrans 的趋势图
```

重复使用上面的命令对各个变量分别做时间趋势图，以辅助判断是否有时间趋势，根据具体情况采用下面不同的 DF 形式开展单位根检验。若有时间趋势，则命令以 trend 结尾；若无时间趋势，则命令以 notrend 结尾。

```
dfuller poptrans, notrend   //对变量 poptrans 进行 DF 单位根检验（无时间趋势）
dfuller unemploy, trend     //对 unemploy 进行 DF 单位根检验（有时间趋势）
dfuller incomgap, trend     //对 incomgap 进行 DF 单位根检验（有时间趋势）
```

继续用 line 命令对各个变量的一次差分绘制变化趋势图，大致判断其增量是否有长期增长趋势。进而根据增量是否有时间趋势继续对差分变量选择合适的 DF 检验形式。下面命令中的“d.”是指一次差分，类似的，“d2.”是指二次差分。

```
line d. poptrans year   //poptrans 一次差分的趋势图
dfuller d. unemploy, notrend   //对 unemploy 的一次差分进行 DF 检验（无时间趋势）
dfuller d. incomgap, notrend   //对 incomgap 的一次差分进行 DF 检验（无时间趋势）
dfuller d. unemploy, notrend   //对 unemploy 的一次差分进行 DF 检验（无时间趋势）
```

②PP 检验。

```
pperron poptrans, notrend   //对 poptrans 进行 PP 检验（无时间趋势）
pperron unemploy, trend   //对 unemploy 用 PP 检验方法进行单位根检验（有时间趋势）
pperron incomgap, trend   //对变量 income 用 PP 检验方法进行单位根检验（有时间趋势）
pperron d.poptrans, notrend   //对变量 d.poptrans 进行 PP 检验（无时间趋势）
pperron d.unemploy, notrend   //对变量 d.unemploy 进行 PP 检验（无时间趋势）
```

（2）协整检验。

①EG-ADF 检验。

```
reg poptrans d.unemploy incomgap   //OLS 回归
predicte, r
dfuller e, notrend nocon lags (1) regress
```

②JJ 迹检验。

```
varsoc poptrans d.unemploy income
vecrank poptrans d.unemploy income, lags(4)
```

③协整模型。

```
vec poptrans d.unemploy incomgap, lags(4) rank(1)   //构建协整模型
```

3. 执行结果及分析

（1）单位根检验。

①DF 检验。

```
use chap6.dta, clear              //打开数据，结果如图 6-11 所示
```

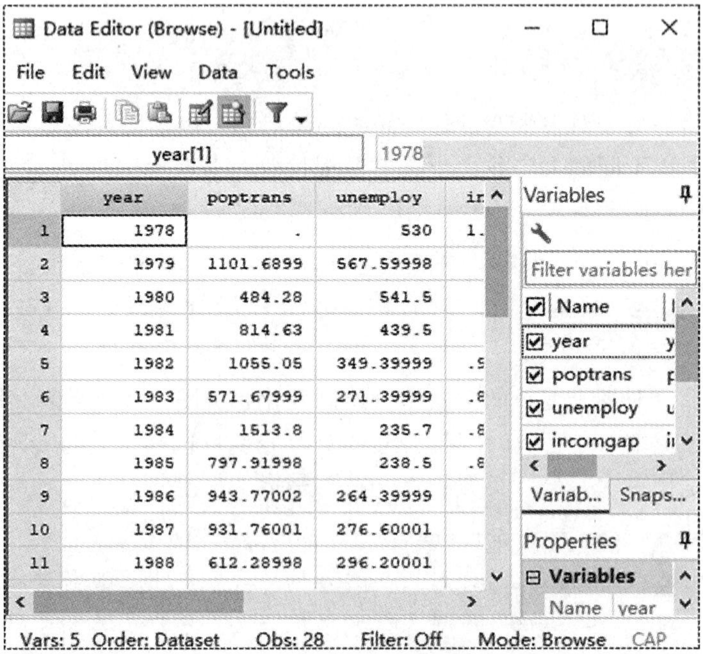

图 6-11

```
tsset year                          //设定时间序列数据
line poptrans year                  //poptrans 的趋势图
line unemploy year                  //unemploy 的趋势图
line incomgap year                  //incomgap 的趋势图
```

逐条执行后结果如图 6-12 所示。将上面的命令逐条选中执行后发现，城乡人口净转移（poptrans）没有明显且稳定的长期变化趋势。城镇失业规模（unemploy）和城乡收入差距（income）有明显且稳定的增长趋势。

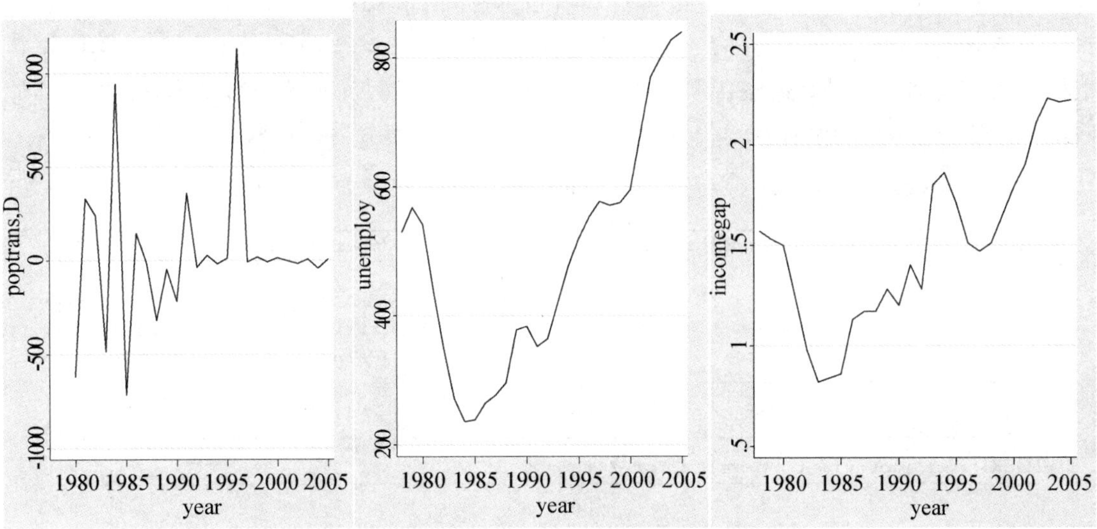

图 6-12　各变量趋势图

poptrans 没有明显且稳定的长期变化趋势，所以采用无趋势项的 DF 检验，具体命令如下：

```
dfuller poptrans, notrend       //结果见图 6-13
```

```
Dickey-Fuller test for unit root                    Number of obs   =        26

                            ———— Interpolated Dickey-Fuller ————
                  Test       1% Critical       5% Critical      10% Critical
               Statistic        Value             Value             Value
------------------------------------------------------------------------------
 Z(t)           -1.617          -3.743            -2.997            -2.629
------------------------------------------------------------------------------
MacKinnon approximate p-value for Z(t) = 0.4745
```

图 6-13

DF 检验是最常用的单位根检验，是左侧检验，拒绝域只在分布的最左边，DF 统计量不服从渐近正态分布，临界值通过蒙特卡罗模拟得到。从上面的结果可以看到 p 值为 0.474 5，在 5%的显著性水平上不能拒绝“存在单位根”的原假设，即 DF 检验结果显示存在单位根。

```
dfuller unemploy, trend         //结果见图 6-14
```

```
Dickey-Fuller test for unit root                   Number of obs   =        27

                               ---------- Interpolated Dickey-Fuller ---------
                  Test         1% Critical       5% Critical      10% Critical
               Statistic           Value             Value             Value
------------------------------------------------------------------------------
 Z(t)             -1.821            -4.362            -3.592            -3.235
------------------------------------------------------------------------------
MacKinnon approximate p-value for Z(t) = 0.6948
```

图 6-14

上面的命令是对变量 unemploy 进行有时间趋势的 DF 检验。

上面表格中的 z(t) 是 DF 统计量，在 Stata 中仍记为 z(t)。DF 检验是最常用的单位根检验法。其临界值是通过蒙特卡罗模拟得到的。结果显示 p 值为 0.694 8，不能拒绝原假设，即变量 unemploy 存在单位根。可以考虑进行一阶差分后再检验。

dfuller incomgap , trend //对变量 incomgap 进行有时间趋势的 DF 检验，结果见图 6-15

```
Dickey-Fuller test for unit root                   Number of obs   =        27

                               ---------- Interpolated Dickey-Fuller ---------
                  Test         1% Critical       5% Critical      10% Critical
               Statistic           Value             Value             Value
------------------------------------------------------------------------------
 Z(t)             -2.435            -4.362            -3.592            -3.235
------------------------------------------------------------------------------
MacKinnon approximate p-value for Z(t) = 0.3612
```

图 6-15

结果显示 p 值为 0.361 2，不能拒绝有单位根的原假设，即变量 incomgap 存在单位根。

下面的四条命令的含义是绘制各变量的一阶差分序列随时间的变化趋势。

line d. poptrans year //poptrans 的一阶差分趋势图

line d. unemploy year //unemploy 的一阶差分趋势图

line d. incomegap year //incomgap 的一阶差分趋势图

发现城乡人口净转移（poptrans）增量、城镇失业规模（unemploy）增量和城乡收入差距（incomgap）增量没有明显的长期趋势。

dfuller d. poptrans, notrend //对变量 d. poptrans 进行无时间趋势的 DF 检验，结果见图 6-16

```
Dickey-Fuller test for unit root                   Number of obs   =        25

                               ---------- Interpolated Dickey-Fuller ---------
                  Test         1% Critical       5% Critical      10% Critical
               Statistic           Value             Value             Value
------------------------------------------------------------------------------
 Z(t)             -8.085            -3.750            -3.000            -2.630
------------------------------------------------------------------------------
MacKinnon approximate p-value for Z(t) = 0.0000
```

图 6-16

结果显示 p 值为 0.000 0，拒绝有单位根的原假设，也就是说 d. poptrans 即 poptrans 的一阶差分不存在单位根。

dfuller d1. unemploy，notrend　//对 d. unemploy 进行无时间趋势的 DF 检验，结果见图 6－17

```
Dickey-Fuller test for unit root                   Number of obs   =        26

                               ---------- Interpolated Dickey-Fuller ---------
                  Test         1% Critical       5% Critical      10% Critical
               Statistic           Value             Value             Value
------------------------------------------------------------------------------
 Z(t)             -2.174            -3.743            -2.997            -2.629
------------------------------------------------------------------------------
MacKinnon approximate p-value for Z(t) = 0.2158
```

图 6－17

结果显示 p 值为 0.215 8，不能拒绝有单位根的原假设，也就是说 d. unemploy 即 unemploy 的一阶差分存在单位根。

dfuller d. incomgap，notrend　//对 d. incomgap 进行无时间趋势的 DF 检验，结果见图 6－18

```
Dickey-Fuller test for unit root                   Number of obs   =        26

                               ---------- Interpolated Dickey-Fuller ---------
                  Test         1% Critical       5% Critical      10% Critical
               Statistic           Value             Value             Value
------------------------------------------------------------------------------
 Z(t)             -4.016            -3.743            -2.997            -2.629
------------------------------------------------------------------------------
MacKinnon approximate p-value for Z(t) = 0.0013
```

图 6－18

结果显示 p 值为 0.001 3，拒绝有单位根的原假设，也就是说 d. incomgap 即 incomgap 的一阶差分是平稳的。

由于 DF 检验中的扰动项可能存在自相关，故可以考虑用更高阶的 ADF 检验，Stata 命令为：

dfuller variable，lag(p) reg nocon dr tr

其中，选择项 lags(p) 表示包含 p 阶滞后差分项，默认为 lags(0)，即为 DF 检验；reg 表示显示回归结果；nocon 是指不包含常数项；dr 为 drift 的缩写；tr 是 trend 的缩写。ADF 检验结果此处略。

②PP 检验。

PP 检验（Phillips and Perron，1988）使用异方差自相关稳健标准误对 DF 统计量进行了修正。PP 检验不必指定差分滞后项的滞后阶数，从某种意义上来讲，相当于异方差稳健的 ADF 检验。

pperron poptrans，notrend　//对变量 poptransPP 方法进行单位根检验，不包含时间趋势，结果见图 6－19

```
Phillips-Perron test for unit root                 Number of obs   =        26
                                                   Newey-West lags =         2

                           ———————— Interpolated Dickey-Fuller ————————
                  Test         1% Critical       5% Critical      10% Critical
               Statistic           Value             Value             Value
------------------------------------------------------------------------------
 Z(rho)           -4.460          -17.268           -12.532           -10.220
 Z(t)             -1.409           -3.743            -2.997            -2.629
------------------------------------------------------------------------------
MacKinnon approximate p-value for Z(t) = 0.5779
```

图 6-19

原假设为有单位根，从上面的结果可以看出 p 值为 0.577 9，不能拒绝有单位根的原假设，即结果是存在单位根，即 poptrans 是非平稳的时间序列。

pperron unemploy，trend //对变量 unemploy 用 PP 方法进行单位根检验，包含时间趋势，结果见图 6-20

```
Phillips-Perron test for unit root                 Number of obs   =        27
                                                   Newey-West lags =         2

                           ———————— Interpolated Dickey-Fuller ————————
                  Test         1% Critical       5% Critical      10% Critical
               Statistic           Value             Value             Value
------------------------------------------------------------------------------
 Z(rho)           -3.426          -22.756           -18.052           -15.696
 Z(t)             -1.800           -4.362            -3.592            -3.235
------------------------------------------------------------------------------
MacKinnon approximate p-value for Z(t) = 0.7048
```

图 6-20

结果显示 p 值为 0.704 8，即存在单位根，序列 unemploy 为非平稳的时间序列。

pperron income，trend //对变量 income 用 PP 方法进行单位根检验，包含时间趋势，结果见图 6-21

```
Phillips-Perron test for unit root                 Number of obs   =        27
                                                   Newey-West lags =         2

                           ———————— Interpolated Dickey-Fuller ————————
                  Test         1% Critical       5% Critical      10% Critical
               Statistic           Value             Value             Value
------------------------------------------------------------------------------
 Z(rho)           -7.547          -22.756           -18.052           -15.696
 Z(t)             -2.459           -4.362            -3.592            -3.235
------------------------------------------------------------------------------
MacKinnon approximate p-value for Z(t) = 0.3489
```

图 6-21

结果显示 p 值为 0.348 9，即存在单位根，序列 income 为非平稳的时间序列。

pperron d.poptrans，notrend //对变量 d.poptrans 用 PP 方法进行单位根检验，不包含时间趋势，结果见图 6-22

```
Phillips-Perron test for unit root                  Number of obs    =      25
                                                    Newey-West lags  =       2

                              ---------- Interpolated Dickey-Fuller ----------
                   Test         1% Critical        5% Critical       10% Critical
                Statistic          Value              Value             Value
---------------------------------------------------------------------------------
 Z(rho)          -35.522          -17.200            -12.500           -10.200
 Z(t)             -8.079           -3.750             -3.000            -2.630
---------------------------------------------------------------------------------
MacKinnon approximate p-value for Z(t) = 0.0000
```

图 6-22

结果显示 p 值为 0.000 0，拒绝有单位根的原假设，即 poptrans 一阶差分后不存在单位根，差分后的序列是平稳的，差分后可以用来建模。

pperron d. unemploy，notrend //对变量 d. unemploy 用 PP 方法进行单位根检验，不包含时间趋势，结果见图 6-23

```
Phillips-Perron test for unit root                  Number of obs    =      26
                                                    Newey-West lags  =       2

                              ---------- Interpolated Dickey-Fuller ----------
                   Test         1% Critical        5% Critical       10% Critical
                Statistic          Value              Value             Value
---------------------------------------------------------------------------------
 Z(rho)          -10.379          -17.268            -12.532           -10.220
 Z(t)             -2.386           -3.743             -2.997            -2.629
---------------------------------------------------------------------------------
MacKinnon approximate p-value for Z(t) = 0.1457
```

图 6-23

结果显示 p 值为 0.145 7，不能拒绝有单位根的原假设，即 unemploy 的一阶差分在 5%的显著性水平上存在单位根。

pperron d. incomgap，notrend //对变量 incomgap 的一阶差分用 PP 方法进行单位根检验，不包含时间趋势，运行结果如图 6-24 所示

```
Phillips-Perron test for unit root                  Number of obs    =      26
                                                    Newey-West lags  =       2

                              ---------- Interpolated Dickey-Fuller ----------
                   Test         1% Critical        5% Critical       10% Critical
                Statistic          Value              Value             Value
---------------------------------------------------------------------------------
 Z(rho)          -21.701          -17.268            -12.532           -10.220
 Z(t)             -4.051           -3.743             -2.997            -2.629
---------------------------------------------------------------------------------
MacKinnon approximate p-value for Z(t) = 0.0012
```

图 6-24

结果显示，incomgap 的一阶差分 d. incomgap 不存在单位根（p 值=0.001 2<5%）。

(2) 协整检验。

①协整检验方法之一——EG-ADF 检验。

若非平稳时间序列的线性组合为平稳的，则称变量 X 与 Y 是协整的[①]。有单位根的变量可以通过差分得到平稳序列，但是差分后经济含义已经发生变化，能不能使用原序列进行回归呢？答案是，如果存在单位根的变量之间由于内在的经济力量存在长期的均衡关系，则可以直接采用原序列进行回归。

变量间必须在理论上可能存在长期均衡关系，否则协整分析是没有意义的。Engle 和 Granger 于 1987 年提出两步检验法，也称为 EG 检验。EG-ADF 检验即 Engel-Granger 两步协整检验，用以检验变量间的协整关系，实际上就是对回归方程的残差进行单位根检验。因为从协整的角度看，如果因变量能被自变量的线性组合所解释，则说明二者之间具有稳定的均衡关系；因变量不能被自变量解释的部分就构成了一个残差序列，这个残差序列不应该是序列相关的，也就是说，残差应该是平稳的。所以检验一组变量是否具有协整关系也就是检验残差序列是否平稳。

Engle-Granger 两步协整检验（传统检验法）的步骤如下：

a. 首先对变量进行平稳性检验。注意：变量必须是相同阶数的单整过程才可以，比如说其中一个变量差分一次就平稳，即为一阶单整，其他变量也要求是一阶单整。用 OLS 法估计协整系数。

b. 对残差的平稳性进行检验。

方法是对残差序列进行 ADF 检验，即对残差进行单位根检验，要注意的是，由于残差的均值为 0，所以对残差做单位根检验的时候只能选择无截距、无趋势项的 ADF 检验。

reg poptrans d.unemploy incomgap //解释变量为 poptrans，被解释变量为 d.unemploy 和 incomgap 的 OLS 回归，结果见图 6-25

Source	SS	df	MS		
				Number of obs =	27
				F(2, 24) =	5.23
Model	2433652.47	2	1216826.24	Prob > F =	0.0130
Residual	5579900.45	24	232495.852	R-squared =	0.3037
				Adj R-squared =	0.2457
Total	8013552.92	26	308213.574	Root MSE =	482.18

poptrans	Coef.	Std. Err.	t	P>|t|	[95% Conf.	Interval]
unemploy						
D1.	-1.229304	2.374201	-0.52	0.609	-6.129415	3.670806
incomgap	793.4284	271.4427	2.92	0.007	233.1982	1353.659
_cons	-12.01591	401.9297	-0.03	0.976	-841.5581	817.5263

图 6-25

① 如果两个变量都是单整变量，则只有当它们的单整阶数相同时，才可能协整；如果它们的单整阶数不相同，就不可能协整。

```
predicte, residuals                                  //保存残差为 e
dfuller e, notrend nocon lags(1) regress             //对残差 e 进行 ADF 检验，结果见图 6-26
```

```
Augmented Dickey-Fuller test for unit root           Number of obs   =        25

                               ---------- Interpolated Dickey-Fuller ----------
                  Test         1% Critical       5% Critical      10% Critical
               Statistic           Value             Value             Value
------------------------------------------------------------------------------
 Z(t)             -2.273            -2.660            -1.950            -1.600

------------------------------------------------------------------------------
         D.e |      Coef.   Std. Err.      t    P>|t|     [95% Conf. Interval]
-------------+----------------------------------------------------------------
           e |
         L1. |  -.3933092   .1730557    -2.27   0.033    -.7513023   -.0353162
         LD. |  -.0295201   .1938465    -0.15   0.880    -.4305222    .3714819
------------------------------------------------------------------------------
```

图 6-26

结果显示 t 统计量值为－2.273，在 5%和 10%的显著性水平上拒绝有单位根的原假设，也就是说，残差 e 是平稳的，各变量之间存在协整关系。

②协整检验方法之二——JJ 迹检验法。

采用 EG 检验不能找出两个以上的协整向量，此时可以用 Johansen Test 来进行协整检验，它的思想是采用极大似然估计来检验多变量之间的协整关系。

```
varsoc poptrans d.unemploy income                    //结果见图 6-27
```

```
   Selection-order criteria
   Sample:  1983 - 2005                          Number of obs      =        23
  +---------------------------------------------------------------------------+
  |lag |    LL      LR      df    p      FPE       AIC      HQIC      SBIC    |
  |----+----------------------------------------------------------------------|
  |  0 | -310.395                      1.4e+08   27.2517   27.2889   27.3998  |
  |  1 | -256.576  107.64    9  0.000  2.8e+06   23.3544   23.5034   23.9468* |
  |  2 | -246.711  19.729    9  0.020  2.7e+06   23.2793     23.54    24.316  |
  |  3 | -234.899  23.624    9  0.005  2.4e+06*  23.0347   23.4072*  24.5158  |
  |  4 |  -225.88  18.039*   9  0.035  3.2e+06    23.033*  23.5173   24.9584  |
  +---------------------------------------------------------------------------+
   Endogenous:  poptrans unemploy income
    Exogenous:  _cons
```

图 6-27

寻找表格中的星号，发现最优滞后阶数为 4。"Endogenous" 是指外生变量有 poptrans、unemploy 和 income。在下面的命令中指定最优滞后阶数为 4。

```
vecrank poptrans d.unemploy income, lags(4)     //确定协整秩，结果见图 6-28
```

带星号的迹统计量为 9.595 1，对应的协整秩为 1，说明存在一个协整关系。协整秩迹检验结果显示在 5%的显著性水平上拒绝"协整秩为 0"的原假设，但无法拒绝"协整秩为 1"的原假设。

```
                   Johansen tests for cointegration
Trend: constant                                   Number of obs =      23
Sample:  1983 - 2005                                       Lags =       4
--------------------------------------------------------------------------
                                                        5%
maximum                                      trace    critical
  rank    parms      LL          eigenvalue  statistic    value
    0      30    -242.16545          .        32.5713     29.68
    1      35    -230.67735      0.63174       9.5951*    15.41
    2      38    -225.88925      0.34055       0.0189      3.76
    3      39    -225.87981      0.00082
--------------------------------------------------------------------------
```

图 6-28

③构建协整模型。

下面使用 Johansen 的 MLE 方法估计向量误差修正模型（VECM）。

vec poptrans d. unemploy incomgap，lags(4) rank(1)　//迹检验法构建协整模型，结果见图 6-29

```
Vector error-correction model

Sample:  1983 - 2005                          Number of obs     =         23
                                              AIC               =    23.8375
Log likelihood = -239.1312                    HQIC              =   24.27206
Det(Sigma_ml)  =    215429                    SBIC              =   25.56542

Equation           Parms      RMSE     R-sq      chi2     P>chi2
----------------------------------------------------------------
D_poptrans           11    317.064   0.6252   20.01941   0.0451
D2_unemploy          11    26.0643   0.7158   30.22438   0.0015
D_incomgap           11    .169976   0.4442   9.590791   0.5675
----------------------------------------------------------------
```

图 6-29

上面的执行结果是误差修正模型，图 6-30 为协整方程（cointegrating equation）。

图 6-30 显示变量间的协整模型整体上是显著的。卡方值是 30.784 62，p 值是 0.000 0。协整方程的表达式为：

poptrans-55.495 7d. unemploy-2 005.838incomegap + 2 708.056 = 0

即

poptrans = 55.495 7d. unemploy + 2 005.838incomegap-2 708.056

从上面的协整方程来看，三个变量是长期正向联动关系。

```
Cointegrating equations

Equation           Parms    chi2     P>chi2
-------------------------------------------
_ce1                   2   30.78462   0.0000
-------------------------------------------

Identification:  beta is exactly identified

                 Johansen normalization restriction imposed
------------------------------------------------------------------------------
        beta |      Coef.   Std. Err.      z    P>|z|     [95% Conf. Interval]
-------------+----------------------------------------------------------------
_ce1         |
    poptrans |          1          .        .       .            .           .
             |
    unemploy |
         D1. |   -55.4957   13.60093    -4.08   0.000    -82.15303   -28.83837
             |
    incomgap |  -2005.838   1215.746    -1.65   0.099    -4388.657     376.981
       _cons |   2708.056          .        .       .            .           .
------------------------------------------------------------------------------

.
end of do-file

.
```

图 6-30

二、操作练习二

1. 变量说明

以 Stock 和 Watson（2004）为例，数据 macro _ swatson. dta 中的变量及说明见表 6-3（陈强（2014））：

表 6-3 变量说明

变量名	含义	变量标签
inf	美国的季度通货膨胀率	inflation rate
quarter	时间变量	—
unem	失业率	unemployment rate
dinf	通货膨胀的差分	difference of inflation

2. 主要命令与说明

```
use macro _ swatson. dta, clear
tsset quarter, quarterly
dfuller inf                     //DF 检验
dfuller inf, lags(1) reg        //ADF 检验
```

```
pperron inf                    //PP 单位根检验
dfgls inf                      //DF-GLS 单位根检验
kpss inf, notrend              //KPSS 检验
dfgls inf                      //一阶差分的 DF-GLS 单位根检验
kpss dinf, notrend             //一阶差分的 KPSS 检验
```

3. 执行结果与分析

```
use macro_swatson.dta, clear
dfuller inf                    //DF 检验，结果见图 6-31
```

检验是否存在单位根时，DF 检验的原假设是有单位根，如果拒绝原假设，则说明数据是平稳的。

```
Dickey-Fuller test for unit root                   Number of obs   =       166

                               ---------- Interpolated Dickey-Fuller ---------
                  Test         1% Critical       5% Critical      10% Critical
               Statistic           Value             Value             Value
------------------------------------------------------------------------------
 Z(t)             -3.718            -3.488            -2.886            -2.576
------------------------------------------------------------------------------
MacKinnon approximate p-value for Z(t) = 0.0039
```

图 6-31

由 DF 检验结果可见 t 统计量的值是 −3.718，小于 1% 的显著性水平的临界值 −3.488，p 值为 0.003 9，故拒绝原假设，说明数据是平稳的。

```
dfuller inf, lags(1) reg  // ADF 检验，结果见图 6-32
```

```
Augmented Dickey-Fuller test for unit root         Number of obs   =       165

                               ---------- Interpolated Dickey-Fuller ---------
                  Test         1% Critical       5% Critical      10% Critical
               Statistic           Value             Value             Value
------------------------------------------------------------------------------
 Z(t)             -2.938            -3.488            -2.886            -2.576
------------------------------------------------------------------------------
MacKinnon approximate p-value for Z(t) = 0.0411

------------------------------------------------------------------------------
       D.inf |      Coef.   Std. Err.      t    P>|t|     [95% Conf. Interval]
-------------+----------------------------------------------------------------
         inf |
         L1. |  -.1236645   .0420855    -2.94   0.004    -.2067714   -.0405576
         LD. |  -.1813375   .0769455    -2.36   0.020    -.3332831    -.029392
             |
       _cons |   .0054726   .0022246     2.46   0.015     .0010797    .0098654
------------------------------------------------------------------------------
```

图 6-32

p 值为 0.041 1，结果显示在 5% 的显著性水平上不显著，结论一致。下面再进行 PP 检验。

```
pperron inf   //PP 单位根检验，结果见图 6-33
```

Phillips-Perron test for unit root　　Number of obs = 166
　　Newey-West lags = 4

	Test Statistic	Interpolated Dickey-Fuller 1% Critical Value	5% Critical Value	10% Critical Value
Z(rho)	-21.002	-20.020	-13.832	-11.088
Z(t)	-3.427	-3.488	-2.886	-2.576

MacKinnon approximate p-value for Z(t) = 0.0101

图 6－33

结论是没有单位根，是平稳的。继续进行 DF-GLS 检验，结果见图 6－34，DF-GLS 检验的原假设是存在单位根。

DF-GLS for inf　　Number of obs = 153
Maxlag = 13 chosen by Schwert criterion

[lags]	DF-GLS tau Test Statistic	1% Critical Value	5% Critical Value	10% Critical Value
13	-1.259	-3.500	-2.797	-2.521
12	-1.250	-3.500	-2.813	-2.536
11	-1.537	-3.500	-2.829	-2.551
10	-1.638	-3.500	-2.845	-2.565
9	-1.724	-3.500	-2.860	-2.579
8	-2.004	-3.500	-2.874	-2.592
7	-2.474	-3.500	-2.888	-2.605
6	-2.158	-3.500	-2.901	-2.617
5	-2.025	-3.500	-2.914	-2.628
4	-2.057	-3.500	-2.926	-2.639
3	-2.109	-3.500	-2.937	-2.649
2	-1.671	-3.500	-2.947	-2.659
1	-2.483	-3.500	-2.957	-2.667

Opt Lag (Ng-Perron seq t) = 12 with RMSE .0142593
Min SC = -8.269403 at lag 3 with RMSE .0149887
Min MAIC = -8.310303 at lag 12 with RMSE .0142593

图 6－34

结果显示不能拒绝原假设，即为非平稳的，继续用 KPSS 检验，指令如下：

```
kpss inf, notrend    //结果见图 6-35
```

结果显示存在单位根。进一步分别用 DF-GLS 检验和 KPSS 检验来检验一阶差分后的序列是否平稳，结果显示一阶差分后的序列是平稳的，命令如下：

```
dfgls dinf  //一阶差分序列的 DF-GLS 单位根检验，结果见图 6-36
```

```
KPSS test for inf

Maxlag = 13 chosen by Schwert criterion
Autocovariances weighted by Bartlett kernel

Critical values for H0: inf is level stationary

10%: 0.347  5% : 0.463  2.5%: 0.574  1% : 0.739

Lag order    Test statistic
    0           2.14
    1           1.16
    2            .81
    3           .625
    4           .514
    5            .44
    6           .388
    7           .349
    8            .32
    9           .296
   10           .277
   11           .262
   12           .249
   13           .238
```

图 6-35

```
. dfgls dinf

DF-GLS for dinf                                    Number of obs =   152
Maxlag = 13 chosen by Schwert criterion

               DF-GLS tau      1% Critical      5% Critical      10% Critical
  [lags]     Test Statistic       Value            Value            Value

    13           -2.477          -3.501           -2.796           -2.520
    12           -2.692          -3.501           -2.813           -2.535
    11           -3.060          -3.501           -2.829           -2.550
    10           -2.980          -3.501           -2.844           -2.565
     9           -3.177          -3.501           -2.860           -2.579
     8           -3.428          -3.501           -2.874           -2.592
     7           -3.366          -3.501           -2.888           -2.605
     6           -3.050          -3.501           -2.901           -2.617
     5           -3.752          -3.501           -2.914           -2.629
     4           -4.514          -3.501           -2.926           -2.640
     3           -5.217          -3.501           -2.937           -2.650
     2           -6.150          -3.501           -2.948           -2.659
     1          -12.079          -3.501           -2.958           -2.668

Opt Lag (Ng-Perron seq t) =  7 with RMSE  .0153809
Min SC   = -8.179493 at lag  2 with RMSE  .0159336
Min MAIC = -7.206234 at lag  6 with RMSE  .0155328
```

图 6-36

kpss dinf, notrend //一阶差分序列的 KPSS 检验，结果见图 6-37

```
KPSS test for dinf

Maxlag = 13 chosen by Schwert criterion
Autocovariances weighted by Bartlett kernel

Critical values for H0: dinf is level stationary

10%: 0.347  5% : 0.463  2.5%: 0.574  1% : 0.739

Lag order    Test statistic
    0          .0349
    1          .0461
    2          .0702
    3          .0662
    4          .0672
    5          .0745
    6          .0738
    7          .0704
    8          .0772
    9          .0842
   10          .0848
   11           .091
   12           .103
   13           .107
```

图 6-37

从上面的结果可以看出，DF-GLS 检验和 KPSS 检验结果均显示一阶差分后的序列是平稳的。

三、操作练习三

1. 数据说明

采用数据集“mpyr. dta”[①] 对美国的货币需求函数进行协整分析，各变量数据见表 6-4：

表 6-4　变量含义

变量名	含义
logmr	实际货币对数
logy	名义净国民生产总值对数
r	名义利率

2. 命令与说明

```
use mpyr. dta, clear
vecrank logmr logy r, tr(tr) max      //确定协整秩，两个 tr 都是 trend 的缩写
```

① 参见陈强（2014），数据来自 Hayashi（2000），原始数据来自 Stock 和 Watson（1993）。

```
varsoc logmr logy r                  //确定 VAR 模型的滞后阶数
vec logmr logy r, lags(2) rank(1)    //Johansen 的 MLE 方法估计 VECM 模型
reg logmr logy r                     //估计长期均衡关系
```

3. 执行结果与分析

```
use mpyr.dta, clear   //打开数据
vecrank logy logmr r, tr (trend) max   //确定协整秩，结果见图 6-38
```

```
                          Johansen tests for cointegration
Trend: trend                                           Number of obs =      88
Sample:  1902 - 1989                                            Lags =       2
-------------------------------------------------------------------------------
                                                             5%
maximum                                          trace    critical
  rank    parms       LL          eigenvalue   statistic    value
    0      15      138.03791           .        46.3731     34.55
    1      20      153.13651       0.29047      16.1759*    18.17
    2      23      160.58579       0.15575       1.2773      3.74
    3      24      161.22445       0.01441
-------------------------------------------------------------------------------
                                                             5%
maximum                                           max     critical
  rank    parms       LL          eigenvalue   statistic    value
    0      15      138.03791           .        30.1972     23.78
    1      20      153.13651       0.29047      14.8985     16.87
    2      23      160.58579       0.15575       1.2773      3.74
    3      24      161.22445       0.01441
-------------------------------------------------------------------------------
```

图 6-38

图 6-38 的上半部分中的 trace statistic——协整秩迹检验统计量结果显示只有一个线性无关的协整向量。图 6-38 的下半部分中的 max statistic——最大特征检验统计量结果显示拒绝“协整秩为 0”的原假设，但不能拒绝“协整秩为 1”的原假设。

```
varsoc logy logmr r   //确定 VAR 模型的滞后阶数，结果见图 6-39
```

```
   Selection-order criteria
   Sample:  1904 - 1989                           Number of obs      =       86
```

lag	LL	LR	df	p	FPE	AIC	HQIC	SBIC
0	-251.056				.073876	5.90827	5.94272	5.99388
1	132.578	767.27	9	0.000	.000012	-2.80415	-2.66632	-2.46168*
2	148.293	31.429	9	0.000	.00001*	-2.96029*	-2.7191*	-2.36098
3	151.979	7.3723	9	0.598	.000012	-2.83672	-2.49215	-1.98055
4	162.506	21.054*	9	0.012	.000011	-2.87222	-2.42429	-1.75921

```
   Endogenous:   logy logmr r
    Exogenous:   _cons
```

图 6-39

结果显示，大多数带星号的准则表明滞后阶数为 2 是最优的。确定好协整秩和最优滞

后阶数 1 之后就可以对 VECM 模型进行极大似然估计了。

vec logmr logy r，lags(2) rank(1)　//Johansen 的 MLE 方法估计 VECM 模型，结果见图 6－40

```
Cointegrating equations

Equation           Parms    chi2     P>chi2
-------------------------------------------
_ce1                   2   794.1155   0.0000
-------------------------------------------

Identification:  beta is exactly identified

                 Johansen normalization restriction imposed
------------------------------------------------------------------------------
        beta |      Coef.   Std. Err.      z    P>|z|     [95% Conf. Interval]
-------------+----------------------------------------------------------------
_ce1         |
       logmr |          1          .        .       .            .           .
        logy |  -.9754246    .0346169   -28.18   0.000    -1.043273   -.9075767
           r |   .1124051    .0097191    11.57   0.000      .093356    .1314542
       _cons |   .7299535          .        .       .            .           .
------------------------------------------------------------------------------

.
end of do-file
```

图 6－40

图 6－40 下方的协整方程显示变量间的长期均衡关系为：

$$\widehat{logmr} - 0.9754246\, logy + 0.1124051 r + 0.7299535 = 0$$

即

$$\widehat{logmr} = 0.9754246\, logy - 0.1124051 r - 0.7299535$$

第三节　格兰杰因果关系检验

一、介绍

格兰杰因果关系检验是格兰杰于 1969 年提出的，该方法从统计上考察两变量间的关系是单向的还是双向的，习惯上称为格兰杰因果关系检验。如果主要是一个变量过去的行为在影响另一个变量的当前行为，则存在单向关系；如果双方的过去行为在影响着对方的当前行为，则存在双向关系。格兰杰因果关系检验是必要条件，不是充分条件。格兰杰因果关系是指统计意义上的关系，而不是经济意义上的关系。

另外，需要强调如下几点：

（1）经济行为上存在因果关系的时间序列能够通过格兰杰因果关系检验；

（2）在统计上通过格兰杰因果关系检验的时间序列在经济行为上并不一定存在因果关系；

（3）模拟试验表明，经济行为上不存在因果关系的平稳时间序列之间也可能存在统计上的因果关系。

二、主要命令及说明

依然用本章第二节的数据练习格兰杰因果关系检验过程，变量说明参考本章第二节，此处略。

```
use chap6.dta, clear          //重新打开数据
tsset year                    //设定时间变量
reg poptrans l.poptrans l.income
test l.income = 0
reg income l.income l.poptrans
test l.poptrans = 0
reg income l.income dl.unemploy
test dl.unemploy = 0
reg d.unemploy dl.unemploy l.income
test l.income = 0
```

三、执行结果及分析

格兰杰因果关系检验过程如下。

在 do 文档中选中下面的命令，然后执行。

```
reg poptrans l.poptrans l.income      //结果见图 6-41
```

```
. reg poptrans l.poptrans l.income

      Source |       SS           df       MS      Number of obs   =        26
-------------+----------------------------------   F(2, 23)        =     17.70
       Model |  4855190.69         2  2427595.35   Prob > F        =    0.0000
    Residual |  3154802.54        23  137165.328   R-squared       =    0.6061
-------------+----------------------------------   Adj R-squared   =    0.5719
       Total |  8009993.23        25  320399.729   Root MSE        =    370.36

------------------------------------------------------------------------------
    poptrans |      Coef.   Std. Err.      t    P>|t|     [95% Conf. Interval]
-------------+----------------------------------------------------------------
    poptrans |
         L1. |   .6777926    .156107     4.34   0.000     .3548607    1.000725
             |
      income |
         L1. |   272.6828   212.3726     1.28   0.212    -166.6435     712.009
             |
       _cons |  -7.728937   278.3084    -0.03   0.978    -583.4537    567.9958
------------------------------------------------------------------------------
```

图 6-41

test l. income = 0 //结果见图 6 - 42

```
( 1)  L.income = 0

      F(  1,    23) =     1.65
           Prob > F =    0.2119
```

图 6 - 42

p 值为 0.211 9，系数不显著，说明 income 不是 poptrans 的格兰杰原因。

reg income l. income l. poptrans //结果见图 6 - 43

```
      Source |       SS           df       MS      Number of obs   =        26
-------------+----------------------------------   F(2, 23)        =     65.41
       Model |  3.95900219         2  1.97950109   Prob > F        =    0.0000
    Residual |  .696013202        23  .030261444   R-squared       =    0.8505
-------------+----------------------------------   Adj R-squared   =    0.8375
       Total |  4.65501539        25  .186200615   Root MSE        =    .17396

------------------------------------------------------------------------------
      income |      Coef.   Std. Err.      t    P>|t|     [95% Conf. Interval]
-------------+----------------------------------------------------------------
      income |
         L1. |   .9152055   .0997519     9.17   0.000      .708853    1.121558
             |
    poptrans |
         L1. |   .0000876   .0000733     1.19   0.244    -.0000641    .0002393
             |
       _cons |   .0514088   .1307221     0.39   0.698    -.2190104     .321828
------------------------------------------------------------------------------
```

图 6 - 43

test l. poptrans = 0 //结果见图 6 - 44

```
( 1)  L.poptrans = 0

      F(  1,    23) =     1.43
           Prob > F =    0.2443
```

图 6 - 44

p 值为 0.244 3，系数不显著，说明 poptrans 不是 income 的格兰杰原因。

reg income l. income dl. unemploy //结果见图 6 - 45

test dl. unemploy = 0 //结果见图 6 - 46

p 值为 0.045 5，在 5%的显著性水平下是显著的，说明 d. unemploy 是 income 的格兰杰原因。

reg d. unemploy dl. unemploy l. income //结果见图 6 - 47

test l. income = 0 //结果见图 6 - 48

p 值为 0.746 3，系数不显著，说明 income 不是 unemploy 的格兰杰原因。

Source	SS	df	MS		
				Number of obs	= 26
				F(2, 23)	= 74.99
Model	4.03608946	2	2.01804473	Prob > F	= 0.0000
Residual	.618925925	23	.026909823	R-squared	= 0.8670
				Adj R-squared	= 0.8555
Total	4.65501539	25	.186200615	Root MSE	= .16404

income	Coef.	Std. Err.	t	P>|t|	[95% Conf.	Interval]
income						
L1.	.8465603	.1014616	8.34	0.000	.6366711	1.05645
unemploy						
LD.	.001763	.0008338	2.11	0.046	.0000381	.0034879
_cons	.2315428	.1468955	1.58	0.129	-.0723336	.5354193

图 6-45

```
 ( 1)  LD.unemploy = 0

       F(  1,    23) =    4.47
            Prob > F =    0.0455
```

图 6-46

Source	SS	df	MS		
				Number of obs	= 26
				F(2, 23)	= 10.04
Model	28037.0225	2	14018.5112	Prob > F	= 0.0007
Residual	32116.4543	23	1396.36758	R-squared	= 0.4661
				Adj R-squared	= 0.4197
Total	60153.4767	25	2406.13907	Root MSE	= 37.368

D.unemploy	Coef.	Std. Err.	t	P>|t|	[95% Conf.	Interval]
unemploy						
LD.	.714422	.1899441	3.76	0.001	.3214927	1.107351
income						
L1.	-7.56637	23.11245	-0.33	0.746	-55.37812	40.24538
_cons	13.37976	33.46208	0.40	0.693	-55.84183	82.60135

图 6-47

```
 ( 1)  L.income = 0

       F(  1,    23) =    0.11
            Prob > F =    0.7463
```

图 6-48

面板篇

第七章

面板数据估计

第一节　准备练习

为了和面板数据的相应命令作对比，以区分两者之间的不同，先采用一个结构简单的截面数据练习，具体数据见表 7－1：

表 7－1　截面数据

x	y
7	1
8	2
9	3
1	4
2	5
5	6
6	7
6	8
6	9

因为表 7－1 仅仅是截面数据，可以使用下面的命令来回归。

```
reg y x     //结果见图 7－1
```

Source	SS	df	MS
Model	2.6557377	1	2.6557377
Residual	57.3442623	7	8.19203747
Total	60	8	7.5

Number of obs	=	9
F(1, 7)	=	0.32
Prob > F	=	0.5869
R-squared	=	0.0443
Adj R-squared	=	-0.0923
Root MSE	=	2.8622

y	Coef.	Std. Err.	t	P>|t|	[95% Conf.	Interval]
x	-.2213115	.3886935	-0.57	0.587	-1.140426	.6978027
_cons	6.229508	2.360778	2.64	0.033	.647156	11.81186

图 7-1

异方差性是普遍存在的，所以此时使用异方差下的稳健标准误回归，如下所示：

```
reg y x, vce (robust)          //异方差情况下
reg y x, r                     //异方差情况下
```

上面两条命令的输出结果是一样的，robust 可简写为 r。要注意的是，存在条件异方差情况时报告的是稳健标准误，而不是普通标准误。两条命令的执行结果如下：

```
reg y x, vce (robust)     //结果见图 7-2
```

Linear regression

Number of obs	=	9
F(1, 7)	=	0.62
Prob > F	=	0.4566
R-squared	=	0.0443
Root MSE	=	2.8622

y	Coef.	Robust Std. Err.	t	P>|t|	[95% Conf.	Interval]
x	-.2213115	.2808825	-0.79	0.457	-.8854931	.4428701
_cons	6.229508	1.549002	4.02	0.005	2.5667	9.892317

图 7-2

```
reg y x, r     //结果见图 7-3
```

尽管稳健标准误在大样本下是一致的，但是小样本时可能不够精确，此时可以使用 bootstrap 法得到更精确的估计，具体参考下面的命令。

reg y x, vce(boot, reps(400) seed(10101))　　//bootstrap 自助法稳健标准误，结果见图 7-4

```
Linear regression                               Number of obs     =          9
                                                F(1, 7)           =       0.62
                                                Prob > F          =     0.4566
                                                R-squared         =     0.0443
                                                Root MSE          =     2.8622

------------------------------------------------------------------------------
             |               Robust
           y |      Coef.   Std. Err.      t    P>|t|     [95% Conf. Interval]
-------------+----------------------------------------------------------------
           x |  -.2213115    .2808825    -0.79   0.457    -.8854931    .4428701
       _cons |   6.229508    1.549002     4.02   0.005       2.5667    9.892317
------------------------------------------------------------------------------
```

图 7 - 3

```
(running regress on estimation sample)

Bootstrap replications (400)
----+--- 1 ---+--- 2 ---+--- 3 ---+--- 4 ---+--- 5
..................................................    50
..................................................   100
..................................................   150
..................................................   200
..................................................   250
..................................................   300
..................................................   350
..................................................   400

Linear regression                               Number of obs     =          9
                                                Replications      =        400
                                                Wald chi2(1)      =       0.13
                                                Prob > chi2       =     0.7185
                                                R-squared         =     0.0443
                                                Adj R-squared     =    -0.0923
                                                Root MSE          =     2.8622

------------------------------------------------------------------------------
             |   Observed   Bootstrap                         Normal-based
           y |      Coef.   Std. Err.      z    P>|z|     [95% Conf. Interval]
-------------+----------------------------------------------------------------
           x |  -.2213115    .6140745    -0.36   0.719    -1.424875    .9822524
       _cons |   6.229508    3.944345     1.58   0.114    -1.501266    13.96028
------------------------------------------------------------------------------
```

图 7 - 4

reg y x, vce(boot, reps(400) seed(10101) nodots)　　//结果见图 7 - 5

这条命令也是采用 bootstrap 方法，即自助法稳健标准误的回归估计，不同的是加上了 nodots，是指不显示迭代过程，以提高运算速度。某些面板命令也支持 bootstrap 法。

```
Linear regression                          Number of obs     =          9
                                           Replications      =        400
                                           Wald chi2(1)      =       0.13
                                           Prob > chi2       =     0.7185
                                           R-squared         =     0.0443
                                           Adj R-squared     =    -0.0923
                                           Root MSE          =     2.8622

------------------------------------------------------------------------------
             |   Observed   Bootstrap                         Normal-based
           y |      Coef.   Std. Err.      z    P>|z|     [95% Conf. Interval]
-------------+----------------------------------------------------------------
           x |  -.2213115   .6140745    -0.36   0.719    -1.424875    .9822524
       _cons |   6.229508   3.944345     1.58   0.114    -1.501266    13.96028
------------------------------------------------------------------------------
```

图 7-5

第二节　面板数据

使用表 7-2 的面板数据进入对面板数据估计相关内容的练习。

表 7-2　面板数据

id	year	x	y
1	2016	7	1
1	2017	8	2
1	2018	9	3
2	2016	1	4
2	2017	2	5
2	2018	5	6
3	2016	6	7
3	2017	6	8
3	2018	6	9

一、数据描述

注意，表 7-2 是面板数据，面板数据需要先设置面板数据格式，也就是说告诉系统这是面板数据。下面的第二行命令"xtset id year"用于设置面板数据格式。

```
use ch7, clear
xtset id year              //设置面板数据格式，结果见图 7-6
```

```
       panel variable:  id (strongly balanced)
        time variable:  year, 2016 to 2018
                delta:  1 unit
```

图 7-6

```
xtsum                      //显示数据的统计特征，结果见图 7-7
```

Variable		Mean	Std. Dev.	Min	Max	Observations
id	overall	2	.8660254	1	3	N = 9
	between		1	1	3	n = 3
	within		0	2	2	T = 3
year	overall	2017	.8660254	2016	2018	N = 9
	between		0	2017	2017	n = 3
	within		.8660254	2016	2018	T = 3
x	overall	5.555556	2.603417	1	9	N = 9
	between		2.694301	2.666667	8	n = 3
	within		1.154701	3.888889	7.888889	T = 3
y	overall	5	2.738613	1	9	N = 9
	between		3	2	8	n = 3
	within		.8660254	4	6	T = 3

图 7-7

结果显示各变量的均值、标准误、最小值、最大值和观测值个数等信息。如果想要获得更详细的描述统计信息，可以用"sum，d"来实现。

```
sum, d                     //d 即 detail，结果见图 7-8

xtdes  //查看是平衡面板还是非平衡面板，结果见图 7-9
```

可以看出这是一个平衡面板（balanced panel），即样本中每一时期的个体数量完全一样，如果有个别年份缺失了某些个体的数据，则就是非平衡面板（unbalanced panel）。

```
des  //显示数据结构，结果见图 7-10
```

显示一共是 4 个变量，有 9 个观测值。

```
xtline y x    //结果见图 7-11
```

```
                              id
-------------------------------------------------------------
      Percentiles      Smallest
 1%            1              1
 5%            1              1
10%            1              1       Obs                   9
25%            1              2       Sum of Wgt.           9

50%            2                      Mean                  2
                        Largest       Std. Dev.      .8660254
75%            3              2
90%            3              3       Variance            .75
95%            3              3       Skewness              0
99%            3              3       Kurtosis            1.5

                             year
-------------------------------------------------------------
      Percentiles      Smallest
 1%         2016           2016
 5%         2016           2016
10%         2016           2016       Obs                   9
25%         2016           2017       Sum of Wgt.           9

50%         2017                      Mean               2017
                        Largest       Std. Dev.      .8660254
75%         2018           2017
90%         2018           2018       Variance            .75
95%         2018           2018       Skewness              0
99%         2018           2018       Kurtosis            1.5

                              x
-------------------------------------------------------------
      Percentiles      Smallest
 1%            1              1
 5%            1              2
10%            1              5       Obs                   9
25%            5              6       Sum of Wgt.           9

50%            6                      Mean           5.555556
                        Largest       Std. Dev.      2.603417
75%            7              6
90%            9              7       Variance       6.777778
95%            9              8       Skewness      -.6079624
99%            9              9       Kurtosis       2.361815

                              y
-------------------------------------------------------------
      Percentiles      Smallest
 1%            1              1
 5%            1              2
10%            1              3       Obs                   9
25%            3              4       Sum of Wgt.           9

50%            5                      Mean                  5
                        Largest       Std. Dev.      2.738613
75%            7              6
90%            9              7       Variance            7.5
95%            9              8       Skewness              0
99%            9              9       Kurtosis           1.77
```

图 7-8

```
      id:  1, 2, ..., 3                                          n =          3
    year:  2016, 2017, ..., 2018                                 T =          3
           Delta(year) = 1 unit
           Span(year)  = 3 periods
           (id*year uniquely identifies each observation)

Distribution of T_i:   min      5%      25%       50%       75%      95%     max
                         3       3        3         3         3        3       3

     Freq.  Percent    Cum. |  Pattern
 ---------------------------+---------
        3    100.00  100.00 |  111
 ---------------------------+---------
        3    100.00         |  XXX
```

图 7-9

```
Contains data from D:\Stata书稿\数据\lianxi.dta
  obs:             9
 vars:             4                          7 Mar 2020 15:06
 size:            45
------------------------------------------------------------------------------
              storage   display    value
variable name   type    format     label      variable label
------------------------------------------------------------------------------
id              byte    %8.0g
year            int     %8.0g
x               byte    %8.0g
y               byte    %8.0g
------------------------------------------------------------------------------
```

图 7-10

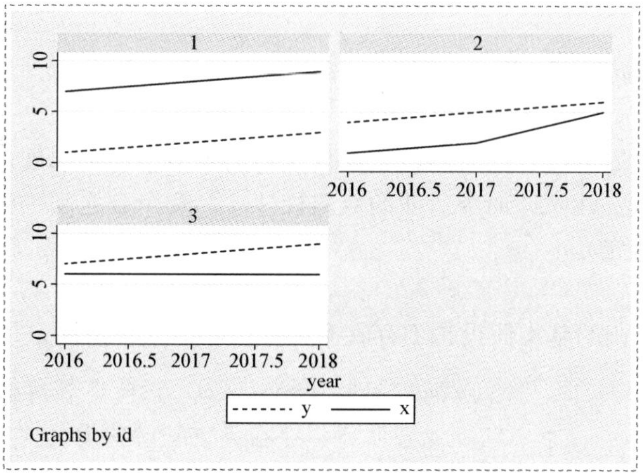

图 7-11

xtline y, overlay   //结果见图 7-12

xtline x , overlay   //结果见图 7-13

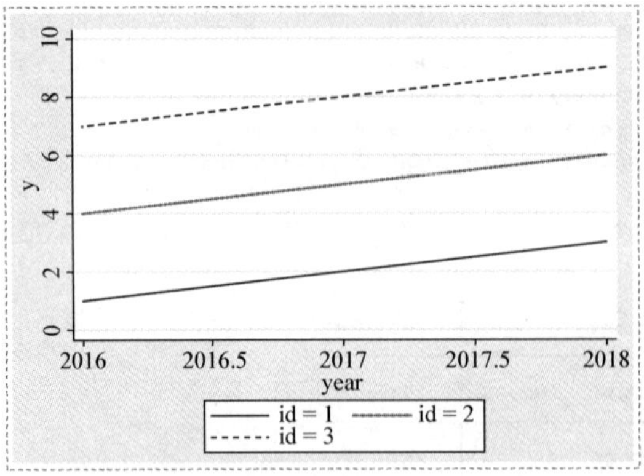

图 7-12

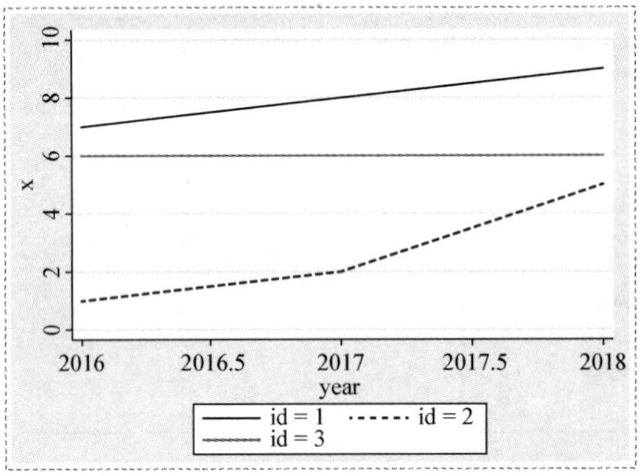

图 7-13

二、混合（pool）回归

为了节约基础较好的读者的时间，下面依然将命令集中在一起展示，后面的“执行结果与分析”可以选读。注意，命令后面的双斜杠“//”和命令之间一定要留有空格，否则系统会提示有错（报错）。

1. 命令及说明

pool（混合）回归的基本假设是不存在个体效应，但这种情况是很少见的。

```
reg y x                        //混合回归（pool 回归），使用普通标准误
reg y x, r                     //混合回归，存在异方差时使用稳健标准误
reg y x, vce (cluster id)      //混合回归，使用聚类稳健标准误，即考虑了组内自相关
```

2. 执行结果与分析

```
reg y x                        //同方差时的混合回归，使用普通标准误，结果见图 7-14
reg y x, r                     //存在异方差时的混合回归，使用稳健标准误，结果见图
                                 7-15
```

Source	SS	df	MS			
Model	2.6557377	1	2.6557377	Number of obs	=	9
Residual	57.3442623	7	8.19203747	F(1, 7)	=	0.32
				Prob > F	=	0.5869
Total	60	8	7.5	R-squared	=	0.0443
				Adj R-squared	=	-0.0923
				Root MSE	=	2.8622

y	Coef.	Std. Err.	t	P>|t|	[95% Conf.	Interval]
x	-.2213115	.3886935	-0.57	0.587	-1.140426	.6978027
_cons	6.229508	2.360778	2.64	0.033	.647156	11.81186

图 7-14

Linear regression

Number of obs	=	9
F(1, 7)	=	0.62
Prob > F	=	0.4566
R-squared	=	0.0443
Root MSE	=	2.8622

y	Coef.	Robust Std. Err.	t	P>|t|	[95% Conf.	Interval]
x	-.2213115	.2808825	-0.79	0.457	-.8854931	.4428701
_cons	6.229508	1.549002	4.02	0.005	2.5667	9.892317

图 7-15

reg y x, vce (cluster id) //混合回归，使用聚类稳健标准误（考虑了组内自相关），结果见图 7-16

Linear regression

Number of obs	=	9
F(1, 2)	=	0.21
Prob > F	=	0.6887
R-squared	=	0.0443
Root MSE	=	2.8622

(Std. Err. adjusted for 3 clusters in id)

y	Coef.	Robust Std. Err.	t	P>|t|	[95% Conf.	Interval]
x	-.2213115	.4777389	-0.46	0.689	-2.276856	1.834233
_cons	6.229508	2.229902	2.79	0.108	-3.364984	15.824

图 7-16

三、个体固定效应

个体效应包括个体固定效应和个体随机效应。固定效应包括个体固定效应、时点固定效应和双向固定效应，随机效应模型比较少见。下面是对最常见的个体固定效应模型的估计，有三种估计方式。

1. 主要命令与说明

（1）个体固定效应的估计方法一：组内离差法。

```
xtset id year            //设置面板数据格式
xtreg y x, fe            //固定效应，组内离差法，使用普通标准误
```

上面的命令输出结果的最后一行中有 chow(F) 检验结果，用于检验是否存在个体效应，若检验结果显示不存在个体效应，则选用 pool 回归即可。但由于命令中没有 r，所以输出的不是稳健标准误，估计结果也不是有效的，但有时也会这样使用。下面的命令是使用组内离差法（也称为组内估计法）的稳健标准误估计。稳健标准误估计结果是有效的，所以比较常用。

```
xtreg y x, fe r          //固定效应，并使用稳健标准误
```

上面的这条命令是输出稳健标准误的固定效应估计。Stata 的这条命令输出结果后面就没有像前面的命令那样自动给出 chow(F) 检验，需要自己构造 chow(F) 检验，这是命令“xtreg y x，fe”与命令“xtreg y x，fe r”的不同之处。

```
xtreg y x, fe vce (cluster id)   //固定效应，并使用聚类稳健标准误，组内离差法
```

上面的这条命令与命令“xtreg y x，fe r”的输出结果相同。

（2）估计方法二：最小二乘虚拟变量（LSDV）法。

```
reg y x i.id, vce (cluster id) //固定效应的 LSDV 法，并使用聚类稳健标准误
reg y x i.id, r                //固定效应的 LSDV 估计法
```

这两条命令的输出结果一致。估计方法之二（LSDV）比较少用，面板数据一般用上面的估计方法一（组内离差法，即组内估计法）。

（3）估计方法三：一阶差分法

```
xtserial y x, output     //一阶差分法（估计方法三）
```

这是一阶差分法固定效应估计，Stata 没有现成的指令，需要借助外部命令“xtserial y x，output”对组内自相关进行检验，附带输出一阶差分法的估计结果。如果事先没有安装外部命令“xtserial”，则可以按照下面的方法安装。

```
net install st0039  //下载并安装进行自相关检验的 xtserial 外部命令
```

如果上面的命令不能实现安装，则根据提示点击“search　xtserial”“st0039”“click here to install”，几秒钟即可安装完毕。

2. 执行结果与分析

下面的内容是将上面的主要命令逐条执行得出的结果及其分析，基础好的读者可以选择性地阅读。

估计方法一：组内离差法，也叫作组内估计法。

xtreg y x, fe //固定效应，使用普通标准误，组内离差法（估计方法一），结果见图 7-17

```
Fixed-effects (within) regression               Number of obs      =         9
Group variable: id                              Number of groups   =         3

R-sq:                                           Obs per group:
     within  = 0.5625                                         min =         3
     between = 0.1378                                         avg =       3.0
     overall = 0.0443                                         max =         3

                                                F(1,5)             =      6.43
corr(u_i, Xb)  = -0.6152                        Prob > F           =    0.0522

------------------------------------------------------------------------------
           y |      Coef.   Std. Err.      t    P>|t|     [95% Conf. Interval]
-------------+----------------------------------------------------------------
           x |      .5625    .221853     2.54   0.052    -.0077913    1.132791
       _cons |      1.875   1.255958     1.49   0.196    -1.353543    5.103543
-------------+----------------------------------------------------------------
     sigma_u |  3.8303884
     sigma_e |  .72456884
         rho |  .96545342   (fraction of variance due to u_i)
------------------------------------------------------------------------------
F test that all u_i=0: F(2, 5) = 52.11                       Prob > F = 0.0004
```

图 7-17

说明：输出结果的最后一行是 chow(F) 检验，原假设是 pool 回归。也就是用这个检验来判断是否存在个体效应。正如前面所说的，由于该估计并未使用稳健标准误，所以结论也无效，但有时也会使用。

xtreg y x, fe r //固定效应，并使用稳健标准误，结果见图 7-18

说明：上面的这种方法使用了稳健标准误后，系统并没有给出像前面那样的 chow(F) 检验，这是 Stata 的这两条命令的不同之处。

xtreg y x, fe vce (cluster id) //固定效应，并使用聚类稳健标准误，组内离差法，结果见图 7-19

```
Fixed-effects (within) regression               Number of obs     =          9
Group variable: id                              Number of groups  =          3

R-sq:                                           Obs per group:
     within  = 0.5625                                         min =          3
     between = 0.1378                                         avg =        3.0
     overall = 0.0443                                         max =          3

                                                F(1,2)            =      13.71
corr(u_i, Xb)  = -0.6152                        Prob > F          =     0.0658

                                   (Std. Err. adjusted for 3 clusters in id)
------------------------------------------------------------------------------
             |               Robust
           y |      Coef.   Std. Err.      t    P>|t|     [95% Conf. Interval]
-------------+----------------------------------------------------------------
           x |      .5625   .1518924     3.70   0.066    -.0910401     1.21604
       _cons |      1.875   .8438464     2.22   0.156    -1.755778    5.505778
-------------+----------------------------------------------------------------
     sigma_u |  3.8303884
     sigma_e |  .72456884
         rho |  .96545342   (fraction of variance due to u_i)
------------------------------------------------------------------------------

. estimates store FE_robust
```

图 7-18

```
Fixed-effects (within) regression               Number of obs     =          9
Group variable: id                              Number of groups  =          3

R-sq:                                           Obs per group:
     within  = 0.5625                                         min =          3
     between = 0.1378                                         avg =        3.0
     overall = 0.0443                                         max =          3

                                                F(1,2)            =      13.71
corr(u_i, Xb)  = -0.6152                        Prob > F          =     0.0658

                                   (Std. Err. adjusted for 3 clusters in id)
------------------------------------------------------------------------------
             |               Robust
           y |      Coef.   Std. Err.      t    P>|t|     [95% Conf. Interval]
-------------+----------------------------------------------------------------
           x |      .5625   .1518924     3.70   0.066    -.0910401     1.21604
       _cons |      1.875   .8438464     2.22   0.156    -1.755778    5.505778
-------------+----------------------------------------------------------------
     sigma_u |  3.8303884
     sigma_e |  .72456884
         rho |  .96545342   (fraction of variance due to u_i)
------------------------------------------------------------------------------
```

图 7-19

估计方法二：最小二乘虚拟变量（LSDV）法。

reg y x i. id，vce（cluster id）　//固定效应，并使用聚类稳健标准误，结果见图 7－20

```
Linear regression                               Number of obs     =          9
                                                F(0, 2)           =          .
                                                Prob > F          =          .
                                                R-squared         =     0.9563
                                                Root MSE          =     .72457

                                         (Std. Err. adjusted for 3 clusters in id)
------------------------------------------------------------------------------
             |               Robust
           y |      Coef.   Std. Err.      t    P>|t|     [95% Conf. Interval]
-------------+----------------------------------------------------------------
           x |      .5625   .1797215     3.13   0.089     -.210779    1.335779
             |
          id |
           2 |          6   .9585145     6.26   0.025     1.875845    10.12415
           3 |      7.125   .3594429    19.82   0.003     5.578442    8.671558
             |
       _cons |       -2.5   1.437772    -1.74   0.224    -8.686232    3.686232
------------------------------------------------------------------------------

. estimates store LSDV
```

图 7－20

reg y x i. id，r　//固定效应，并使用稳健标准误，最小二乘虚拟变量法（估计方法二），结果见图 7－21

这条命令是采用最小二乘虚拟变量（LSDV）法输出的稳健标准误的固定效应估计，该方法比较少用，面板数据一般用上面的聚类稳健标准误（估计方法一）。

```
Linear regression                               Number of obs     =          9
                                                F(3, 5)           =      41.56
                                                Prob > F          =     0.0006
                                                R-squared         =     0.9563
                                                Root MSE          =     .72457

------------------------------------------------------------------------------
             |               Robust
           y |      Coef.   Std. Err.      t    P>|t|     [95% Conf. Interval]
-------------+----------------------------------------------------------------
           x |      .5625   .1250122     4.50   0.006     .2411459    .8838541
             |
          id |
           2 |          6   .8037996     7.46   0.001     3.933767    8.066233
           3 |      7.125   .7342171     9.70   0.000     5.237635    9.012365
             |
       _cons |       -2.5   1.037669    -2.41   0.061    -5.167414    .1674141
------------------------------------------------------------------------------
```

图 7－21

估计方法三：一阶差分法。

xtserial y x，output　//一阶差分法（估计方法三），结果见图 7－22

```
Linear regression                               Number of obs     =          6
                                                F(1, 2)           =      12.00
                                                Prob > F          =     0.0742
                                                R-squared         =     0.5000
                                                Root MSE          =      .7746

                                      (Std. Err. adjusted for 3 clusters in id)
------------------------------------------------------------------------------
             |               Robust
         D.y |      Coef.   Std. Err.      t    P>|t|     [95% Conf. Interval]
-------------+----------------------------------------------------------------
           x |
         D1. |         .5   .1443376     3.46   0.074    -.1210344    1.121034
------------------------------------------------------------------------------

Wooldridge test for autocorrelation in panel data
H0: no first order autocorrelation
    F(  1,       2) =      7.000
           Prob > F =      0.1181

. estimates store FD
```

图 7-22

说明：估计固定效应，需要借助“xtserial y x，output”对组内自相关进行检验时附带提供的一阶差分法。

net install st0039　　　　//下载并安装进行自相关检验的 xtserial 外部命令

四、双向固定效应

1. 命令及说明

xtset id year　　　　　　　//设置面板数据格式

tabyear，gen（year）　　　//生成时间虚拟变量

xtreg y x year2-year3，fe vce（cluster id）　//双向固定效应的手动法——方法一

xtreg y x i. year，fe vce（cluster id）　//直接估计双向固定效应的自动法——方法二

说明：上面两条命令（手动法和自动法）的结果一样。

2. 执行结果与分析

xtset id year　//设置面板数据格式，结果见图 7-23

```
. do "C:\Users\THTF\AppData\Local\Temp\STD544_000000.tmp"

. xtset id year  //设置面板数据格式
       panel variable:  id (strongly balanced)
        time variable:  year, 2016 to 2018
                delta:  1 unit
```

图 7-23

输出结果显示这是一个平衡面板，该例子纯属演练，数据较少，意义不大。

tabyear，gen（year）　//生成时间虚拟变量，结果见图 7－24

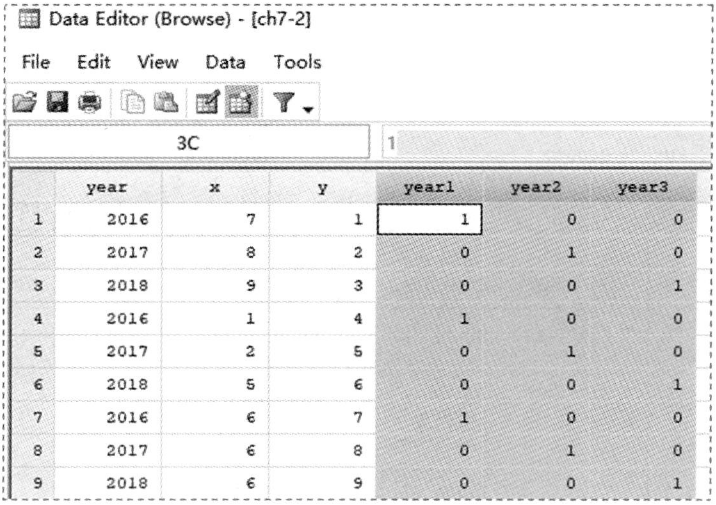

	year	x	y	year1	year2	year3
1	2016	7	1	1	0	0
2	2017	8	2	0	1	0
3	2018	9	3	0	0	1
4	2016	1	4	1	0	0
5	2017	2	5	0	1	0
6	2018	5	6	0	0	1
7	2016	6	7	1	0	0
8	2017	6	8	0	1	0
9	2018	6	9	0	0	1

图 7－24

xtreg y x year2-year3，fe vce（cluster id）　//双向固定效应（手动法），结果见图 7－25

```
Fixed-effects (within) regression               Number of obs      =         9
Group variable: id                              Number of groups   =         3

R-sq:                                           Obs per group:
     within  = 1.0000                                         min =         3
     between = 0.2500                                         avg =       3.0
     overall = 0.1000                                         max =         3

                                                F(1,2)             =         .
corr(u_i, Xb)  = -0.0000                        Prob > F           =         .

                                    (Std. Err. adjusted for 3 clusters in id)
------------------------------------------------------------------------------
             |               Robust
           y |      Coef.   Std. Err.      t    P>|t|     [95% Conf. Interval]
-------------+----------------------------------------------------------------
           x |   6.12e-16   5.68e-08     0.00   1.000    -2.45e-07    2.45e-07
       year2 |          1   1.99e-08  5.0e+07   0.000     .9999999           1
       year3 |          2   9.56e-08  2.1e+07   0.000            2           2
       _cons |          4   2.83e-07  1.4e+07   0.000     3.999999    4.000001
-------------+----------------------------------------------------------------
     sigma_u |          3
     sigma_e |          0
         rho |          1   (fraction of variance due to u_i)
------------------------------------------------------------------------------
```

图 7－25

xtreg y x i. year，fe vce（cluster id）　//直接估计双向固定效应（自动法），结果见图 7－26

```
Fixed-effects (within) regression               Number of obs      =          9
Group variable: id                              Number of groups   =          3

R-sq:                                           Obs per group:
     within  = 1.0000                                         min =          3
     between = 0.5000                                         avg =        3.0
     overall = 0.1000                                         max =          3

                                                F(1,2)             =          .
corr(u_i, Xb)  = 0.0000                         Prob > F           =          .

                                    (Std. Err. adjusted for 3 clusters in id)
------------------------------------------------------------------------------
             |               Robust
           y |      Coef.   Std. Err.      t    P>|t|     [95% Conf. Interval]
-------------+----------------------------------------------------------------
           x |  -5.10e-17   5.14e-08    -0.00   1.000    -2.21e-07    2.21e-07
             |
        year |
       2017  |          1   1.80e-08  5.6e+07   0.000     .9999999           1
       2018  |          2   8.65e-08  2.3e+07   0.000            2           2
             |
       _cons |          4   2.56e-07  1.6e+07   0.000     3.999999    4.000001
-------------+----------------------------------------------------------------
     sigma_u |          3
     sigma_e |          0
         rho |          1   (fraction of variance due to u_i)
------------------------------------------------------------------------------
```

图 7-26

五、随机效应

1. 主要命令与说明

下面进行随机效应回归估计。

xtset id year　　　　　　　　//设置面板数据格式，已经设置的可忽略

xtreg y x　　　　　　　　　　//默认的随机效应模型，使用的是普通标准误

xtreg y x，r　　　　　　　　//使用稳健标准误

xtreg y x，vce（cluster id）　//使用聚类稳健标准误，与下面的命令（1）输出结果一致

由后面的执行结果可知，在上面的两条“xt”开头的命令里，后缀无论用“r”还是“vce（cluster id)”，输出结果都是一样的。“xt”开头的面板回归命令后面不加“fe”时是默认情况下输出的随机效应模型①。随机效应模型不满足 OLS 基本假定，故输出结果是采用 GLS（广义最小二乘）法来估计模型。

xtreg y x，vce（boot，reps（400）seed（10101）nodots)
　　　　　　　　　　　　　//面板命令的 bootstrap 稳健标准误估计

① 随机效应是指不可观测的异质性与解释变量不相关。但是一般来说，从经济理论的角度看，不可观测的异质性通常会对解释变量有影响，也就是说，随机效应模型一般情况下是行不通的，相比较而言，固定效应模型更常见。

xtreg y x, re vce (cluster id) theta //随机效应估计 (FGLS), 命令 (1)

xttest0 //随机效应下的 LM 检验 (检验是 pool 回归还是个体效应, 原假设: pool 回归)

xtreg y x, re r theta //随机效应估计, 与上面的命令 (1) 的输出结果相同

xtreg y x, re //随机效应估计 (默认用 GLS, 因为随机效应下不满足 OLS 假定), 普通标准误

xtreg y x, mle //随机效应的极大似然估计, 默认显示迭代过程

xtreg y x, mle nolog //随机效应的极大似然估计, nolog 不显示迭代过程

xtreg y x, be //随机效应的组间 (between) 估计法

上面的组间估计在数据质量不好时可以采用，缺点是损失信息较多，可以用来做参考。

2. 执行结果与分析

下面进行随机效应回归估计。

xtset id year //设置面板数据格式, 已经设置的可忽略

xtreg y x //默认的随机效应模型, 使用普通标准误, 结果见图 7-27

```
Random-effects GLS regression                   Number of obs      =         9
Group variable: id                              Number of groups   =         3

R-sq:                                           Obs per group:
     within  = 0.5625                                          min =         3
     between = 0.1378                                          avg =       3.0
     overall = 0.0443                                          max =         3

                                                Wald chi2(1)       =      5.86
corr(u_i, X)   = 0 (assumed)                    Prob > chi2        =    0.0155

------------------------------------------------------------------------------
           y |      Coef.   Std. Err.      z    P>|z|     [95% Conf. Interval]
-------------+----------------------------------------------------------------
           x |   .5195517   .2146017     2.42   0.015     .0989401    .9401633
       _cons |   2.113602   2.546586     0.83   0.407    -2.877615    7.104819
-------------+----------------------------------------------------------------
     sigma_u |  3.9173216
     sigma_e |  .72456884
         rho |  .96691957   (fraction of variance due to u_i)
------------------------------------------------------------------------------
```

图 7-27

从上面的面板回归输出结果也可以进一步看到，“xtreg”命令后面不加“fe”时系统输出的是默认的随机效应模型（不满足 OLS 基本假定）下的 GLS 估计，即广义最小二乘估计。

xtreg y x, r //使用稳健标准误, 结果见图 7-28

```
Random-effects GLS regression                   Number of obs      =         9
Group variable: id                              Number of groups   =         3

R-sq:                                           Obs per group:
     within  = 0.5625                                         min =          3
     between = 0.1378                                         avg =        3.0
     overall = 0.0443                                         max =          3

                                                Wald chi2(1)       =     24.72
corr(u_i, X)   = 0 (assumed)                    Prob > chi2        =    0.0000

                                   (Std. Err. adjusted for 3 clusters in id)
------------------------------------------------------------------------------
             |               Robust
           y |      Coef.   Std. Err.      z    P>|z|     [95% Conf. Interval]
-------------+----------------------------------------------------------------
           x |   .5195517   .1044943     4.97   0.000     .3147467    .7243567
       _cons |   2.113602    2.76868     0.76   0.445    -3.312912    7.540115
-------------+----------------------------------------------------------------
     sigma_u |  3.9173216
     sigma_e |  .72456884
         rho |  .96691957   (fraction of variance due to u_i)
------------------------------------------------------------------------------
```

图 7-28

xtreg y x，vce (cluster id)　//使用聚类稳健标准误，结果见图 7-29

```
Random-effects GLS regression                   Number of obs      =         9
Group variable: id                              Number of groups   =         3

R-sq:                                           Obs per group:
     within  = 0.5625                                         min =          3
     between = 0.1378                                         avg =        3.0
     overall = 0.0443                                         max =          3

                                                Wald chi2(1)       =     24.72
corr(u_i, X)   = 0 (assumed)                    Prob > chi2        =    0.0000

                                   (Std. Err. adjusted for 3 clusters in id)
------------------------------------------------------------------------------
             |               Robust
           y |      Coef.   Std. Err.      z    P>|z|     [95% Conf. Interval]
-------------+----------------------------------------------------------------
           x |   .5195517   .1044943     4.97   0.000     .3147467    .7243567
       _cons |   2.113602    2.76868     0.76   0.445    -3.312912    7.540115
-------------+----------------------------------------------------------------
     sigma_u |  3.9173216
     sigma_e |  .72456884
         rho |  .96691957   (fraction of variance due to u_i)
------------------------------------------------------------------------------
```

图 7-29

由上面命令的执行结果可以看到，无论“xtreg”的后缀是“r”还是“vce (cluster id)”，输出结果都是一致的。因为使用的“xtreg”是面板数据命令，故使用“r”或者“vce (cluster id)”能得到完全一样的聚类稳健标准误。稳健标准误只有在大样本下才是一致的，小样本时可以使用 bootstrap 法得到更精确的估计，具体参考下面的命令。

xtreg y x，vce(boot，reps(400) seed(10101) nodots)　//面板命令的bootstrap稳健标准误估计，结果见图7-30

```
Random-effects GLS regression                   Number of obs      =         9
Group variable: id                              Number of groups   =         3

R-sq:                                           Obs per group:
     within  = 0.5625                                         min =          3
     between = 0.1378                                         avg =        3.0
     overall = 0.0443                                         max =          3

                                                Wald chi2(1)       =      0.22
corr(u_i, X)   = 0 (assumed)                    Prob > chi2        =    0.6395

                                  (Replications based on 3 clusters in id)
------------------------------------------------------------------------------
             |   Observed   Bootstrap                         Normal-based
           y |      Coef.   Std. Err.      z    P>|z|     [95% Conf. Interval]
-------------+----------------------------------------------------------------
           x |   .5195517   1.109093     0.47   0.639    -1.654231    2.693334
       _cons |   2.113602   7.010186     0.30   0.763    -11.62611    15.85331
-------------+----------------------------------------------------------------
     sigma_u |  3.9173216
     sigma_e |  .72456884
         rho |  .96691957   (fraction of variance due to u_i)
------------------------------------------------------------------------------
```

图7-30

xtreg y x，re vce(cluster id) theta　//随机效应估计（FGLS），命令（1）

上面的命令（1）运行之后才可以用命令“xttest0”执行LM检验，以检验能否拒绝pool回归的原假设。结果见图7-31。

```
Random-effects GLS regression                   Number of obs      =         9
Group variable: id                              Number of groups   =         3

R-sq:                                           Obs per group:
     within  = 0.5625                                         min =          3
     between = 0.1378                                         avg =        3.0
     overall = 0.0443                                         max =          3

                                                Wald chi2(1)       =     24.72
corr(u_i, X)   = 0 (assumed)                    Prob > chi2        =    0.0000
theta          = .89381395

                                   (Std. Err. adjusted for 3 clusters in id)
------------------------------------------------------------------------------
             |               Robust
           y |      Coef.   Std. Err.      z    P>|z|     [95% Conf. Interval]
-------------+----------------------------------------------------------------
           x |   .5195517   .1044943     4.97   0.000     .3147467    .7243567
       _cons |   2.113602    2.76868     0.76   0.445    -3.312912    7.540115
-------------+----------------------------------------------------------------
     sigma_u |  3.9173216
     sigma_e |  .72456884
         rho |  .96691957   (fraction of variance due to u_i)
------------------------------------------------------------------------------
```

图7-31

xttest0 //检验，结果见图 7-32

该命令是进行随机效应下的 LM 检验，原假设是：pool 回归。若不能拒绝原假设，则采用 pool 回归即可，若拒绝原假设，则说明不适合用 pool 回归。此时可以继续做 Hausman 检验以进一步在个体随机效应和个体固定效应之间做选择。根据下面的检验结果可知 $p=0.0113$，因此拒绝采用 pool 回归的原假设，不适合做 pool 回归。

```
Breusch and Pagan Lagrangian multiplier test for random effects

        y[id,t] = Xb + u[id] + e[id,t]

        Estimated results:
                         |       Var     sd = sqrt(Var)
                ---------+-----------------------------
                       y |       7.5       2.738613
                       e |      .525       .7245688
                       u |  15.34541       3.917322

        Test:   Var(u) = 0
                             chibar2(01) =     5.20
                          Prob > chibar2 =   0.0113
```

图 7-32

xtreg y x，re r theta //随机效应估计，该命令与命令（1）完全等价，结果见图 7-33

```
Random-effects GLS regression                   Number of obs     =          9
Group variable: id                              Number of groups  =          3

R-sq:                                           Obs per group:
     within  = 0.5625                                         min =          3
     between = 0.1378                                         avg =        3.0
     overall = 0.0443                                         max =          3

                                                Wald chi2(1)      =      24.72
corr(u_i, X)   = 0 (assumed)                    Prob > chi2       =     0.0000
theta          = .89381395

                                    (Std. Err. adjusted for 3 clusters in id)
------------------------------------------------------------------------------
             |               Robust
           y |      Coef.   Std. Err.      z    P>|z|     [95% Conf. Interval]
-------------+----------------------------------------------------------------
           x |   .5195517   .1044943     4.97   0.000     .3147467    .7243567
       _cons |   2.113602    2.76868     0.76   0.445    -3.312912    7.540115
-------------+----------------------------------------------------------------
     sigma_u |  3.9173216
     sigma_e |  .72456884
         rho |  .96691957   (fraction of variance due to u_i)
------------------------------------------------------------------------------
```

图 7-33

xtreg y x，re //随机效应估计（默认用 GLS，因为随机效应下不满足 OLS 假定），普通标准误

该命令是随机效应估计，因为随机效应下不满足 OLS 基本假定，所以系统默认使用

的是 GLS，即普通标准误下的广义最小二乘估计。结果见图 7-34。

```
Random-effects GLS regression                   Number of obs      =         9
Group variable: id                              Number of groups   =         3

R-sq:                                           Obs per group:
     within  = 0.5625                                         min =         3
     between = 0.1378                                         avg =       3.0
     overall = 0.0443                                         max =         3

                                                Wald chi2(1)       =      5.86
corr(u_i, X)   = 0 (assumed)                    Prob > chi2        =    0.0155

------------------------------------------------------------------------------
           y |      Coef.   Std. Err.      z    P>|z|     [95% Conf. Interval]
-------------+----------------------------------------------------------------
           x |   .5195517   .2146017     2.42   0.015     .0989401    .9401633
       _cons |   2.113602   2.546586     0.83   0.407    -2.877615    7.104819
-------------+----------------------------------------------------------------
     sigma_u |  3.9173216
     sigma_e |  .72456884
         rho |  .96691957   (fraction of variance due to u_i)
------------------------------------------------------------------------------
```

图 7-34

xtreg y x，mle

这个命令是随机效应下的极大似然估计（MLE），并在结果中显示极大似然估计的迭代过程，运行结果如图 7-35 所示。

```
Fitting constant-only model:
Iteration 0:   log likelihood = -17.872128
Iteration 1:   log likelihood = -17.181171
Iteration 2:   log likelihood = -17.146463
Iteration 3:   log likelihood = -17.107735
Iteration 4:   log likelihood = -17.106009
Iteration 5:   log likelihood = -17.106004

Fitting full model:
Iteration 0:   log likelihood = -19.359739
Iteration 1:   log likelihood = -19.143475
Iteration 2:   log likelihood = -19.138061
Iteration 3:   log likelihood = -19.138032

Random-effects ML regression                    Number of obs      =         9
Group variable: id                              Number of groups   =         3

Random effects u_i ~ Gaussian                   Obs per group:
                                                              min =         3
                                                              avg =       3.0
                                                              max =         3

                                                LR chi2(1)         =      4.06
Log likelihood  = -19.138032                    Prob > chi2        =    0.0438

------------------------------------------------------------------------------
           y |      Coef.   Std. Err.      z    P>|z|     [95% Conf. Interval]
-------------+----------------------------------------------------------------
           x |   .1006067    .508811     0.20   0.843    -.8966446    1.097858
       _cons |   4.441074   3.184457     1.39   0.163    -1.800347    10.68249
-------------+----------------------------------------------------------------
    /sigma_u |   2.243053   1.302622                      .7186474    7.001048
    /sigma_e |   2.064068          .                             .           .
         rho |    .541484          .                             .           .
------------------------------------------------------------------------------
LR test of sigma_u=0: chibar2(01) = 3.93               Prob >= chibar2 = 0.024
```

图 7-35

xtreg y x，mle nolog //随机效应的极大似然估计

这条命令是执行随机效应的极大似然估计，nolog 是指不显示极大似然估计的迭代过程。运行结果如图 7 - 36 所示。

```
Random-effects ML regression                    Number of obs     =          9
Group variable: id                              Number of groups  =          3

Random effects u_i ~ Gaussian                   Obs per group:
                                                              min =          3
                                                              avg =        3.0
                                                              max =          3

                                                LR chi2(1)        =       4.06
Log likelihood  = -19.138032                    Prob > chi2       =     0.0438

------------------------------------------------------------------------------
           y |      Coef.   Std. Err.      z    P>|z|     [95% Conf. Interval]
-------------+----------------------------------------------------------------
           x |   .1006067    .508811     0.20   0.843    -.8966446    1.097858
       _cons |   4.441074   3.184457     1.39   0.163    -1.800347    10.68249
-------------+----------------------------------------------------------------
    /sigma_u |   2.243053   1.302622                      .7186474    7.001048
    /sigma_e |   2.064068          .                             .           .
         rho |    .541484          .                             .           .
------------------------------------------------------------------------------
LR test of sigma_u=0: chibar2(01) = 3.93               Prob >= chibar2 = 0.024
```

图 7 - 36

xtreg y x，be

这条命令是做组间估计，当数据质量不好时可以采用该方法，缺点是损失信息较多，可以用来做对照。运行结果如图 7 - 37 所示。

```
Between regression (regression on group means)  Number of obs     =          9
Group variable: id                              Number of groups  =          3

R-sq:                                           Obs per group:
     within  = 0.5625                                         min =          3
     between = 0.1378                                         avg =        3.0
     overall = 0.0443                                         max =          3

                                                F(1,1)            =       0.16
sd(u_i + avg(e_i.))=  3.939595                  Prob > F          =     0.7579

------------------------------------------------------------------------------
           y |      Coef.   Std. Err.      t    P>|t|     [95% Conf. Interval]
-------------+----------------------------------------------------------------
           x |  -.4132653   1.033928    -0.40   0.758    -13.55057    12.72404
       _cons |   7.295918   6.177988     1.18   0.447    -71.20286     85.7947
------------------------------------------------------------------------------
```

图 7 - 37

cls //清屏

上面这条命令可以清除所有输出结果，即清屏。也可以在结果窗口屏幕上右击鼠标，选择“clear results”，效果是一样的。如果满屏的输出结果看得眼花缭乱，就可以采用 cls 清除屏幕内容。

六、Hausman 检验

若经过检验发现存在个体效应，此时就可以进一步采用 Hausman 检验来选择采用个体固定效应模型还是个体随机效应模型。

1. 命令与说明

（1）普通 Hausman 检验的官方命令。

用 Stata 进行 Hausman 检验的官方命令分如下三步：

```
xtreg y x, fe  //固定效应，使用普通标准误，组内离差法（估计方法一）（第一步）
estimates store FE
xtreg y x, re  //随机效应估计，普通标准误(第二步)
estimates store RE
hausman FE RE, constant sigmamore  //检验固定效应还是随机效应的 Hausman 检验(第三步)
```

因为 Stata 中的 Hausman 检验是用普通标准误，所以当聚类稳健标准误与普通标准误相差较大时，普通 Hausman 检验无效①，此时考虑用稳健的 Hausman 检验。可以用官方命令手动实现，也可以用外部命令“ivreg2”一步实现。第二种实现方法需要安装外部命令“ivreg2”，如下所示。

（2）稳健的 Hausman 检验的外部命令。

```
ssc install xtoverid          //下载安装外部命令“xtoverid”
ssc install ivreg2            //要运行“xtoverid”，先安装外部命令“ivreg2”
xtreg y x, re r
xtoverid                      //面板数据的过度识别检验，稳健的 Hausman 检验
```

2. 执行结果与分析

（1）普通 Hausman 检验。

用 Stata 进行 Hausman 检验分三步：

第一步：

```
xtreg y x, fe
estimates store FE
```

Hausman 检验的第一步是先做固定效应，使用普通标准误和组内离差法（估计方法一），回归完毕后存储为 FE，以备第三步调用。回归结果如图 7－38 所示。

---

① 普通 Hausman 检验是指使用普通标准误的 Hausman 检验；稳健的 Hausman 检验是指使用稳健标准误的 Hausman 检验。

```
Fixed-effects (within) regression               Number of obs     =          9
Group variable: id                              Number of groups  =          3

R-sq:                                           Obs per group:
     within  = 0.5625                                         min =          3
     between = 0.1378                                         avg =        3.0
     overall = 0.0443                                         max =          3

                                                F(1,5)            =       6.43
corr(u_i, Xb)  = -0.6152                        Prob > F          =     0.0522

------------------------------------------------------------------------------
           y |      Coef.   Std. Err.      t    P>|t|     [95% Conf. Interval]
-------------+----------------------------------------------------------------
           x |      .5625    .221853     2.54   0.052    -.0077913    1.132791
       _cons |      1.875   1.255958     1.49   0.196    -1.353543    5.103543
-------------+----------------------------------------------------------------
     sigma_u |  3.8303884
     sigma_e |  .72456884
         rho |  .96545342   (fraction of variance due to u_i)
------------------------------------------------------------------------------
F test that all u_i=0: F(2, 5) = 52.11                       Prob > F = 0.0004
```

图 7-38

第二步：

```
xtreg y x, re
estimates store RE
```

在第二步中采用随机效应估计，也是使用普通标准误，回归完毕后存储为 RE，以备第三步调用，回归结果如图 7-39 所示。

```
Random-effects GLS regression                   Number of obs     =          9
Group variable: id                              Number of groups  =          3

R-sq:                                           Obs per group:
     within  = 0.5625                                         min =          3
     between = 0.1378                                         avg =        3.0
     overall = 0.0443                                         max =          3

                                                Wald chi2(1)      =       5.86
corr(u_i, X)   = 0 (assumed)                    Prob > chi2       =     0.0155

------------------------------------------------------------------------------
           y |      Coef.   Std. Err.      z    P>|z|     [95% Conf. Interval]
-------------+----------------------------------------------------------------
           x |   .5195517   .2146017     2.42   0.015     .0989401    .9401633
       _cons |   2.113602   2.546586     0.83   0.407    -2.877615    7.104819
-------------+----------------------------------------------------------------
     sigma_u |  3.9173216
     sigma_e |  .72456884
         rho |  .96691957   (fraction of variance due to u_i)
------------------------------------------------------------------------------
```

图 7-39

第三步：

hausman FE RE，constant sigmamore //检验固定效应还是随机效应的 Hausman test

这个命令调用前面两步保存好的 FE 和 RE 结果进行 Hausman 检验，以检验是个体固定效应还是个体随机效应。如果 p 值小于 0.05，则在 5%的显著性水平上拒绝原假设，选择个体固定效应模型；如果不能拒绝原假设，则应该选择个体随机效应模型。从图 7－40 中的检验结果可见 p 值为 0.647 3，不能拒绝原假设，即应该选择个体随机效应模型。需要注意的是，这个例子中使用的数据仅仅是为了操作简单，并不具有代表性。实际的经济模型中固定效应更合理，随机效应是不太符合经济学逻辑的。因为随机效应模型是指模型中个体影响与解释变量之间不相关，这个条件很难满足。很多期刊论文没有做 Hausman 检验，而是直接选择个体固定效应模式，就是因为固定效应模型是符合经济学逻辑的。

```
                 ---- Coefficients ----
             |      (b)          (B)            (b-B)     sqrt(diag(V_b-V_B))
             |      FE           RE          Difference          S.E.
-------------+----------------------------------------------------------------
           x |     .5625      .5195517        .0429483        .0460477
       _cons |     1.875      2.113602       -.2386018               .
------------------------------------------------------------------------------
                          b = consistent under Ho and Ha; obtained from xtreg
           B = inconsistent under Ha, efficient under Ho; obtained from xtreg

    Test:  Ho:  difference in coefficients not systematic

                  chi2(2) = (b-B)'[(V_b-V_B)^(-1)](b-B)
                          =        0.87
                Prob>chi2 =      0.6473
                (V_b-V_B is not positive definite)
```

图 7－40

注意，Stata 中的 Hausman 检验要求是用普通标准误，叫作普通 Hausman 检验。当聚类稳健标准误与普通标准误相差较大时，普通 Hausman 检验无效，此时需要考虑做稳健的 Hausman 检验。该检验可以手动实现，也可以下载外部命令一步完成。

（2）稳健的 Hausman 检验。

xtreg y x，re r //先回归，结果见图 7－41

稳健的 Hausman 检验结果显示，应该采用随机效应模型（该例题仅供练习）。

第三节 总结与应用

一、理论总结

1. 关于个体效应

个体效应以两种不同的形态存在：固定效应和随机效应。

```
Random-effects GLS regression                   Number of obs      =          9
Group variable: id                              Number of groups   =          3

R-sq:                                           Obs per group:
     within  = 0.5625                                         min =          3
     between = 0.1378                                         avg =        3.0
     overall = 0.0443                                         max =          3

                                                Wald chi2(1)       =      24.72
corr(u_i, X)   = 0 (assumed)                    Prob > chi2        =     0.0000

                                    (Std. Err. adjusted for 3 clusters in id)
------------------------------------------------------------------------------
             |               Robust
           y |      Coef.   Std. Err.      z    P>|z|     [95% Conf. Interval]
-------------+----------------------------------------------------------------
           x |   .5195517   .1044943     4.97   0.000     .3147467    .7243567
       _cons |   2.113602    2.76868     0.76   0.445    -3.312912    7.540115
-------------+----------------------------------------------------------------
     sigma_u |  3.9173216
     sigma_e |  .72456884
         rho |  .96691957   (fraction of variance due to u_i)
------------------------------------------------------------------------------

. xtoverid

Test of overidentifying restrictions: fixed vs random effects
Cross-section time-series model: xtreg re  robust cluster(id)
Sargan-Hansen statistic   1.667  Chi-sq(1)    P-value = 0.1966
```

图 7－41

(1) 固定效应。包括：个体固定效应、时点固定效应和双向固定效应，估计方法有 within（组内）估计、LSDV（最小二乘虚拟变量）估计、FD（差分）估计。

(2) 随机效应。这种情况下不满足 OLS 经典假定，不能用 OLS 估计，需要用 FGLS（可行广义最小二乘）估计、MLE（极大似然估计）或 BE（组间）估计，其中 BE（组间）估计很少使用。

判断是否存在个体效应，也就是说判断应该选择 pool 回归还是个体效应模型，可以使用 Chow(F) 检验或者 LR 检验（自行构造），这两种检验的原假设是 pool 回归。在个体随机效应模型下 Stata 执行结果中有 LM 检验结果输出，原假设是 pool 回归。如果检验结果拒绝原假设，则说明不适合采用 pool 回归，存在个体效应。采用 Hausman 检验继续判断个体效应是个体固定效应还是个体随机效应。要注意的是，当普通标准误和稳健标准误相差很大时，需要采用稳健标准误下的 Hausman 检验。

固定效应模型虽然运行得慢（效率低），但它是一个一致估计，也就是说，估计值会随着样本容量的增大无限靠近真实的参数，所以在大样本下可以采用固定效应。在大样本下如果将随机效应模型错误地设定成固定效应模型进行估计，也没有大问题，原因就是前面说的在大样本下固定效应估计是一致的。这也是大部分顶级期刊中的文献不进行 Hausman 检验，而是直接选择固定效应模型的原因。目前 Stata 只提供了检验个体固定效应还是个体随机效应的 Hausman 检验，但是没有提供时点随机、个体随机的双随机效应的检验。

另外，Chow 检验和 Hausman 检验都是基于大样本理论，样本容量足够大时估计结果才是一致的。除了要注意样本容量是不是足够大，还要关注数据是不是平稳的（长面板），以及变量选择是否正确、是否遗漏变量等问题，这些都有可能造成估计结果与经典文献的结果不吻合。当然，还要注意模型的设定是否合理以及检验方法的局限性等问题。

判断是否存在时点固定效应的方法是采用判断时间虚拟变量是否联合显著为零的方法，采用 Chow(F) 检验或者 LR 检验。“xtreg”命令只能进行个体固定效应下的回归，不能用来进行时点固定效应回归。时点固定效应只能用“reg+时点虚拟变量”的格式，如：

```
reg y x i.year, r
```

上面命令中的“r”是指考虑了条件异方差下的稳健标准误；对于聚类样本，应该使用聚类稳健的标准误。面板数据命令中的“vce（cluster clustervar)”是样本数据有分组时采用的组内存在自相关情况下的稳健标准误。在面板数据的外部命令“xtreg”后面加上“r”也是表示做聚类稳健标准误下的估计。

2. Chow(F)、LR 检验和 Hausman 检验

将个体效应、时点效应、个体时点效应和固定效应、随机效应两两组合，去掉没有太大意义的两种情况（时点随机效应和个体时点双随机效应）后，保留下来 4 种模式如表 7 - 3 所示。

表 7 - 3　可能的模式

个体效应 时点效应 个体时点效应	+	固定效应 随机效应	=	个体固定效应 个体随机效应 时点固定效应 个体时点双固定效应

其中，个体固定效应比较符合经济学逻辑，而且在大部分文献中使用的频率最高。对于没有出现在表格中的两种情况（时点随机效应和个体时点双随机效应），Stata 没有现成的估计命令，也没有实际的经济意义。大样本情况下可以直接选择个体固定效应模型来估计。如果想逐步用检验筛选是哪一种情况，也就是说，通过检验从 pool 回归、个体固定效应、个体随机效应、时点固定效应、个体时点双固定效应中做选择。为了节约时间，可以选择检验步骤相对少的方式。

在个体时点双固定模型下构造 chow(F) 统计量检验是否拒绝 pool 回归的原假设，如果不能拒绝原假设，则采用 pool 回归即可①；如果拒绝原假设，则说明可能存在个体效应、时点效应或者个体时点效应。此时分别进行个体效应下的 Chow 检验（pool v. s. 个体效应）和时点效应下的 Chow 检验（pool v. s. 时点效应），为了表达的方便，把前者称为“个体检验”（pool v. s. 个体效应），把后者称为“时点检验”（pool v. s. 时点效应）。如果这两个检验结果都拒绝原假设，则说明既存在个体效应又存在时点效应，此时采用个体时点双固定模型。如果“个体检验”不拒绝原假设，则说明不存在个体效应，存在时点效应；如果拒绝原假设，则说明存在个体效应，此时采用 Hausman 检验来检验是个体固定效应还是个体随机

① 面板数据 pool 回归的可能性不大。

效应。如果“时点检验”不拒绝原假设，则说明不存在时点效应，存在个体效应，此时采用 Hausman 检验来检验是个体固定效应还是个体随机效应；如果拒绝原假设，则说明存在时点效应。

以上的 Chow(F) 检验也可以采用 LR 检验进行。

二、检验实例分析[①]

```
use chp7 - 3, clear      //结果见图 7 - 42
```

File Edit View Data Tools

province[1] ah

	province	year	q	area	farmm	agchf	aglabor	falabor
1	ah	1979	1609.5	6288	617.67	43.8	1612.2	1565.7
2	ah	1980	1454	6025.9	664.67	54.9	1670.5	1620.8
3	ah	1981	1787.5	6024.2	677.98	72.1	1725.6	1671
4	ah	1982	1933	6032.7	723.14	90.9	1786.9	1702.2
5	ah	1983	2010.5	6085.8	764.99	90.6	1844.8	1747.8
6	ah	1984	2202.5	6192.3	797.43	101.2	1902.7	1763.2
7	ah	1985	2168	5898.6	833.62	113.6	1974	1726.7
8	ah	1986	2371.9	6061.6	917	115	2036.2	1762
9	ah	1987	2432.6	6151	1036	120.2	2081.2	1764
10	ah	1988	2296.4	6155.1	1148	126.6	2167.1	1804.4
11	ah	1989	2383.5	6203.8	1224	137.2	2228.6	1862.3
12	ah	1990	2457.2	6246.1	1307.3	144.5	2301.5	1923.2
13	ah	1991	1781.5	5954.5	1380.2	144.3	2360.5	1970

图 7 - 42

（1）pool 回归。

```
reg lnq lnarea lnfarmm lnagchf    // pool 回归
ereturn list      //结果如图 7 - 43 所示
```

```
scalars:
                  e(N)  =  986
               e(df_m)  =  3
               e(df_r)  =  982
                  e(F)  =  11396.87734708817
                 e(r2)  =  .9720805653996005
               e(rmse)  =  .1910385779743871
                e(mss)  =  1247.812358416902
                e(rss)  =  35.83881498553543
               e(r2_a)  =  .9719952718112083
                 e(ll)  =  235.0366479738531
               e(ll_0)  =  -1529.1304522597
               e(rank)  =  4
```

图 7 - 43

① 资料来源：http://www.peixun.net/view/1266.html。

gen rss1 = e（rss）　//提取该回归的残差平方和，后面的 Chow 检验需要该数据

（2）双固定效应下的 Chow 检验和 LR 检验。

①双固定效应下的 Chow 检验。

如果设定的模型是双固定，则用 Chow 检验来检验是否拒绝 pool 回归。

xtset id year　//设置数据面板格式

xtreg lnq lnarea lnfarmm lnagchf i. year，fe　//双固定效应下的 Chow 检验无效，自行构造，结果见图 7－44

```
Fixed-effects (within) regression               Number of obs      =       986
Group variable: id                              Number of groups   =        29

R-sq:                                           Obs per group:
     within  = 0.8708                                          min =        34
     between = 0.9730                                          avg =      34.0
     overall = 0.9666                                          max =        34

                                                F(36,921)          =    172.41
corr(u_i, Xb)  = -0.7781                        Prob > F           =    0.0000

------------------------------------------------------------------------------
         lnq |      Coef.   Std. Err.      t    P>|t|     [95% Conf. Interval]
-------------+----------------------------------------------------------------
      lnarea |   .9629443   .0264821    36.36   0.000      .910972    1.014917
     lnfarmm |   -.002817   .0152954    -0.18   0.854    -.0328349     .027201
     lnagchf |   .2501224   .0148421    16.85   0.000     .2209941    .2792508
             |
        year |
       1980  |  -.0347949   .0249846    -1.39   0.164    -.0838283    .0142385
       1981  |  -.0163953   .0251224    -0.65   0.514     -.065699    .0329085
       1982  |   .0365629   .0254803     1.43   0.152    -.0134433    .0865691
       1983  |   .0692054   .0259037     2.67   0.008     .0183683    .1200424
       1984  |   .1332936   .0263137     5.07   0.000     .0816518    .1849355
       1985  |   .1114466   .0268258     4.15   0.000     .0587997    .1640935
       1986  |    .104438    .027335     3.82   0.000     .0507918    .1580842
       1987  |   .1206244   .0278162     4.34   0.000      .066034    .1752148
       1988  |   .1077794   .0285776     3.77   0.000     .0516947    .1638641
       1989  |   .0955914   .0291855     3.28   0.001     .0383136    .1528692
       1990  |   .1535406   .0297727     5.16   0.000     .0951104    .2119707
       1991  |   .1275098   .0304006     4.19   0.000     .0678473    .1871724
       1992  |   .1489362   .0309618     4.81   0.000     .0881723    .2097001
       1993  |   .1756174   .0316263     5.55   0.000     .1135495    .2376853
       1994  |   .1427313   .0323584     4.41   0.000     .0792265     .206236
       1995  |    .148826   .0330843     4.50   0.000     .0838967    .2137553
       1996  |   .2011618    .033612     5.98   0.000     .1351968    .2671268
       1997  |   .1712791   .0341789     5.01   0.000     .1042015    .2383567
       1998  |    .208229    .034653     6.01   0.000     .1402209    .2762371
       1999  |   .1777141   .0353408     5.03   0.000     .1083563     .247072
       2000  |   .1279858    .036595     3.50   0.000     .0561665    .1998051
       2001  |   .1499701   .0377401     3.97   0.000     .0759035    .2240368
       2002  |   .1759792   .0387285     4.54   0.000     .0999728    .2519856
       2003  |   .1689828   .0403119     4.19   0.000     .0898689    .2480967
       2004  |   .2051924   .0407299     5.04   0.000     .1252582    .2851267
       2005  |   .2012603   .0409108     4.92   0.000      .120971    .2815496
       2006  |   .2181554   .0416993     5.23   0.000     .1363187     .299992
       2007  |   .2107516   .0423438     4.98   0.000       .12765    .2938531
       2008  |   .2400508   .0427918     5.61   0.000       .15607    .3240316
       2009  |   .2180245   .0430228     5.07   0.000     .1335905    .3024586
       2010  |   .2251719   .0436196     5.16   0.000     .1395665    .3107772
       2011  |   .2514146   .0441544     5.69   0.000     .1647596    .3380695
       2012  |   .2715615   .0446947     6.08   0.000     .1838462    .3592768
             |
       _cons |  -1.821434   .1653515   -11.02   0.000    -2.145944   -1.496925
-------------+----------------------------------------------------------------
     sigma_u |  .30352266
     sigma_e |  .09470908
         rho |  .91127417   (fraction of variance due to u_i)
------------------------------------------------------------------------------
F test that all u_i=0: F(28, 921) = 104.76                   Prob > F = 0.0000
```

图 7－44

图 7 - 44 后面的 F 检验无效。因为这个检验的原假设是时点固定效应模型，备择假设是个体时点双固定效应模型，也就是说，它是在时点固定效应的前提下检验个体效应是否存在，但是不能检验出个体时点双固定效应是否存在，想检验是否存在双固定效应需要自己构造 Chow(F) 检验统计量或者 LR 统计量。具体构造方法见下面的内容。

ereturn list //结果见图 7 - 45

```
scalars:
              e(r2_w) =  .8707890070584493
               e(F_f) =  104.7614631106435
              e(rank) =  37
              e(Tbar) =  34
              e(Tcon) =  1
             e(g_min) =  34
             e(g_avg) =  34
             e(g_max) =  34
               e(N_g) =  29
           e(sigma_u) =  .3035226625391014
              e(corr) =  -.7780802062742344
              e(r2_o) =  .9666043189041645
              e(r2_b) =  .9730105193938166
           e(sigma_e) =  .0947090848409971
             e(sigma) =  .3179556846893045
               e(rho) =  .9112741656403025
              e(df_m) =  64
              e(df_b) =  36
              e(ll_0) =  -50.33463619899059
                e(ll) =  958.4955068381496
               e(tss) =  1283.651173402438
              e(df_a) =  28
              e(r2_a) =  .8618101758442699
               e(rss) =  8.261195702057071
               e(mss) =  55.67450755342421
              e(rmse) =  .0947090848409971
                e(r2) =  .8707890070584493
                 e(F) =  172.4132360832185
              e(df_r) =  921
                 e(N) =  986
```

图 7 - 45

gen rss2 = e (rss)

gen df2 = e (df _ r)

gen N2 = e (N _ g)

gen T2 = e (N) /e (N _ g)

dis " F 统计量 = " ((rss1 - rss2) / (N2 - 1 + T2 - 1)) / (rss2/df2) //自己构造 Chow 检验统计量

disinvFtail (N2 - 1 + T2 - 1, df2, 0.05) //计算 F 检验 5%的显著性水平对应的临界值

对比图 7－46 中输出的 F 统计量的值和临界值，若不拒绝原假设，则表明应该建立 pool 模型。

```
. dis "F统计量 = "  ((rss1-rss2)/(N2-1+T2-1))/(rss2/df2)   //构造Chow检验统计量
F统计量 = 50.401523

. dis invFtail(N2-1+T2-1,df2,0.05)   //计算F检验5%的显著性水平对应的临界值
1.3303344
```

图 7－46

上面的命令执行后结果显示 F 统计量为 50.40，F 检验 5%的显著性水平对应的临界值为 1.33，拒绝 pool 回归的原假设，需要采用个体时点双固定效应模型。以上检验也可以用下面的 LR 检验做类似判断。

②双固定效应下的 LR 检验。

```
reg lnq lnarea lnfarmm lnagchf
ereturn list
gen ll_1 = e(ll)
xtset id year
xtreg lnq lnarea lnfarmm lnagchf i.year, fe   //双固定效应下报告的 Chow 检验无效
gen ll_2 = e (ll)
dis "LR 统计量 = "  -2 * (ll_1 - ll_2)   //根据 LR 检验的定义构造 LR 检验统计量
dis invchi2tail(N2 - 1 + T2 - 1, 0.05)   //计算卡方检验 5%的显著性水平对应的临界值
```

如果上面的命令的执行结果（见图 7－47）显示不拒绝原假设，则说明应该采用 pool 回归模型，建立 pool 模型进行相应分析即可；若此处拒绝原假设，则说明需要采用个体时点双固定效应模型。

```
. di "LR统计量 = "-2*(ll_1-ll_2)   //根据LR检验的定义构造LR检验统计量
LR统计量 = 1446.9177

.
end of do-file

. do "C:\Users\czx_8\AppData\Local\Temp\STD36a8_000000.tmp"

. di invchi2tail(N2-1+T2-1,0.05)   //计算卡方检验5%的显著性水平对应的临界值
80.232098
```

图 7－47

执行上述命令后显示 LR 统计量为 1 446.917 7，卡方检验 5%的显著性水平对应的临界值为 80.232，拒绝采用 pool 回归的原假设。

（3）个体固定效应检验。

①个体固定效应下的 Chow 检验。

xtreg lnq lnarea lnfarmm lnagchf, fe //个体固定效应回归，系统报告 Chow(F) 检验，结果见图 7-48

```
Fixed-effects (within) regression               Number of obs      =       986
Group variable: id                              Number of groups   =        29

R-sq:                                           Obs per group:
     within  = 0.8523                                         min =        34
     between = 0.9765                                         avg =      34.0
     overall = 0.9690                                         max =        34

                                                F(3,954)           =   1834.84
corr(u_i, Xb)  = -0.7978                        Prob > F           =    0.0000

------------------------------------------------------------------------------
         lnq |      Coef.   Std. Err.      t    P>|t|     [95% Conf. Interval]
-------------+----------------------------------------------------------------
      lnarea |   .8637718   .0176808    48.85   0.000      .829074    .8984695
     lnfarmm |   .0429491    .011087     3.87   0.000     .0211914    .0647069
     lnagchf |   .3108648   .0118731    26.18   0.000     .2875643    .3341652
       _cons |  -1.462605   .1478783    -9.89   0.000    -1.752809   -1.172401
-------------+----------------------------------------------------------------
     sigma_u |  .29615169
     sigma_e |   .0994958
         rho |  .89857701   (fraction of variance due to u_i)
------------------------------------------------------------------------------
F test that all u_i=0: F(28, 954) = 95.22                    Prob > F = 0.0000
```

图 7-48

对于个体固定效应模型，回归结果中附有 Chow(F) 检验①，可以不用自己计算，例如图 7-48 中显示 F 统计量为 95.22，拒绝 pool 回归的原假设，说明模型中的截距项不完全相等，存在个体效应。只有在个体固定效应下 Stata 自动输出的 Chow(F) 检验才有效，其余情况下需要自己根据 Chow(F) 检验统计量来计算（如在上面提到的个体时点双固定效应模型的情况下结果中没有 Chow 检验）。有兴趣的读者也可以根据下面的命令来计算 Chow(F) 检验或者 LR 检验统计量，结果和 Stata 输出的 F 统计量的值 95.22 是相同的。

```
use chp7-3, clear  //重新打开数据
xtset id year
reg lnq lnarea lnfarmm lnagchf
gen rss1 = e(rss)
xtreg lnq lnarea lnfarmm lnagchf, fe
gen rss2 = e(rss)
gen ll2 = e(ll)
gen df  = e(df_r)
gen N = e(N_g)
```

① 对应时点固定效应，对于个体时点双固定效应，Stata 未给出对应的 F 检验。需要注意的是，对于个体时点双固定效应，Stata 回归结果中最下面一行给出的 F 检验不是真正意义上的 F 检验，不能作为判断依据。

```
gen T = e(N)/e(N_g)
di "F = "((rss1 - rss2)/(N - 1))/(rss2/df)    //根据 Chow 检验的定义构造 Chow 检
                                               验统计量
diinvFtail (N - 1, df, 0.05)    //计算 F 检验 5%的显著性水平对应的临界值
```

对比 F 统计量的值和临界值的大小，若 F 统计量的值大，则拒绝原假设（表示截距项应该变），否则不拒绝原假设，表明应该建立 pool 模型。下面尝试构造 LR 检验。检验结果（见图 7-49）显示 F 统计量$=95.2248>1.4881838$（临界值），所以拒绝原假设，不能采用 pool 回归。

```
. di "F = " ((rss1-rss2)/(N-1))/(rss2/df)  //根据Chow检验的定义构造Chow检验统计量
F = 95.224871

. di invFtail(N-1,df,0.05)      //计算F检验5%的显著性水平对应的临界值
1.4881838
```

图 7-49

②个体固定效应模型下的 LR 检验。

```
reg lnq lnarea lnfarmm lnagchf
gen ll_1 = e(ll)
di " LR = " -2 * (ll1 - ll2)      //根据 LR 检验的定义构造 LR 检验统计量
di invchi2tail (N - 1, 0.05)      //计算卡方检验 5%的显著性水平对应的临界值
```

执行结果（见图 7-50）显示 LR 统计量值为 $1314.9764>41.337138$（临界值），所以，拒绝 pool 回归的原假设。

```
. di "LR 统计量= " -2*(ll1-ll2)       //根据LR检验的定义构造LR检验统计量
LR 统计量= 1314.9764

. di invchi2tail(N-1,0.05)       //计算卡方检验5%的显著性水平对应的临界值
41.337138
```

图 7-50

两种检验结果都拒绝 pool 回归的原假设，故应该采用个体固定效应模型。

(4) 时点效应下的 Chow 检验和 LR 检验。

①时点效应下的 Chow 检验。

```
reg lnq lnarea lnfarmm lnagchf          //pool 回归
gen rss1 = e(rss)
reg lnq lnarea lnfarmm lnagchf i.year//时点固定效应回归
gen rss2 = e(rss)
gen df = e(df_r)
xtreg lnq lnarea lnfarmm lnagchf, fe
gen N = e(N_g)
```

gen T = e(N)/e(N_g) //T 就是时间长度，可以自己手动输入，也可以调用

di " F 统计量 = " ((rss1 - rss2)/(T - 1))/(rss2/df) //根据 Chow 检验的定义构造 Chow 检验统计量

di invFtail (T - 1, df, 0.05) //计算 F 检验 5%的显著性水平对应的临界值

此处对比 F 统计量的值和临界值的大小，若 F 统计量的值大，则拒绝原假设（截距项应该变，存在时点效应），否则不拒绝原假设，表明应该建立 pool 模型。下面的 LR 检验可类似判断。

结果（见图 7 - 51）显示 F 统计量＝1.05＜1.448 75（临界值），所以不能拒绝原假设，即不存在时点效应。

```
. di "F 统计量= " ((rss1-rss2)/(T-1))/(rss2/df)  //根据Chow检验的定义构造Chow检验统计量
F 统计量= 1.0533015

. di invFtail(T-1,df,0.05)     //计算F检验5%的显著性水平对应的临界值
1.4487503
```

图 7 - 51

②时点效应下的 LR 检验。

```
reg lnq lnarea lnfarmm lnagchf            //pool 回归
gen ll1 = e(ll)
reg lnq lnarea lnfarmm lnagchf  i.year    //时点固定效应回归
gen ll2 = e(ll)
di " LR = " - 2 * (ll1 - ll2)    //根据 LR 检验的定义构造 LR 检验统计量
di invchi2tail(T - 1, 0.05)     //计算卡方检验 5%的显著性水平对应的临界值
```

结果（见图 7 - 52）显示 LR 统计量＝35.468 488＜47.399 884（临界值），所以不能拒绝原假设，即不存在时点效应。

```
. di "LR = " -2*(ll1-ll2)      //根据LR检验的定义构造LR检验统计量
LR = 35.468488

. di invchi2tail(T-1,0.05)       //计算卡方检验5%的显著性水平对应的临界值
47.399884
```

图 7 - 52

两种检验结果均显示不存在时点效应。

（5）Hausman 检验。

```
xtreg lnq lnarea lnfarmm lnagchf, fe  //先做个体固定效应回归，附 Chow 检验
esti store FE
xtreg lnq lnarea lnfarmm lnagchf, re  //再做个体随机效应变截距模型 FGLS
esti store RE
hausman FE RE, constant sigmamore
```

上面是 Hausman 检验的三步骤。若 Hausman 检验结果显示拒绝原假设，则表示应建立个体固定效应模型。从 Hausman 检验执行结果（见图 7 - 53）来看，卡方统计量为

42.74，p 值为 0.000。所以应该建立固定效应模型。

```
. hausman FE RE,constant sigmamore

                 ---- Coefficients ----
             |      (b)          (B)            (b-B)     sqrt(diag(V_b-V_B))
             |      FE           RE          Difference          S.E.
-------------+----------------------------------------------------------------
      lnarea |   .8637718     .8028009        .0609708        .0096264
     lnfarmm |   .0429491     .0435898       -.0006407        .0015949
     lnagchf |   .3108648     .3022352        .0086296        .0024844
       _cons |  -1.462605    -.9543851         -.50822        .0732519
------------------------------------------------------------------------------
                          b = consistent under Ho and Ha; obtained from xtreg
           B = inconsistent under Ha, efficient under Ho; obtained from xtreg

    Test:  Ho:  difference in coefficients not systematic

                  chi2(4) = (b-B)'[(V_b-V_B)^(-1)](b-B)
                          =       42.74
                Prob>chi2 =      0.0000
                (V_b-V_B is not positive definite)
```

图 7-53

下面是进行个体固定效应回归的两条命令，执行结果相同。

xtset id year

xtreg lnq lnarea lnfarmm lnagchf, fe r //结果见图 7-54

```
Fixed-effects (within) regression               Number of obs      =       986
Group variable: id                              Number of groups   =        29

R-sq:                                           Obs per group:
     within  = 0.8523                                         min =         34
     between = 0.9765                                         avg =       34.0
     overall = 0.9690                                         max =         34

                                                F(3,28)            =    162.63
corr(u_i, Xb)  = -0.7978                        Prob > F           =    0.0000

                                 (Std. Err. adjusted for 29 clusters in id)
------------------------------------------------------------------------------
             |               Robust
         lnq |      Coef.   Std. Err.      t    P>|t|     [95% Conf. Interval]
-------------+----------------------------------------------------------------
      lnarea |   .8637718   .0574024    15.05   0.000     .7461884    .9813552
     lnfarmm |   .0429491   .0355479     1.21   0.237    -.0298674    .1157657
     lnagchf |   .3108648   .0399109     7.79   0.000      .229111    .3926185
       _cons |  -1.462605   .5183996    -2.82   0.009    -2.524499   -.4007116
-------------+----------------------------------------------------------------
     sigma_u |  .29615169
     sigma_e |   .0994958
         rho |  .89857701   (fraction of variance due to u_i)
------------------------------------------------------------------------------
```

图 7-54

xtreg lnq lnarea lnfarmm lnagchf, fe vce (cluster id) //结果见图 7-55

```
Fixed-effects (within) regression               Number of obs     =        986
Group variable: id                              Number of groups  =         29

R-sq:                                           Obs per group:
     within  = 0.8523                                         min =         34
     between = 0.9765                                         avg =       34.0
     overall = 0.9690                                         max =         34

                                                F(3,28)           =     162.63
corr(u_i, Xb)  = -0.7978                        Prob > F          =     0.0000

                                  (Std. Err. adjusted for 29 clusters in id)
------------------------------------------------------------------------------
             |               Robust
         lnq |      Coef.   Std. Err.      t    P>|t|     [95% Conf. Interval]
-------------+----------------------------------------------------------------
      lnarea |   .8637718   .0574024    15.05   0.000     .7461884    .9813552
     lnfarmm |   .0429491   .0355479     1.21   0.237    -.0298674    .1157657
     lnagchf |   .3108648   .0399109     7.79   0.000      .229111    .3926185
       _cons |  -1.462605   .5183996    -2.82   0.009    -2.524499   -.4007116
-------------+----------------------------------------------------------------
     sigma_u |  .29615169
     sigma_e |   .0994958
         rho |  .89857701   (fraction of variance due to u_i)
------------------------------------------------------------------------------
```

图 7-55

采用 Hausman 检验，如果拒绝原假设（即随机效应有效），则采用固定效应，若不能拒绝原假设，则放弃 Hausman 检验，因为随机效应非常少见，理论上是不大可能用随机效应的。因为固定效应是一致估计，所以大样本下直接设定固定效应也是可以的，只要样本量足够大，就能得到很好的估计。

第八章

面板单位根检验

一、数据介绍

采用的例题数据说明（陈强（2014））如表 8-1 所示。

表 8-1　变量说明

变量名	含义	变量标签
country	国家	—
year	年份	—
id	个体编号	group（country）
lnrxrate	实际汇率对数	Log real exchange rate
oecd	OECD 虚拟变量	—
g7	G7 虚拟变量	—

二、主要命令与说明

面板单位根检验包括：Hadri LM 检验；Fisher 检验；IPS 检验；LLC 检验；Breitung 检验；HT 检验。

Hadri LM（2000）将 KPSS 平稳性检验推广到面板数据，这个检验的原假设是：面板数据是平稳的，这一点与其他 5 种单位根检验的原假设刚好相反。具体命令如下：

```
use ch8, clear
xtunitroot hadri lnrxrate, kernel (bartlett 5) demean   //Hadri LM 检验
```

以“xt”开头的是面板命令，“unitroot”是指单位根。Ronald Fisher 最早提出将几个检验的证据综合为一个检验统计量的方法。如对面板数据中的每个个体分别进行以上各种检验，然后将各个检验统计量及 p 值综合成 Fisher type 统计量。检验的原假设为：面板数据存在单位根，具体命令如下：

```
xtunitroot fisher lnrxrate, dfuller lags (2) demean  //Fisher 检验
```

Im，Pesaran and Shin(2003) 对 LLC（2002）、Breitung（2000）和 HT（1999）单位根检验法进行了优化，在 Stata 中简记为 IPS。为了缓解截面相关问题，加入选择项“demean”将面板数据减去各截面单位的均值。具体命令如下：

```
xtunitroot ips lnrxrate, lags(aic 4) demean  //扰动项自相关时的 IPS 检验
xtunitroot llc lnrxrate, lags(aic 4) demean  //LLC 检验
```

上面命令中的 llc 是 Levin，Lin and Chu（2002）在面板自回归模型中加入了高阶差分滞后项，这种方法适用于长面板。

```
xtunitroot breitung lnrxrate if g7, robust  //Breitung 检验
```

上面命令中的检验统计量源自 Breitung(2000)。HT(Harris and Tzavalis，1999）单位根检验适用于时间维度 T 固定且 n 趋于无穷大的检验统计量。命令如下：

```
xtunitroot ht lnrxrate, demean  //HT 检验
```

三、执行结果与分析

1. Hadri LM 检验

```
use chp8.dta, clear  //打开数据
xtunitroot hadri lnrxrate, kernel(bartlett 5) demean  //Hadri LM 检验，结果见图 8-1
```

```
Hadri LM test for lnrxrate
------------------------------
Ho: All panels are stationary             Number of panels  =    151
Ha: Some panels contain unit roots        Number of periods =     34

Time trend:          Not included         Asymptotics: T, N -> Infinity
Heteroskedasticity: Robust                                 sequentially
LR variance:         Bartlett kernel, 5 lags Cross-sectional means removed
------------------------------------------------------------------------------
                     Statistic       p-value
------------------------------------------------------------------------------
 z                    21.9784         0.0000
------------------------------------------------------------------------------
```

图 8-1

结果显示拒绝面板数据平稳的原假设。不同的检验统计量也许会得出不完全一致的结

论。此时可以参考大多数统计量共同的检验结果。

2. Fisher 检验

xtunitroot fisher lnrxrate, dfuller lags(2) demean　//Fisher 检验，结果见图 8-2

```
Fisher-type unit-root test for lnrxrate
Based on augmented Dickey-Fuller tests
---------------------------------------
Ho: All panels contain unit roots           Number of panels  =    151
Ha: At least one panel is stationary        Number of periods =     34

AR parameter: Panel-specific                Asymptotics: T -> Infinity
Panel means:  Included
Time trend:   Not included                  Cross-sectional means removed
Drift term:   Not included                  ADF regressions: 2 lags
------------------------------------------------------------------------------
                                     Statistic      p-value
------------------------------------------------------------------------------
 Inverse chi-squared(302)   P         417.2413       0.0000
 Inverse normal             Z          -2.3449       0.0095
 Inverse logit t(759)       L*         -3.2629       0.0006
 Modified inv. chi-squared Pm           4.6891       0.0000
------------------------------------------------------------------------------
 P statistic requires number of panels to be finite.
 Other statistics are suitable for finite or infinite number of panels.
------------------------------------------------------------------------------
```

图 8-2

命令中的 demean 是为了缓解截面相关问题。四个检验统计量的检验结果均显示拒绝包含单位根的原假设，也就是说是平稳数据，不存在单位根。

3. IPS 检验

xtunitroot ips lnrxrate, lags (aic 4) demean　//IPS 检验，结果见图 8-3

```
Im-Pesaran-Shin unit-root test for lnrxrate
-------------------------------------------
Ho: All panels contain unit roots           Number of panels  =    151
Ha: Some panels are stationary              Number of periods =     34

AR parameter: Panel-specific                Asymptotics: T,N -> Infinity
Panel means:  Included                                     sequentially
Time trend:   Not included                  Cross-sectional means removed

ADF regressions: 0.77 lags average (chosen by AIC)
------------------------------------------------------------------------------
                    Statistic      p-value
------------------------------------------------------------------------------
 W-t-bar              -7.9373       0.0000
------------------------------------------------------------------------------
```

图 8-3

p 值为 0.000 0，t 统计量为 -7.9373，所以拒绝含有单位根的原假设，即数据是平稳的。

4. LLC 检验

xtunitroot llc lnrxrate, lags (aic 4) demean　　//结果见图 8-4

```
. xtunitroot llc lnrxrate,lags(aic 4) demean

Levin-Lin-Chu unit-root test for lnrxrate
-----------------------------------------
Ho: Panels contain unit roots                 Number of panels  =    151
Ha: Panels are stationary                     Number of periods =     34

AR parameter: Common                          Asymptotics: N/T -> 0
Panel means:  Included
Time trend:   Not included                    Cross-sectional means removed

ADF regressions: 0.77 lags average (chosen by AIC)
LR variance:     Bartlett kernel, 10.00 lags average (chosen by LLC)
------------------------------------------------------------------------------
                    Statistic      p-value
------------------------------------------------------------------------------
 Unadjusted t        -20.9376
 Adjusted t*          -6.0581       0.0000
------------------------------------------------------------------------------
```

图 8-4

从 8-4 可知，原假设是面板数据包含单位根（H0：Panels contain unit roots），检验结果显示 p 值为 0.000 0，拒绝有单位根的原假设，即不存在单位根，面板数据是一个平稳过程。

5. Breitung 检验

xtunitroot breitung lnrxrate if g7, robust　//Breitung 检验，结果见图 8-5

```
Breitung unit-root test for lnrxrate
------------------------------------
Ho: Panels contain unit roots                 Number of panels  =      6
Ha: Panels are stationary                     Number of periods =     34

AR parameter: Common                          Asymptotics:   T,N -> Infinity
Panel means:  Included                                           sequentially
Time trend:   Not included                    Prewhitening: Not performed
------------------------------------------------------------------------------
                    Statistic      p-value
------------------------------------------------------------------------------
 lambda*             -2.2542        0.0121
------------------------------------------------------------------------------
 * Lambda robust to cross-sectional correlation
```

图 8-5

结果显示在 5%的显著性水平上该面板数据是平稳的，不存在单位根。

6. HT 检验

xtunitroot ht lnrxrate，demean //HT 检验，结果见图 8-6

```
. xtunitroot ht lnrxrate,demean //HT检验

Harris-Tzavalis unit-root test for lnrxrate
───────────────────────────────────────────
Ho: Panels contain unit roots              Number of panels  =    151
Ha: Panels are stationary                  Number of periods =     34

AR parameter: Common                       Asymptotics: N -> Infinity
Panel means:  Included                                  T Fixed
Time trend:   Not included                 Cross-sectional means removed
──────────────────────────────────────────────────────────────────────

                   Statistic          z          p-value
──────────────────────────────────────────────────────────────────────
 rho                 0.8184      -13.1239        0.0000
──────────────────────────────────────────────────────────────────────
```

图 8-6

p 值为 0.000 0，显示拒绝有单位根的原假设，也就是说，面板数据是平稳的。

前沿篇

第九章

空间计量

第一节　空间自相关

空间自相关的直观理解是在位置相近的区域各变量有一定的相关性。如果数据存在空间依赖性（自相关），就需要使用空间计量方法；如果数据不存在空间依赖性，则使用普通的计量方法即可。高值和高值聚集在一起、低值和低值聚集在一起称为正空间自相关，反之称为负空间自相关。Stata 中常用的测算空间自相关的指数有 Moran's I（莫兰指数 I）、Geary（吉尔里指数 C）和 G 指数（Getis-Ord 指数，也记为 go 指数）。

一、数据介绍

数据集 columbusdata. dta（陈强（2014））反映了美国俄亥俄州哥伦布市 49 个社区犯罪率和房价、家庭收入之间的关系，包含社区编号（id）、犯罪率（crime）、房价（hoval）和家庭收入（income）数据，而 49 个社区基于相邻关系建立的空间权重矩阵记为 columbusswm. dta。注意这两个数据文件名比较接近，都是以 columbus 开头的，但它们是两个完全不同的数据集。第一个数据集 columbusdata. dta 中各变量名及含义详见表 9-1；而第二个数据集则用于生成空间权重矩阵。读者可以先分别打开数据集浏览一下，观察它们的不同。

表 9-1 变量名及含义

变量名	含义	变量标签
id	社区编号	Neighborhood id
crime	犯罪率	Residential burglaries & vehicle thefts per 1，000 households
hoval	房价	valueHousing value (in $1，000)
income	家庭收入	Household income (in $1，000)

二、命令与说明

用命令“pwd”查询当前工作路径，用命令“cd”更改当前工作路径，将这两个数据集放在当前工作路径下以方便随时打开和调用。

```
findit spatreg  //根据提示安装外部命令“sg162.pkg”
use columbusswm，clear  //打开可以形成空间权重矩阵的数据文件 columbusswm.dta
spatwmat using columbusswm，n(M)    //将数据 columbusswm.dta 生成权重矩阵 M
use columbusdata，clear  //打开含有解释变量和被解释变量的数据集 columbusda-
                         ta.dta
spatgsa crime，w(M) moran geary go twotail  //空间自相关检验
```

注意，上面命令中的 M 是大写字母，若不小心写成了小写字母 m，则系统会报错。上面的命令中有三个常用指数，其中 moran 是莫兰指数 I，该指数无法区分热点与冷点①；geary 是指吉尔里指数 C，该指数无法区分热点与冷点；go 是指 G 指数（Getis-Ord 指数），也常记为 go 指数，该指数可以区分热点与冷点。三个常用指数中只有 G 指数能区分冷点与热点。twotail 是指双尾检验，默认是单尾检验，即默认的是只可能存在正空间自相关。

```
spatlsa crime，w(M) moran twotail  //49 个社区的局部莫兰指数 I 及检验结果
spatlsa crime，w(M) geary twotail  //49 个社区的局部吉尔里指数 C 及检验结果
spatlsa crime，w(M) go twotail  //49 个社区的局部 Getis-Ord 指数及检验结果
spatlsa crime，w(M) moran geary go twotail  //49 个社区的局部莫兰指数 I、吉尔里指数 C 和 go 指数及检验结果
```

三、执行结果与分析

```
findit spatreg                              //根据提示安装 sg162.pkg
use columbusswm，clear                      //打开空间权重矩阵数据
spatwmat using columbusswm，n(M)            //将数据 columbusswm.dta 生成权重矩阵 M
use columbusdata，clear                     //打开数据
spatgsa crime，w(M) moran geary go twotail  //注意 M 是大写字母，结果见图 9-1
```

① 若指数 G>E(G)（即期望），则为热点，即高值与高值聚集；若指数 G<E(G)，则为冷点，即低值与低值聚集。

Measures of global spatial autocorrelation

Weights matrix

Name: M
Type: Imported (binary)
Row-standardized: No

Moran's I

Variables	I	E(I)	sd(I)	z	p-value*
crime	0.521	-0.021	0.087	6.212	0.000

Geary's c

Variables	c	E(c)	sd(c)	z	p-value*
crime	0.584	1.000	0.109	-3.835	0.000

Getis & Ord's G

Variables	G	E(G)	sd(G)	z	p-value*
crime	0.126	0.099	0.006	4.714	0.000

*2-tail test

图 9-1

上面三个指数结果都显示 p 值为 0.000，拒绝无空间自相关的原假设。

spatlsa crime，w (M) moran twotail　//49 个社区的局部莫兰指数 I 及检验结果，结果见图 9-2

结果显示 Location 编号为 4、13、16、31、32、33、34、36 和 46 的 p 值分别为 0.000，0.008，0.019，0.001，0.000，0.000，0.000，0.000，0.003，小于常用的显著性水平 0.05，以上编号的社区拒绝“无空间自相关”的原假设。

spatlsa crime，w(M) geary twotail　//49 个社区的局部吉尔里指数 C 及检验结果，见图 9-3

```
Measures of local spatial autocorrelation


Weights matrix
--------------------------------------------------
Name: M
Type: Imported (binary)
Row-standardized: No
--------------------------------------------------

Moran's Ii (Residential burglaries & vehicle thefts pe)
```

Location	Ii	E(Ii)	sd(Ii)	z	p-value*
1	1.586	-0.063	1.674	0.985	0.325
2	0.019	-0.083	1.912	0.054	0.957
3	0.460	-0.125	2.289	0.255	0.798
4	-7.442	-0.083	1.912	-3.850	0.000
5	1.474	-0.042	1.381	1.097	0.273
6	0.375	-0.083	1.912	0.240	0.810
7	2.429	-0.167	2.581	1.006	0.315
8	-0.363	-0.042	1.381	-0.233	0.816
9	4.409	-0.125	2.289	1.981	0.048
10	0.161	-0.083	1.912	0.128	0.898
11	-0.324	-0.063	1.674	-0.156	0.876
12	2.703	-0.063	1.674	1.652	0.099
13	4.959	-0.083	1.912	2.638	0.008
14	2.495	-0.063	1.674	1.528	0.126
15	0.935	-0.042	1.381	0.707	0.479
16	4.846	-0.104	2.113	2.342	0.019
17	3.414	-0.208	2.815	1.287	0.198
18	0.195	-0.146	2.443	0.140	0.889
19	-0.024	-0.125	2.289	0.044	0.965
20	1.180	-0.104	2.113	0.607	0.544
21	-0.496	-0.083	1.912	-0.216	0.829
22	0.214	-0.083	1.912	0.156	0.876
23	-0.210	-0.146	2.443	-0.026	0.979
24	3.465	-0.125	2.289	1.569	0.117
25	-0.103	-0.104	2.113	0.000	1.000
26	1.090	-0.063	1.674	0.689	0.491
27	0.814	-0.083	1.912	0.470	0.639
28	0.272	-0.083	1.912	0.186	0.853
29	0.035	-0.125	2.289	0.070	0.944
30	2.539	-0.125	2.289	1.164	0.244
31	8.793	-0.188	2.704	3.321	0.001
32	11.771	-0.146	2.443	4.877	0.000
33	10.351	-0.125	2.289	4.577	0.000
34	8.276	-0.104	2.113	3.965	0.000
35	1.600	-0.146	2.443	0.714	0.475
36	9.910	-0.167	2.581	3.904	0.000
37	4.529	-0.146	2.443	1.913	0.056
38	7.290	-0.104	2.113	3.498	0.000
39	0.501	-0.083	1.912	0.306	0.760
40	3.692	-0.125	2.289	1.667	0.095
41	2.400	-0.063	1.674	1.471	0.141
42	2.763	-0.104	2.113	1.357	0.175
43	0.465	-0.063	1.674	0.315	0.753
44	2.114	-0.083	1.912	1.149	0.250
45	2.035	-0.042	1.381	1.503	0.133
46	6.216	-0.104	2.113	2.991	0.003
47	2.304	-0.042	1.381	1.698	0.089
48	2.499	-0.042	1.381	1.840	0.066
49	2.173	-0.042	1.381	1.604	0.109

*2-tail test

图 9-2

Measures of local spatial autocorrelation

Weights matrix

Name: M
Type: Imported (binary)
Row-standardized: No

Geary's ci (Residential burglaries & vehicle thefts pe)

Location	ci	E(ci)	sd(ci)	z	p-value*
1	1.217	6.125	5.148	-0.953	0.340
2	2.044	8.167	6.325	-0.968	0.333
3	9.562	12.250	8.602	-0.312	0.755
4	36.683	8.167	6.325	4.509	0.000
5	0.844	4.083	3.916	-0.827	0.408
6	2.805	8.167	6.325	-0.848	0.397
7	7.526	16.333	10.832	-0.813	0.416
8	2.290	4.083	3.916	-0.458	0.647
9	2.834	12.250	8.602	-1.095	0.274
10	4.235	8.167	6.325	-0.622	0.534
11	5.958	6.125	5.148	-0.032	0.974
12	2.468	6.125	5.148	-0.710	0.477
13	1.339	8.167	6.325	-1.079	0.280
14	0.316	6.125	5.148	-1.128	0.259
15	0.779	4.083	3.916	-0.844	0.399
16	3.399	10.208	7.472	-0.911	0.362
17	42.127	20.417	13.038	1.665	0.096
18	6.579	14.292	9.721	-0.793	0.428
19	7.611	12.250	8.602	-0.539	0.590
20	3.237	10.208	7.472	-0.933	0.351
21	11.895	8.167	6.325	0.590	0.555
22	7.625	8.167	6.325	-0.086	0.932
23	10.057	14.292	9.721	-0.436	0.663
24	5.319	12.250	8.602	-0.806	0.420
25	3.906	10.208	7.472	-0.843	0.399
26	0.258	6.125	5.148	-1.140	0.254
27	0.450	8.167	6.325	-1.220	0.222
28	1.043	8.167	6.325	-1.126	0.260
29	2.201	12.250	8.602	-1.168	0.243
30	5.777	12.250	8.602	-0.752	0.452
31	5.843	18.375	11.937	-1.050	0.294
32	4.459	14.292	9.721	-1.011	0.312
33	3.537	12.250	8.602	-1.013	0.311
34	9.443	10.208	7.472	-0.102	0.918
35	9.266	14.292	9.721	-0.517	0.605
36	2.018	16.333	10.832	-1.322	0.186
37	13.952	14.292	9.721	-0.035	0.972
38	3.558	10.208	7.472	-0.890	0.373
39	8.902	8.167	6.325	0.116	0.907
40	12.859	12.250	8.602	0.071	0.944
41	1.390	6.125	5.148	-0.920	0.358
42	2.173	10.208	7.472	-1.075	0.282
43	3.985	6.125	5.148	-0.416	0.678
44	1.635	8.167	6.325	-1.033	0.302
45	0.186	4.083	3.916	-0.995	0.320
46	0.502	10.208	7.472	-1.299	0.194
47	0.108	4.083	3.916	-1.015	0.310
48	0.042	4.083	3.916	-1.032	0.302
49	0.222	4.083	3.916	-0.986	0.324

*2-tail test

图 9-3

结果显示某些社区拒绝“无空间自相关”的原假设，如编号为 4 的社区在 5%的显著性水平上是显著的，编号为 17 的社区在 10%的显著性水平上是显著的。

spatlsa crime，w(M) go twotail //49 个社区的局部 Getis-Ord 指数及检验结果，见图 9-4

Measures of local spatial autocorrelation

Weights matrix

Name: M
Type: Imported (binary)
Row-standardized: No

Getis & Ord's G1i (Residential burglaries & vehicle thefts pe)

Location	G1i	E(G1i)	sd(G1i)	z	p-value*
1	0.046	0.063	0.016	-0.986	0.324
2	0.082	0.083	0.019	-0.067	0.947
3	0.148	0.125	0.023	0.998	0.318
4	0.116	0.083	0.018	1.799	0.072
5	0.029	0.042	0.014	-0.938	0.348
6	0.070	0.083	0.019	-0.718	0.472
7	0.194	0.167	0.026	1.047	0.295
8	0.048	0.042	0.014	0.455	0.649
9	0.180	0.125	0.023	2.379	0.017
10	0.060	0.083	0.019	-1.214	0.225
11	0.032	0.063	0.017	-1.799	0.072
12	0.033	0.063	0.017	-1.782	0.075
13	0.033	0.083	0.019	-2.696	0.007
14	0.037	0.063	0.016	-1.539	0.124
15	0.021	0.042	0.014	-1.516	0.130
16	0.062	0.104	0.021	-2.049	0.040
17	0.189	0.208	0.026	-0.752	0.452
18	0.139	0.146	0.024	-0.298	0.766
19	0.128	0.125	0.023	0.115	0.908
20	0.137	0.104	0.021	1.567	0.117
21	0.080	0.083	0.019	-0.195	0.846
22	0.089	0.083	0.019	0.284	0.777
23	0.138	0.146	0.025	-0.330	0.742
24	0.157	0.125	0.023	1.398	0.162
25	0.105	0.104	0.021	0.060	0.952
26	0.048	0.063	0.017	-0.871	0.384
27	0.067	0.083	0.019	-0.837	0.403
28	0.076	0.083	0.019	-0.394	0.694
29	0.129	0.125	0.023	0.165	0.869
30	0.182	0.125	0.023	2.486	0.013
31	0.256	0.188	0.027	2.556	0.011
32	0.222	0.146	0.024	3.159	0.002
33	0.194	0.125	0.023	3.018	0.003
34	0.147	0.104	0.021	2.068	0.039
35	0.228	0.146	0.025	3.361	0.001
36	0.251	0.167	0.026	3.282	0.001
37	0.182	0.146	0.024	1.495	0.135
38	0.150	0.104	0.021	2.199	0.028
39	0.091	0.083	0.019	0.398	0.691
40	0.154	0.125	0.023	1.286	0.199
41	0.084	0.063	0.017	1.258	0.209
42	0.156	0.104	0.021	2.430	0.015
43	0.078	0.063	0.017	0.921	0.357
44	0.052	0.083	0.019	-1.641	0.101
45	0.022	0.042	0.014	-1.414	0.158
46	0.055	0.104	0.021	-2.388	0.017
47	0.018	0.042	0.014	-1.729	0.084
48	0.020	0.042	0.014	-1.629	0.103
49	0.022	0.042	0.014	-1.418	0.156

*2-tail test

图 9-4

结果显示某些社区拒绝“无空间自相关”的原假设，如编号为 13、30、31、32、33、

34、35、36、38、42 和 46 的社区都是在 5%的显著性水平是显著的。

```
spatlsa crime, w(M) moran geary go twotail
```

这个命令可以将 49 个社区的局部莫兰指数 I、吉尔里指数 C 和 go（Getis-Ord）指数及检验结果同时输出。执行该条命令后将出现图 9－5、图 9－6 和图 9－7 的输出结果，每幅图表示一种指数，结果如下所示：

Measures of local spatial autocorrelation

Weights matrix

Name: M
Type: Imported (binary)
Row-standardized: No

Moran's Ii (Residential burglaries & vehicle thefts pe)

Location	Ii	E(Ii)	sd(Ii)	z	p-value*
1	1.586	-0.063	1.674	0.985	0.325
2	0.019	-0.083	1.912	0.054	0.957
3	0.460	-0.125	2.289	0.255	0.798
4	-7.442	-0.083	1.912	-3.850	0.000
5	1.474	-0.042	1.381	1.097	0.273
6	0.375	-0.083	1.912	0.240	0.810
7	2.429	-0.167	2.581	1.006	0.315
8	-0.363	-0.042	1.381	-0.233	0.816
9	4.409	-0.125	2.289	1.981	0.048
10	0.161	-0.083	1.912	0.128	0.898
11	-0.324	-0.063	1.674	-0.156	0.876
12	2.703	-0.063	1.674	1.652	0.099
13	4.959	-0.083	1.912	2.638	0.008
14	2.495	-0.063	1.674	1.528	0.126
15	0.935	-0.042	1.381	0.707	0.479
16	4.846	-0.104	2.113	2.342	0.019
17	3.414	-0.208	2.815	1.287	0.198
18	0.195	-0.146	2.443	0.140	0.889
19	-0.024	-0.125	2.289	0.044	0.965
20	1.180	-0.104	2.113	0.607	0.544
21	-0.496	-0.083	1.912	-0.216	0.829
22	0.214	-0.083	1.912	0.156	0.876
23	-0.210	-0.146	2.443	-0.026	0.979
24	3.465	-0.125	2.289	1.569	0.117
25	-0.103	-0.104	2.113	0.000	1.000
26	1.090	-0.063	1.674	0.689	0.491
27	0.814	-0.083	1.912	0.470	0.639
28	0.272	-0.083	1.912	0.186	0.853
29	0.035	-0.125	2.289	0.070	0.944
30	2.539	-0.125	2.289	1.164	0.244
31	8.793	-0.188	2.704	3.321	0.001
32	11.771	-0.146	2.443	4.877	0.000
33	10.351	-0.125	2.289	4.577	0.000
34	8.276	-0.104	2.113	3.965	0.000
35	1.600	-0.146	2.443	0.714	0.475
36	9.910	-0.167	2.581	3.904	0.000
37	4.529	-0.146	2.443	1.913	0.056
38	7.290	-0.104	2.113	3.498	0.000
39	0.501	-0.083	1.912	0.306	0.760
40	3.692	-0.125	2.289	1.667	0.095
41	2.400	-0.063	1.674	1.471	0.141
42	2.763	-0.104	2.113	1.357	0.175
43	0.465	-0.063	1.674	0.315	0.753
44	2.114	-0.083	1.912	1.149	0.250
45	2.035	-0.042	1.381	1.503	0.133
46	6.216	-0.104	2.113	2.991	0.003
47	2.304	-0.042	1.381	1.698	0.089
48	2.499	-0.042	1.381	1.840	0.066
49	2.173	-0.042	1.381	1.604	0.109

图 9－5

Geary's ci (Residential burglaries & vehicle thefts pe)

Location	ci	E(ci)	sd(ci)	z	p-value*
1	1.217	6.125	5.148	-0.953	0.340
2	2.044	8.167	6.325	-0.968	0.333
3	9.562	12.250	8.602	-0.312	0.755
4	36.683	8.167	6.325	4.509	0.000
5	0.844	4.083	3.916	-0.827	0.408
6	2.805	8.167	6.325	-0.848	0.397
7	7.526	16.333	10.832	-0.813	0.416
8	2.290	4.083	3.916	-0.458	0.647
9	2.834	12.250	8.602	-1.095	0.274
10	4.235	8.167	6.325	-0.622	0.534
11	5.958	6.125	5.148	-0.032	0.974
12	2.468	6.125	5.148	-0.710	0.477
13	1.339	8.167	6.325	-1.079	0.280
14	0.316	6.125	5.148	-1.128	0.259
15	0.779	4.083	3.916	-0.844	0.399
16	3.399	10.208	7.472	-0.911	0.362
17	42.127	20.417	13.038	1.665	0.096
18	6.579	14.292	9.721	-0.793	0.428
19	7.611	12.250	8.602	-0.539	0.590
20	3.237	10.208	7.472	-0.933	0.351
21	11.895	8.167	6.325	0.590	0.555
22	7.625	8.167	6.325	-0.086	0.932
23	10.057	14.292	9.721	-0.436	0.663
24	5.319	12.250	8.602	-0.806	0.420
25	3.906	10.208	7.472	-0.843	0.399
26	0.258	6.125	5.148	-1.140	0.254
27	0.450	8.167	6.325	-1.220	0.222
28	1.043	8.167	6.325	-1.126	0.260
29	2.201	12.250	8.602	-1.168	0.243
30	5.777	12.250	8.602	-0.752	0.452
31	5.843	18.375	11.937	-1.050	0.294
32	4.459	14.292	9.721	-1.011	0.312
33	3.537	12.250	8.602	-1.013	0.311
34	9.443	10.208	7.472	-0.102	0.918
35	9.266	14.292	9.721	-0.517	0.605
36	2.018	16.333	10.832	-1.322	0.186
37	13.952	14.292	9.721	-0.035	0.972
38	3.558	10.208	7.472	-0.890	0.373
39	8.902	8.167	6.325	0.116	0.907
40	12.859	12.250	8.602	0.071	0.944
41	1.390	6.125	5.148	-0.920	0.358
42	2.173	10.208	7.472	-1.075	0.282
43	3.985	6.125	5.148	-0.416	0.678
44	1.635	8.167	6.325	-1.033	0.302
45	0.186	4.083	3.916	-0.995	0.320
46	0.502	10.208	7.472	-1.299	0.194
47	0.108	4.083	3.916	-1.015	0.310
48	0.042	4.083	3.916	-1.032	0.302
49	0.222	4.083	3.916	-0.986	0.324

图 9-6

Getis & Ord's G1i (Residential burglaries & vehicle thefts pe)

Location	G1i	E(G1i)	sd(G1i)	z	p-value*
1	0.046	0.063	0.016	-0.986	0.324
2	0.082	0.083	0.019	-0.067	0.947
3	0.148	0.125	0.023	0.998	0.318
4	0.116	0.083	0.018	1.799	0.072
5	0.029	0.042	0.014	-0.938	0.348
6	0.070	0.083	0.019	-0.718	0.472
7	0.194	0.167	0.026	1.047	0.295
8	0.048	0.042	0.014	0.455	0.649
9	0.180	0.125	0.023	2.379	0.017
10	0.060	0.083	0.019	-1.214	0.225
11	0.032	0.063	0.017	-1.799	0.072
12	0.033	0.063	0.017	-1.782	0.075
13	0.033	0.083	0.019	-2.696	0.007
14	0.037	0.063	0.016	-1.539	0.124
15	0.021	0.042	0.014	-1.516	0.130
16	0.062	0.104	0.021	-2.049	0.040
17	0.189	0.208	0.026	-0.752	0.452
18	0.139	0.146	0.024	-0.298	0.766
19	0.128	0.125	0.023	0.115	0.908
20	0.137	0.104	0.021	1.567	0.117
21	0.080	0.083	0.019	-0.195	0.846
22	0.089	0.083	0.019	0.284	0.777
23	0.138	0.146	0.025	-0.330	0.742
24	0.157	0.125	0.023	1.398	0.162
25	0.105	0.104	0.021	0.060	0.952
26	0.048	0.063	0.017	-0.871	0.384
27	0.067	0.083	0.019	-0.837	0.403
28	0.076	0.083	0.019	-0.394	0.694
29	0.129	0.125	0.023	0.165	0.869
30	0.182	0.125	0.023	2.486	0.013
31	0.256	0.188	0.027	2.556	0.011
32	0.222	0.146	0.024	3.159	0.002
33	0.194	0.125	0.023	3.018	0.003
34	0.147	0.104	0.021	2.068	0.039
35	0.228	0.146	0.025	3.361	0.001
36	0.251	0.167	0.026	3.282	0.001
37	0.182	0.146	0.024	1.495	0.135
38	0.150	0.104	0.021	2.199	0.028
39	0.091	0.083	0.019	0.398	0.691
40	0.154	0.125	0.023	1.286	0.199
41	0.084	0.063	0.017	1.258	0.209
42	0.156	0.104	0.021	2.430	0.015
43	0.078	0.063	0.017	0.921	0.357
44	0.052	0.083	0.019	-1.641	0.101
45	0.022	0.042	0.014	-1.414	0.158
46	0.055	0.104	0.021	-2.388	0.017
47	0.018	0.042	0.014	-1.729	0.084
48	0.020	0.042	0.014	-1.629	0.103
49	0.022	0.042	0.014	-1.418	0.156

*2-tail test

图 9-7

第二节 空间模型

一、空间模型的类型

空间依赖性可以通过以下几种方式来体现：通过被解释变量 y 和其自身的空间依赖性来体现，即空间自回归（SAR）模型；通过被解释变量 y 与误差项 u 来体现，即空间误差模型（SEM）；通过被解释变量 y 被其相邻区域的解释变量 X 来解释，即空间杜宾模型（SDM）；通过两种效应来体现，如空间滞后和空间误差均存在，即带空间自回归误差项的空间自回归（SARAR）模型。下面逐一介绍。

（1）空间自回归（spatial autoregression，SAR）模型。

$$y=\lambda Wy+\varepsilon$$

W 为已知的空间权重矩阵（非随机），系数 λ 为空间滞后 Wy 对 y 的影响，称为空间自回归系数，刻画空间依赖性。该模型也称为空间滞后模型（spatial lag model）。由于空间依赖性导致 SAR 模型有内生性问题，所以需要计入自变量 X，这是常见的 SAR 模型。

$$y=\lambda Wy+X\beta+\varepsilon$$

（2）空间误差模型（spatial errors model，SEM）。

空间依赖性还可以通过误差项来体现，即空间误差模型

$$y=X\beta+\mu$$

其中，$\mu=\rho Mu+\varepsilon$，$\varepsilon \sim N(0,\ \sigma^2 I_n)$。

（3）空间杜宾模型（spatial Durbin model，SDM）。

空间效应也有另外一种建模方式，即被解释变量 y 能被其相邻区域的自变量 X 来解释，即空间杜宾模型，具体如下：

$$y=X\beta+WX\delta+\varepsilon$$

（4）带空间自回归误差项的空间自回归（spatial autoregressive model with spatial autoregressive disturbances，SARAR）模型。

有时空间滞后和空间误差模型这两种效应会同时发生，更一般的空间计量模型是将空间自回归（SAR）模型和空间误差模型（SEM）结合起来，构成如下一般的空间计量模型（称为带空间自回归误差项的空间自回归模型）：

$$y=\lambda Wy+X\beta+\mu$$

其中，$\mu=\rho Mu+\varepsilon$，$\varepsilon \sim N(0,\ \sigma^2 I_n)$。

二、命令及说明

```
spatwmat using columbusswm, n(A)    //将数据 columbusswm 生成空间权重矩阵 A
use columbusdata, clear    //打开数据
reg crimehoval income    //回归
```

初步做一个 OLS 回归，一方面用来做对比，另一方面在下一条命令（诊断空间效应）前也需要先做这个回归。如果存在空间效应，OLS 估计就是有偏的。

```
spatdiag, w(A)    //诊断权重矩阵 A 是否存在空间效应
spatwmat using columbusswm, n(A) e(B)    //计算空间权重矩阵 A 的特征向量，记为 B
spatreg crime hoval income, w(A) e(B) m(lag)    //SAR 模型，空间自回归模型，也叫作空间滞后模型
spatreg crime hoval income, w(A) e(B) m(error)
```

上面的命令是 SEM 模型，即空间误差模型，用 mle 估计。对比分析 SEM 与 OLS 估计值是否十分接近，因为如果 SEM 模型正确，OLS 就是一致估计量，只不过 mle 更有效。

三、执行结果与分析

```
spatwmat using columbusswm, n(A)    //将数据 columbusswm 设定为空间权重矩阵 A
reg crime hoval income    //OLS 回归 ，结果见图 9-8
```

Source	SS	df	MS			
Model	7423.32674	2	3711.66337	Number of obs	=	49
Residual	6014.89281	46	130.758539	F(2, 46)	=	28.39
				Prob > F	=	0.0000
Total	13438.2195	48	279.962907	R-squared	=	0.5524
				Adj R-squared	=	0.5329
				Root MSE	=	11.435

crime	Coef.	Std. Err.	t	P>|t|	[95% Conf.	Interval]
hoval	-.2739315	.1031987	-2.65	0.011	-.4816597	-.0662033
income	-1.597311	.3341308	-4.78	0.000	-2.269881	-.9247405
_cons	68.61896	4.735486	14.49	0.000	59.08692	78.151

图 9-8

结果分析：房价（hoval）和家庭收入（income）对于犯罪率（crime）有显著的负作

用。控制其他因素不变时，房价越高的社区，犯罪率越低；控制其他因素不变时，家庭收入越高的社区，犯罪率越低。但若存在空间效应，则 OLS 估计是有偏的，所以需要对空间效应进行诊断。下面的 spatdiag 是对空间效应进行诊断的命令。

```
spatdiag, w(A)    //诊断是否存在空间效应，结果见图 9-9
```

```
Diagnostic tests for spatial dependence in OLS regression

Fitted model
------------------------------------------------------------
crime = hoval + income
------------------------------------------------------------

Weights matrix
------------------------------------------------------------
Name: A
Type: Imported (binary)
Row-standardized: No
------------------------------------------------------------

Diagnostics
------------------------------------------------------------
Test                           |  Statistic     df   p-value
------------------------------------------------------------
Spatial error:                 |
  Moran's I                    |     1.011       1     0.312
  Lagrange multiplier          |     6.804       1     0.009
  Robust Lagrange multiplier   |     1.759       1     0.185
                               |
Spatial lag:                   |
  Lagrange multiplier          |    13.787       1     0.000
  Robust Lagrange multiplier   |     8.741       1     0.003
------------------------------------------------------------
```

图 9-9

结果分析：Spatial error 中拉格朗日乘子的 p 值为 0.009，在 5%的显著性水平上拒绝原假设（原假设：无空间自相关），即检验结果显示存在空间自相关。Spatial lag 中拉格朗日乘子和稳健的拉格朗日乘子的 p 值分别为 0.000 和 0.003，都拒绝原假设（原假设：无空间自相关），即存在空间自相关。据此可知前面做的初步 OLS 回归是有偏的。考虑构造空间自回归（SAR）模型，即空间滞后模型。首先要计算空间权重矩阵 A 的特征向量，并将结果记为 B，命令如下：

```
spatwmat using columbusswm, n(A) e(B)    //计算空间权重矩阵 A 的特征向量，记为
                                           B，结果见图 9-10
```

```
The following matrices have been created:

1. Imported binary weights matrix A
   Dimension: 49x49

2. Eigenvalues matrix B
   Dimension: 49x1
```

图 9-10

spatreg crime hoval income, w(A) e(B) m(lag) //输出 SAR 模型的估计结果，见图 9-11

```
initial:       log likelihood = -187.42512
rescale:       log likelihood = -187.42512
rescale eq:    log likelihood = -187.42512
Iteration 0:   log likelihood = -187.42512
Iteration 1:   log likelihood = -181.98254
Iteration 2:   log likelihood = -180.65223
Iteration 3:   log likelihood = -180.65071
Iteration 4:   log likelihood = -180.65071


Weights matrix
 Name: A
 Type: Imported (binary)
 Row-standardized: No


Spatial lag model                              Number of obs      =        49
                                               Variance ratio     =     0.660
                                               Squared corr.      =     0.660
Log likelihood = -180.65071                    Sigma              =      9.66

------------------------------------------------------------------------------
       crime |      Coef.   Std. Err.      z    P>|z|     [95% Conf. Interval]
-------------+----------------------------------------------------------------
crime        |
       hoval |  -.2516329    .087319    -2.88   0.004     -.422775   -.0804909
      income |  -1.154463   .3037289    -3.80   0.000    -1.749761   -.5591653
       _cons |   51.60482   5.888379     8.76   0.000     40.06381    63.14582
-------------+----------------------------------------------------------------
         rho |   .0545427   .0138575     3.94   0.000     .0273825    .0817029
------------------------------------------------------------------------------
Wald test of rho=0:                  chi2(1) =  15.492 (0.000)
Likelihood ratio test of rho=0:      chi2(1) =  13.453 (0.000)
Lagrange multiplier test of rho=0:   chi2(1) =  13.787 (0.000)

Acceptable range for rho: -1.536 < rho < 1.000
```

图 9-11

SAR 模型的估计结果中 $\rho=0.055$，且在 1%的水平上显著。与前面的 OLS 估计系数不同，这也在预料之中。下面进行空间误差模型（SEM）的估计。

spatreg crime hoval income, w(A) e(B) m(error)　　//SEM 的估计结果见图 9 - 12

```
initial:        log likelihood = -187.42512
rescale:        log likelihood = -187.42512
rescale eq:     log likelihood = -187.42512
Iteration 0:    log likelihood = -187.42512
Iteration 1:    log likelihood = -182.82206
Iteration 2:    log likelihood = -182.27248
Iteration 3:    log likelihood = -182.26824
Iteration 4:    log likelihood = -182.26823


Weights matrix
 Name: A
 Type: Imported (binary)
 Row-standardized: No


Spatial error model                            Number of obs     =         49
                                               Variance ratio    =      0.402
                                               Squared corr.     =      0.551
Log likelihood = -182.26823                    Sigma             =       9.98

------------------------------------------------------------------------------
       crime |      Coef.   Std. Err.      z    P>|z|     [95% Conf. Interval]
-------------+----------------------------------------------------------------
crime        |
       hoval |  -.2605768   .0917459    -2.84   0.005    -.4403954   -.0807582
      income |  -1.289794   .3255491    -3.96   0.000    -1.927858   -.6517291
       _cons |   54.45472   6.149929     8.85   0.000     42.40108    66.50836
-------------+----------------------------------------------------------------
      lambda |   .0361054   .0114345     3.16   0.002     .0136943    .0585165
------------------------------------------------------------------------------
Wald test of lambda=0:                 chi2(1) =    9.970 (0.002)
Likelihood ratio test of lambda=0:     chi2(1) =   10.218 (0.001)
Lagrange multiplier test of lambda=0:  chi2(1) =    6.804 (0.009)

Acceptable range for lambda: -1.536 < lambda < 1.000
```

图 9 - 12

SEM 模型（空间误差模型）的极大似然估计（mle）结果显示，误差项的空间自回归系数 $\lambda=0.036$，而且是显著的。SEM 模型对于自变量系数的估计与 OLS 十分接近。原因是，如果 SEM 模型的设定是正确的，则 OLS 是一致估计，只不过 MLE 估计更有效。为了做对比和练习，下面进行异方差下的稳健标准误的极大似然估计。异方差下的极大似然估计是不一致的，所以意义不大，可以当作练习演示。

spatreg crime hoval income, w(A) e(B) m(error) r　　//异方差稳健标准误，结果见图 9 - 13

```
initial:        log pseudolikelihood = -187.42512
rescale:        log pseudolikelihood = -187.42512
rescale eq:     log pseudolikelihood = -187.42512
Iteration 0:    log pseudolikelihood = -187.42512
Iteration 1:    log pseudolikelihood = -182.82206
Iteration 2:    log pseudolikelihood = -182.27248
Iteration 3:    log pseudolikelihood = -182.26824
Iteration 4:    log pseudolikelihood = -182.26823


Weights matrix
 Name: A
 Type: Imported (binary)
 Row-standardized: No


Spatial error model                                   Number of obs    =        49
                                                      Variance ratio   =     0.402
                                                      Squared corr.    =     0.551
Log likelihood = -182.26823                           Sigma            =      9.98

------------------------------------------------------------------------------
             |               Robust
       crime |      Coef.   Std. Err.      z    P>|z|     [95% Conf. Interval]
-------------+----------------------------------------------------------------
crime        |
       hoval |  -.2605768   .1572138    -1.66   0.097    -.5687101    .0475565
      income |  -1.289794   .4961896    -2.60   0.009    -2.262307   -.3172799
       _cons |   54.45472   7.435761     7.32   0.000     39.88089    69.02854
-------------+----------------------------------------------------------------
      lambda |   .0361054   .0120434     3.00   0.003     .0125007      .05971
------------------------------------------------------------------------------
Wald test of lambda=0:                    chi2(1) =    8.988 (0.003)
Lagrange multiplier test of lambda=0:     chi2(1) =    6.804 (0.009)

Acceptable range for lambda: -1.536 < lambda < 1.000
```

图 9－13

第三节　一般的空间计量模型

前面讲解了空间自回归模型和空间误差模型，有时这两种效应会同时发生。更一般的空间计量模型是将空间自回归（SAR）模型和空间误差模型（SER）结合起来，构成如下

一般的空间计量模型——带空间自回归误差项的空间自回归（SARAR）模型，

$$y=\lambda Wy+X\beta+\mu$$

其中，$\mu=\rho Mu+\varepsilon$，$\varepsilon\sim N(0,\ \sigma^2 I_n)$，$W$ 为被解释变量 y 的空间权重矩阵，M 为扰动项 u 的空间权重矩阵。

一、主要命令与说明

```
findit sppack                 //找外部命令，按照提示安装
net install spppack.pkg       //安装外部命令
use columbusswm, clear        //打开空间权重矩阵
spmat dta A a1 - a49          //用变量 a1-a49 生成空间权重矩阵 A
use columbusdata, clear       //打开变量数据
```

（1）极大似然估计。

```
spreg ml crime hoval income, id(id) dlm(A) elm(A)    //MLE 估计 SARAR 模型
```

（2）不含内生变量的 gs2sls（广义空间两阶段最小二乘）估计。

```
spreg gs2sls crime hoval income, id(id) dlm(A) elm(A) het   //GS2SLS 估计 SARAR 模型
spreg gs2sls crime hoval income, id(id) dlm(A) het   //不含空间误差的 SAR 模型
```

（3）含有内生变量的 gs2sls 估计（工具变量法）。

```
spivreg crime (hoval = income), id(id) dlm(A) elm(A) het   //工具变量法（hoval 是内生的）
```

二、执行结果与分析

```
findit sppack                 //找外部命令，按照提示安装
net install spppack. pkg      //安装外部命令
use columbusswm, clear        //打开空间权重矩阵
spmat dta A a1 - a49          //用变量 a1-a49 生成空间权重矩阵 A
use columbusdata, clear       //打开数据
```

（1）极大似然估计。

```
spreg ml crime hoval income, id(id) dlm(A) elm(A)    //结果见图 9 - 14
```

```
Performing a grid search.... finished

Iteration 0:   log likelihood = -182.46972  (not concave)
Iteration 1:   log likelihood = -182.16944
Iteration 2:   log likelihood = -181.84952
Iteration 3:   log likelihood = -181.04282
Iteration 4:   log likelihood =  -180.9927
Iteration 5:   log likelihood = -180.99197
Iteration 6:   log likelihood = -180.99197

Optimizing unconcentrated log likelihood

Iteration 0:   log likelihood = -180.99197

Spatial autoregressive model                    Number of obs    =        49
(Maximum likelihood estimates)                  Wald chi2(2)     =   37.3387
                                                Prob > chi2      =    0.0000
```

crime	Coef.	Std. Err.	z	P>|z|	[95% Conf.	Interval]
crime						
hoval	-.2555749	.0947579	-2.70	0.007	-.4412968	-.0698529
income	-1.175428	.3037636	-3.87	0.000	-1.770794	-.5800625
_cons	52.74999	7.156856	7.37	0.000	38.72281	66.77716
lambda						
_cons	.0507629	.0204347	2.48	0.013	.0107117	.0908142
rho						
_cons	.0061692	.0762303	0.08	0.935	-.1432395	.1555779
sigma2						
_cons	93.32433	18.87086	4.95	0.000	56.33813	130.3105

图 9 - 14

结果分析：空间自回归系数 $\lambda=0.051$，且在 5%的显著性水平上显著。空间误差系数 $\rho=0.006\,169\,2$，p 值为 0.935，很不显著。

（2）广义空间两阶段最小二乘（GS2SLS）估计。

spreg gs2sls crime hoval income, id(id) dlm(A) elm(A) het //结果见图 9 - 15

GS2SLS 是指广义空间两阶段最小二乘，其中，het 为异方差稳健标准误（默认是同方差标准误）。

```
Estimating rho using 2SLS residuals

Iteration 0:   GMM criterion =  3019.4382
Iteration 1:   GMM criterion =   1847.874
Iteration 2:   GMM criterion =  1847.3047
Iteration 3:   GMM criterion =  1847.3047

Estimating rho using GS2SLS residuals

Iteration 0:   GMM criterion =   .0317564
Iteration 1:   GMM criterion =  .02374413
Iteration 2:   GMM criterion =  .02371812
Iteration 3:   GMM criterion =  .02371808

Spatial autoregressive model                   Number of obs    =        49
(GS2SLS estimates)
```

crime	Coef.	Std. Err.	z	P>|z|	[95% Conf.	Interval]
crime						
hoval	-.2226818	.1531299	-1.45	0.146	-.5228109	.0774472
income	-1.153734	.4963804	-2.32	0.020	-2.126622	-.1808466
_cons	48.29302	7.99936	6.04	0.000	32.61457	63.97148
lambda						
_cons	.0652404	.016342	3.99	0.000	.0332105	.0972702
rho						
_cons	-.0303691	.0759236	-0.40	0.689	-.1791768	.1184385

图 9-15

结果分析：GS2SLS 与 MLE 估计结果十分相似。空间自回归系数 $\lambda=0.0652$ 且显著。空间误差系数 ρ 很不显著（p 值为 0.689）。下面估计不带空间误差项的 SAR 模型。

spreg gs2sls crime hoval income, id(id) dlm(A) het //结果见图 9-16

```
Spatial autoregressive model                   Number of obs    =        49
(GS2SLS estimates)
```

crime	Coef.	Std. Err.	z	P>|z|	[95% Conf.	Interval]
crime						
hoval	-.2490946	.1596383	-1.56	0.119	-.5619799	.0637907
income	-1.104052	.5017371	-2.20	0.028	-2.087438	-.1206653
_cons	49.66803	8.125303	6.11	0.000	33.74273	65.59333
lambda						
_cons	.0607515	.0170531	3.56	0.000	.0273281	.0941749

图 9-16

结果分析：估计结果与 SARAR 模型类似。

（3）含内生解释变量的 SARAR 模型。

使用 gs2sls 估计法的优势是比较方便地推广到包含内生解释变量的情形。

$$y=\lambda Wy+X\beta+Z\delta+\mu$$

其中，Z 是内生解释变量，$\mu=\rho Mu+\varepsilon$，$\varepsilon \sim N(0, \sigma^2 I_n)$。

延续前面的例子，为了演示，假设 hoval 为内生变量，income 是 hoval 的工具变量（IV）。

```
spivreg crime (hoval = income), id(id) dlm(A) elm(A) het
```

运行结果如图 9－17 所示。

```
Estimating rho using 2SLS residuals

Iteration 0:   GMM criterion =  3158.1693
Iteration 1:   GMM criterion =  2896.7497
Iteration 2:   GMM criterion =  2896.6351
Iteration 3:   GMM criterion =  2896.6351

Estimating rho using GS2SLS residuals

Iteration 0:   GMM criterion =  .01589427
Iteration 1:   GMM criterion =  .00538618
Iteration 2:   GMM criterion =  .00536643
Iteration 3:   GMM criterion =  .00536641

Spatial autoregressive model                    Number of obs   =        49
(GS2SLS estimates)
```

crime	Coef.	Std. Err.	z	P>|z|	[95% Conf.	Interval]
crime						
hoval	-.9492835	.1629263	-5.83	0.000	-1.268613	-.6299537
_cons	63.54188	8.747674	7.26	0.000	46.39676	80.68701
lambda						
_cons	.046314	.0288859	1.60	0.109	-.0103013	.1029294
rho						
_cons	.0900193	.0461964	1.95	0.051	-.0005241	.1805626

```
Instrumented:  hoval
Instruments:   income
```

图 9－17

结果分析：上面结果的最后一行显示变量 income 是变量 hoval 的工具变量，空间自回归系数 $\lambda=0.046\,314$，p 值为 0.109，在接近 10%的显著性水平上基本上是显著的。空间误差系数 $\rho=0.09$，p 值为 0.051，在 10%的显著性水平上是显著的。

第四节　空间杜宾模型

模型设定：

$$y_{it}=\rho \boldsymbol{w}_i'\boldsymbol{y}_t+x_{it}'\boldsymbol{\beta}+\mu_i+\varepsilon_{it}(i=1,\cdots,n;t=1,\cdots,T)$$

其中，μ_i 为区域 i 的个体效应。若 μ_i 与 X_{it}' 相关，则模型称为固定效应模型；若不相关，则模型称为随机效应模型。固定效应模型的估计方法是通过组内离差变换的方法去掉个体效应，然后采用 MLE 估计；随机效应模型的估计方法是先做广义离差变换，然后进行 MLE 估计。

一、变量说明

采用命令 xsmle 自带的数据文件 product. dta 演示空间杜宾模型 SDM。该数据文件有关美国 48 个州 1970—1974 年的各变量及说明如表 9 - 2 所示。

表 9 - 2　变量说明

变量名	含义	变量标签
gsp	州产出	gross state product
pcap	公共资本	public capital
pc	民营资本	private capital
emp	就业量	employment
unemp	失业率	unemployment rate
lngsp	州产出对数	—
lnpcap	公共资本对数	—
lnpc	民营资本对数	—
lnemp	就业量对数	—

二、主要命令与说明

```
ssc install xsmle, replace          //如果已经安装该外部命令，可忽略
sysuse product, clear               //打开自带数据文件
genlngsp = log(gsp)                 //变量取对数
genlnpcap = log(pcap)
genlnpc = log(pc)
genlnemp = log(emp)
spmat use B using usaww. spmat      //用数据文件 usaww. spmat 生成空间权重矩阵 B
```

SDM 模型：

```
xsmle lngsp lnpcap lnpc lnemp unemp, wmat(B) model(sdm) r   //随机效应估计
xsmle lngsp lnpcap lnpc lnemp unemp, wmat(B) model(sdm) durbin (lnemp) r
                                      //空间杜宾模型
xsmle lngsp lnpcap lnpc lnemp unemp, wmat(B) model(sdm) durbin(lnemp) r noef fe
                                      //固定效应
```

Hausman 检验：

```
xsmle lngsp lnpcap lnpc lnemp unemp, wmat(B) model(sdm) durbin(lnemp) noef fe
                                              //固定效应
est store FE
xsmle lngsp lnpcap lnpc lnemp unemp, wmat(B) model(sdm) durbin(lnemp) noef re
                                              //随机效应
est store RE
hausman FE RE
```

三、执行结果与分析

```
spmat use B using usaww.spmat //将文件 usaww.spmat 生成空间权重矩阵，命名为 B
xsmle lngsp lnpcap lnpc lnemp unemp, wmat(B) model(sdm) robust noef
                                           //随机效应估计，结果见图 9-18
```

```
Iteration 0:   Log-pseudolikelihood =    -2300.87  (not concave)
Iteration 1:   Log-pseudolikelihood = -1368.6865  (not concave)
Iteration 2:   Log-pseudolikelihood = -1055.7189  (not concave)
Iteration 3:   Log-pseudolikelihood = -342.78371  (not concave)
Iteration 4:   Log-pseudolikelihood = -28.024093  (not concave)
Iteration 5:   Log-pseudolikelihood =  470.15166  (not concave)
Iteration 6:   Log-pseudolikelihood =  1024.7922  (not concave)
Iteration 7:   Log-pseudolikelihood =  1220.2971  (not concave)
Iteration 8:   Log-pseudolikelihood =  1318.8277
Iteration 9:   Log-pseudolikelihood =  1412.0952
Iteration 10:  Log-pseudolikelihood =  1455.4058
Iteration 11:  Log-pseudolikelihood =  1503.4074
Iteration 12:  Log-pseudolikelihood =  1504.9468
Iteration 13:  Log-pseudolikelihood =  1504.9525
Iteration 14:  Log-pseudolikelihood =  1504.9525

SDM with random-effects                          Number of obs    =      816

Group variable: state                            Number of groups =       48
Time variable: year                                Panel length   =       17

R-sq:     within  = 0.9460
          between = 0.9914
          overall = 0.9904

Log-pseudolikelihood =  1504.9525
                                  (Std. Err. adjusted for 48 clusters in state)
```

lngsp	Coef.	Robust Std. Err.	z	P>|z|	[95% Conf.	Interval]
Main						
lnpcap	.0432196	.0456274	0.95	0.344	-.0462084	.1326475
lnpc	.2358736	.0818952	2.88	0.004	.0753619	.3963853
lnemp	.7460603	.0796744	9.36	0.000	.5899014	.9022193
unemp	-.0012839	.0029046	-0.44	0.658	-.0069768	.0044091
_cons	1.16052	.4802346	2.42	0.016	.219277	2.101762
Wx						
lnpcap	-.0937207	.0885388	-1.06	0.290	-.2672535	.0798122
lnpc	-.0215076	.0728552	-0.30	0.768	-.1643012	.121286
lnemp	-.3895887	.0946903	-4.11	0.000	-.5751783	-.2039991
unemp	-.0036868	.0038042	-0.97	0.332	-.0111429	.0037692
Spatial						
rho	.4873063	.0712461	6.84	0.000	.3476665	.6269462
Variance						
lgt_theta	-2.345212	.2519925	-9.31	0.000	-2.839108	-1.851316
sigma2_e	.0010299	.0002446	4.21	0.000	.0005504	.0015094

图 9-18

结果分析：空间自回归系数 ρ 显著，lnpcap、lnpc、lnemp、unemp 的滞后项显著性检验的 p 值分别为 0.290，0.768，0.000 和 0.332，所以有三个变量（lnpcap、lnpc、unemp）的滞后项不显著，只有 lnemp 的滞后项显著，故加入选择项 durbin(lnemp) 将三个不显著的变量去掉。

xsmle lngsp lnpcap lnpc lnemp unemp，wmat(B) model(sdm) durbin(lnemp) r

由图 9－19 中的运行结果知 lnpcap、lnpc、lnemp、unemp 中只有 lnemp 显著，此时可以采用杜宾模型将其保留。

```
Iteration 0:   Log-pseudolikelihood = -2300.8877  (not concave)
Iteration 1:   Log-pseudolikelihood = -1368.5907  (not concave)
Iteration 2:   Log-pseudolikelihood = -1055.6251  (not concave)
Iteration 3:   Log-pseudolikelihood =  -342.4778  (not concave)
Iteration 4:   Log-pseudolikelihood = -27.808342  (not concave)
Iteration 5:   Log-pseudolikelihood =  464.58904  (not concave)
Iteration 6:   Log-pseudolikelihood =  1008.4388  (not concave)
Iteration 7:   Log-pseudolikelihood =  1198.8246  (not concave)
Iteration 8:   Log-pseudolikelihood =  1307.6481
Iteration 9:   Log-pseudolikelihood =  1475.4446
Iteration 10:  Log-pseudolikelihood =  1493.3472
Iteration 11:  Log-pseudolikelihood =  1493.7183
Iteration 12:  Log-pseudolikelihood =  1493.7188
Iteration 13:  Log-pseudolikelihood =  1493.7188

SDM with random-effects                        Number of obs    =        816

Group variable: state                          Number of groups =         48
Time variable: year                            Panel length     =         17

R-sq:    within  = 0.9436
         between = 0.9905
         overall = 0.9894

Log-pseudolikelihood =  1493.7188
                               (Std. Err. adjusted for 48 clusters in state)
------------------------------------------------------------------------------
             |               Robust
       lngsp |      Coef.   Std. Err.      z    P>|z|     [95% Conf. Interval]
-------------+----------------------------------------------------------------
Main         |
      lnpcap |   .0269176   .0473241     0.57   0.569    -.0658358    .1196711
        lnpc |   .2077167   .0691193     3.01   0.003     .0722453    .3431881
       lnemp |   .7700824    .081884     9.40   0.000     .6095927    .9305722
       unemp |  -.0047394   .0027155    -1.75   0.081    -.0100617    .0005829
       _cons |   .8293663   .2337669     3.55   0.000     .3711915    1.287541
-------------+----------------------------------------------------------------
Wx           |
       lnemp |  -.4698962   .0760811    -6.18   0.000    -.6190124   -.3207801
-------------+----------------------------------------------------------------
Spatial      |
         rho |   .4914648   .0798067     6.16   0.000     .3350467     .647883
-------------+----------------------------------------------------------------
Variance     |
   lgt_theta |   -2.43814   .2559763    -9.52   0.000    -2.939844   -1.936436
    sigma2_e |   .0010468   .0002513     4.16   0.000     .0005542    .0015394
-------------+----------------------------------------------------------------
Direct       |
      lnpcap |   .0288138   .0511801     0.56   0.573    -.0714973    .1291249
        lnpc |   .2163645   .0601973     3.59   0.000     .0983799     .334349
       lnemp |   .7645703   .0781871     9.78   0.000     .6113265    .9178141
       unemp |  -.0047998   .0026951    -1.78   0.075     -.010082    .0004824
-------------+----------------------------------------------------------------
Indirect     |
      lnpcap |   .0205691   .0456606     0.45   0.652    -.0689239    .1100622
        lnpc |   .1832728   .0424177     4.32   0.000     .1001357      .26641
       lnemp |  -.1521888    .065036    -2.34   0.019    -.2796571   -.0247205
       unemp |  -.0038626   .0019431    -1.99   0.047     -.007671   -.0000543
-------------+----------------------------------------------------------------
Total        |
      lnpcap |   .0493829   .0959107     0.51   0.607    -.1385986    .2373644
        lnpc |   .3996373   .0899038     4.45   0.000     .2234291    .5758455
       lnemp |   .6123815   .1271119     4.82   0.000     .3632468    .8615162
       unemp |  -.0086624   .0044979    -1.93   0.054    -.0174781    .0001533
------------------------------------------------------------------------------
```

图 9－19

xsmle lngsp lnpcap lnpc lnemp unemp, wmat(B) model(sdm) durbin(lnemp) r noef fe //固定效应估计，结果见图 9－20

```
Iteration 0:   Log-pseudolikelihood =  1447.9457  (not concave)
Iteration 1:   Log-pseudolikelihood =  1574.2549
Iteration 2:   Log-pseudolikelihood =   1636.193
Iteration 3:   Log-pseudolikelihood =  1649.7846
Iteration 4:   Log-pseudolikelihood =  1650.1729
Iteration 5:   Log-pseudolikelihood =  1650.1735
Iteration 6:   Log-pseudolikelihood =  1650.1735

SDM with spatial fixed-effects                  Number of obs =        816

Group variable: state                         Number of groups =         48
Time variable: year                               Panel length =         17

R-sq:     within  = 0.9457
          between = 0.9856
          overall = 0.9845

Mean of fixed-effects =  1.0970

Log-pseudolikelihood =  1650.1735
                              (Std. Err. adjusted for 48 clusters in state)
```

lngsp	Coef.	Robust Std. Err.	z	P>|z|	[95% Conf.	Interval]
Main						
lnpcap	-.0244994	.0475762	-0.51	0.607	-.1177472	.0687483
lnpc	.1775736	.0797905	2.23	0.026	.0211872	.3339601
lnemp	.7326914	.0940439	7.79	0.000	.5483688	.9170141
unemp	-.0037328	.0027181	-1.37	0.170	-.0090602	.0015946
Wx						
lnemp	-.395842	.0931682	-4.25	0.000	-.5784483	-.2132358
Spatial						
rho	.5184857	.0744087	6.97	0.000	.3726473	.6643242
Variance						
sigma2_e	.0009515	.0002346	4.06	0.000	.0004917	.0014113

图 9－20

结果分析：使用随机效应还是固定效应，要进行 Hausman 检验。

xsmle lngsp lnpcap lnpc lnemp unemp, wmat(usaww) model(sdm) durbin(lnemp) noef fe //固定效应估计

est store FE

```
xsmle lngsp lnpcap lnpc lnemp unemp, wmat(usaww) model(sdm) durbin(lnemp) noef
                              //随机效应估计
est store RE
hausman FE RE     //结果见图 9-21
```

```
                 ---- Coefficients ----
             |      (b)          (B)            (b-B)     sqrt(diag(V_b-V_B))
             |      FE           RE          Difference          S.E.
-------------+----------------------------------------------------------------
      lnpcap |   -.0244994     .0269176       -.0514171        .0073629
        lnpc |    .1775736     .2077167       -.0301431        .0077758
       lnemp |    .7326914     .7700824        -.037391        .0139211
       unemp |   -.0037328    -.0047394        .0010066               .
------------------------------------------------------------------------------
                          b = consistent under Ho and Ha; obtained from xsmle
           B = inconsistent under Ha, efficient under Ho; obtained from xsmle

    Test:  Ho:  difference in coefficients not systematic

                  chi2(4) = (b-B)'[(V_b-V_B)^(-1)](b-B)
                          =   -55.17    chi2<0 ==> model fitted on these
                                        data fails to meet the asymptotic
                                        assumptions of the Hausman test;
                                        see suest for a generalized test
```

图 9-21

结果分析：Hausman 检验结果显示：不能拒绝原假设，即采用随机效应（这里仅仅演示）。大样本下 Hausman 检验统计量渐近服从卡方分布，有限样本经常出现负值。内生性问题（解释变量和个体效应相关）也是出现负值的原因，可以采用修正的 Hausman 检验。

第十章

PSM-DID

第一节 基本思想

一、双重差分

双重差分（differences-in-differences，DID）法又叫倍差法、倍分法。下面先用一个简单的例子来说明双重差分的思想。

暑假期间参加英语辅导班是一个处理（treat）。甲同学参加了辅导班，属于处理组（实验组）；乙没有参加辅导班，属于控制组（对照组）。

甲同学暑假前考试 70 分，暑假后考试 100 分，成绩提高了 100－70＝30（分）；

乙同学暑假前考试 50 分，暑假后考试 60 分，成绩提高了 60－50＝10（分）。

如何求参加辅导班这一处理带来的净效应（处理效应或某一政策效应）呢？即参加辅导班（treat）引起的成绩净增加是多少呢？用 100－60 肯定是不对的，正确的计算方式是（100－70）－（60－50）＝30－10＝20。处理组增加 30，控制组增加 10，处理组的“增加”比控制组的“增加”还要多 20，这是参加辅导班这个“处理”的净效应。“增加”减去“增加”是差的差，是双重的差，即双重差分。用这种思想估计出某一处理或某一政策冲击带来的净效应叫作双重差分法，即 DID 法。

二、匹配估计

再用一个简单的例子来说明匹配估计（matching estimators）的思想（有关数据见表 10－1 和表 10－2）。暑假参加某辅导班能提高考试成绩吗？①

① 该例子仅作为一个简单数据来直观解释匹配和差分的思想，各个数据也是虚构的，无论结果如何，都不具有实际参考性。

表 10-1　处理组和对照组的数据

辅导班能否提高考试成绩？	
处理组（参加的人）	后来考试成绩
张三	89
李四	93
王五	88
王六	100
控制组（没参加的人）	后来考试成绩
赵六	86
孙七	77
周八	90
周九	99

表 10-2　匹配估计的思想

辅导班能否提高考试成绩？				
参加的人（处理组）	考试成绩（假如没参加）	考试成绩		处理组成绩增加
张三	77	89		12
李四	90	93		3
王五	86	88		2
王六	100	100		0
				平均增加 4.25
没参加的人（控制组）		考试成绩	考试成绩（假如参加）	控制组成绩增加
赵六		86	88	2
孙七		77	89	12
周八		90	93	3
周九		99	100	1
				平均增加 4.5

匹配估计也就是找相似（替身），比如按照个体之间的相似程度来找替身，符合这个标准要求的，就可以做替身，即匹配合格。如表格中孙七和张三的考试成绩可以当作一个标准，很接近的话就将两位同学匹配，然后将孙七的考试成绩当成张三的“考试成绩（假如没参加）”。李四和周八的考试成绩很接近，李四就是周八的替身，将李四考试成绩当成周八的“考试成绩（假如参加）”，依此类推。匹配好之后就可以计算因为参加辅导班而引起的考试成绩的净效应了。注意，表格中灰色框里的成绩不是真实存在的观测值，而是匹配好“替身”之后，根据“替身”估计出来的成绩。

参加者的平均处理效应 ATT（average treatment effect on the treated）：

$$ATT=(12+3+2+0)/4=4.25$$

未参加者的平均处理效应 ATU（average treatment effect on the untreated）：

$$ATU=(2+12+3+1)/4=4.5$$

整个样本的平均处理效应 ATE（average treatment effect）：

ATE＝(12＋3＋2＋0＋2＋12＋3＋1)/8＝4.375

以上是匹配估计的思想和例子。差分和匹配有什么关系呢？如果甲和乙是随机选择参加培训还是不参加培训，也就是说，他们随机抽取上面写着“参加”还是“不参加”的卡片，抽到“参加”就参加，抽到“不参加”就不参加，如果这样来随机选择样本，做上面的 DID 就完成任务了。但事实往往不是这样的，成绩好的甲同学选择去辅导班的可能性也许更大（更想去参加辅导班以提高成绩），而成绩差些的乙不参加辅导班的可能性也许大一些（不太喜欢学习），总之他们的选择并不是随机的，处理组和对照组很可能在很多方面不一样，这就存在样本的选择性偏差（selection bias）。如果随机选择样本，则模型中不存在处理（treat）与遗漏的变量相关而造成估计不一致的问题；但如果样本选择不是随机的，就需要想办法处理这种由于选择性偏差造成的不一致估计的问题。处理组和控制组由于初始条件不同而造成的选择性偏差可以用匹配估计量来解决。其核心思想是人为地构造出一个对照组，通过可观测特征为每个参与者（treated）搭配一个未参与者（untreated）。具体来说，个体 i 属于处理组，找到属于控制组的某个体 j，使得个体 j 与个体 i 的可测变量取值尽可能相似。对处理组的每个个体都进行匹配，对控制组的每个个体也进行匹配，然后对比每个个体的处理效应的平均值，即得到匹配估计量（matching estimators）。

三、倾向得分匹配

如果 x_i 包含的变量过多，可以使用某一函数 $f(x_i)$ 将多维向量的信息降到一维，根据函数 $f(x_i)$ 进行匹配。方法有马氏距离匹配法、协变量匹配法（covariate matching）。统计学家提出使用倾向得分来度量距离。个体 i 的倾向得分定义为 $p(x_i)=P(D_i=1|x=x_i)$，即在给定 x_i 的情况下，个体 i 进入处理组的条件概率，可以使用 probit 或者 logit 来估计 $p(x_i)$，logit 使用的较多。使用倾向得分作为距离函数进行匹配，称为倾向得分匹配（PSM）。

四、双重差分倾向得分匹配

对于可观测数据，如果存在依不可观测变量选择，例如影响处理变量的不可观测变量不随时间而变化，此时可以使用双重差分倾向得分匹配（PSM-DID）估计量，其优势在于，可以控制不可观测但不随时间变化的组间差异，如处理组与控制组分别来自两个不同的区域等。

第二节　实例操作

一、变量说明

下面的数据集来自 Card 和 Kruger（1994）的自然实验（陈强（2014））。各变量说明如表 10－3 所示。

表 10-3 变量说明

变量名	变量类别	含义	数据集中的英文标签
id	个体变量	编号	Store ID
t	实验期虚拟变量 实验期为 1；非实验期为 0	时间为 1992 年 11 月 t=1； 时间为 1992 年 2 月 t=0	Feb. 1992 = 0； Nov. 1992 = 1
treated	实验组虚拟变量 实验组（处理组）为 1； 对照组（控制组）为 0	快餐店在新泽西州为 1； 在宾夕法尼亚州为 0	New Jersey= 1； Pennsylvania = 0
fte	被解释变量 y	雇佣人数	Full Time Employment
bk	其他解释变量 x	快餐品牌虚拟变量	Burger King = 1
kfc			Kentuky Fried Chiken =1
roys			Roy Rogers = 1
wendys			Wendy's = 1

Stata 中数据浏览见图 10-1。

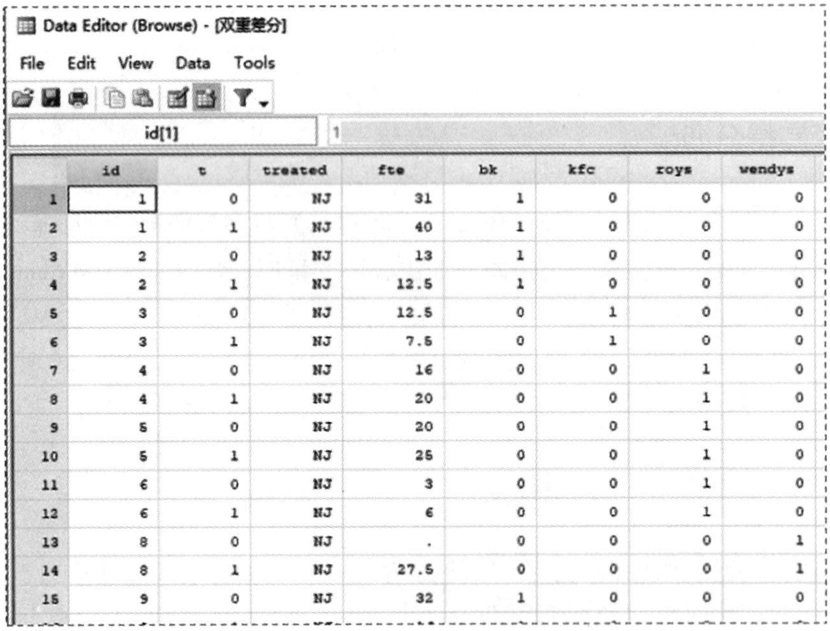

	id	t	treated	fte	bk	kfc	roys	wendys
1	1	0	NJ	31	1	0	0	0
2	1	1	NJ	40	1	0	0	0
3	2	0	NJ	13	1	0	0	0
4	2	1	NJ	12.5	1	0	0	0
5	3	0	NJ	12.5	0	1	0	0
6	3	1	NJ	7.5	0	1	0	0
7	4	0	NJ	16	0	0	1	0
8	4	1	NJ	20	0	0	1	0
9	5	0	NJ	20	0	0	1	0
10	5	1	NJ	25	0	0	1	0
11	6	0	NJ	3	0	0	1	0
12	6	1	NJ	6	0	0	1	0
13	8	0	NJ	.	0	0	0	1
14	8	1	NJ	27.5	0	0	0	1
15	9	0	NJ	32	1	0	0	0

图 10-1

二、差分的主要命令与结果分析

```
use ch10.dta, clear            //打开数据
ssc install diff, replace      //安装非官方命令 diff
```

diff 是非官方命令，使用 diff 命令做差分的基本格式为：

```
diff y [if] [in] [weight], [options]
```

y 是结果变量，如前面例子中提到的考试成绩。if 是指对满足什么条件的样本进行双重差分，如果样本有虚拟变量，则用 if 可以做分类回归，比如东部、中部、西部地区样本，或者指定对大型企业或者小型企业进行双重差分。in 是指对在什么范围内的样本进行差分，比如 1～1 000 是指对第 1 个到第 1 000 个样本进行双重差分。可以将上面的基本命令写得更具体一些，如下：

```
diff y, t(varname) p(varname) cov(z1 z2) robust report test
```

必选项：y 为结果变量；t 是 treat 的缩写，用来指定处理变量，如前面例子中是否参加辅导班这一虚拟变量，参加为 1，不参加为 0；p 是指 period，用来指定实验期虚拟变量（实验前还是实验后虚拟变量，实验前为 1，实验后为 0）。

选择项：robust 汇报稳健标准误；cov 是指 covariate（协变量），用来指定其他解释变量；report 表示对协变量系数的估计结果；test 是指检验基期时各变量在处理组与控制组的均值是否相等。

```
diff fte, t(treated) p(t) cov(bk kfc roys) robust
```

上面命令中 fte（雇佣人数）为结果变量，第一个括号内的 treated 是实验组（处理组）虚拟变量（参加实验为 1，否则为 0）；第二个括号内的变量 t 是时期虚拟变量（处理前是 0，处理后是 1）。结果见图 10 - 2。

```
DIFFERENCE-IN-DIFFERENCES WITH COVARIATES

DIFFERENCE-IN-DIFFERENCES ESTIMATION RESULTS
Number of observations in the DIFF-IN-DIFF: 801
            Before              After
   Control: 78                  77            155
   Treated: 326                 320           646
            404                 397
```

Outcome var.	fte	S. Err.	|t|	P>|t|
Before				
Control	21.161			
Treated	18.837			
Diff (T-C)	-2.324	1.254	-1.85	0.064*
After				
Control	18.758			
Treated	19.369			
Diff (T-C)	0.611	0.900	0.68	0.497
Diff-in-Diff	2.935	1.543	1.90	0.058*

```
R-square:    0.19
* Means and Standard Errors are estimated by linear regressi
> on
**Robust Std. Errors
**Inference: *** p<0.01; ** p<0.05; * p<0.1
```

图 10 - 2

图 10－2 中上面部分显示一共是 801 个样本，试验前（Before）控制组有 78 个，处理组有 326 个，一共 404 个；试验后（After）控制组有 77 个，处理组有 320 个，一共 397 个。处理效应的系数估计值为 2.935①，p 值为 0.058，在 10%的显著性水平上是显著的，在近 5%的显著性水平。在上面的命令后面加上"test"以检验基期时在处理组和控制组之间各变量的均值是否有显著差异。

```
diff fte, t(treated) p(t) cov(bk kfc roys wendys) test     //结果见图 10-3
```

```
TWO-SAMPLE T TEST

Number of observations (baseline): 404
           Before         After
   Control: 78             -          78
   Treated: 326            -          326
            404            -

t-test at period = 0:
-----------------------------------------------------------------------------------------
> -
 Variable(s)         |   Mean Control   | Mean Treated |    Diff.    |   |t|   | Pr(|T|>|t|)
---------------------+------------------+--------------+-------------+---------+------------
> -
fte                  | 19.949           | 17.065       | -2.884      | 2.44    | 0.0150**
bk                   | 0.443            | 0.411        | -0.032      | 0.52    | 0.6035
kfc                  | 0.152            | 0.205        | 0.054       | 1.08    | 0.2818
roys                 | 0.215            | 0.248        | 0.033       | 0.61    | 0.5448
wendys               | 0.190            | 0.136        | -0.054      | 1.22    | 0.2241
-----------------------------------------------------------------------------------------
> -
*** p<0.01; ** p<0.05; * p<0.1
```

图 10－3

图 10－3 中上面部分是检验试验前处理组和控制组的均值是否有差异。输出结果显示结果变量 fte 的均值在处理组和控制组之间在 5%的显著性水平上有显著差异（p 值为 0.015<5%）；其余变量（bk、kfc、roys 和 wendys）在 5%的显著性水平上于两组之间没有显著差异，如 bk 的 p 值为 0.603 5>5%。原则上，做差分要求各变量在两组之间没有差异，这说明分组是随机的，这是做差分的前提条件②。若有变量在两组之间有显著差异，便不满足随机分组这个做差分的前提条件。

三、PSM-DID 主要命令与说明

```
use ch10.dta, clear          //如果已经打开数据，可忽略
ssc install diff, replace    //如果已经安装 diff 命令，此处可以不用重复执行
```

基本语句格式为：

```
diffy, treat(varname) period(varname) id(varname) kermel ktype(kernel) cov(varlist)
report logit support test
```

---

① 0.611－(－2.324)＝2.935。

② 做差分比较理想的前提条件是在初始状态时两组之间没有差异。

具体到数据 ch10，将命令改写为：

difffte, t(treated) p(t) cov(bk kfc roys) kernel id(id) support report robust

kernel 是指核匹配，默认情况下是二次核，即基于核的双重差分得分倾向匹配。support 是指在共同范围内进行匹配，report 是指输出倾向得分匹配情况，robust 是指稳健估计。

四、PSM-DID 执行结果与分析

```
use ch10.dta, clear   //如果已经打开数据，可忽略
ssc install diff, replace   //下载并安装命令 diff，replace 是指更新命令
diff fte, t(treated) p(t) cov(bk kfc roys) kernel id(id) support report robust
                                       //结果见图 10-4
```

```
KERNEL PROPENSITY SCORE MATCHING DIFFERENCE-IN-DIFFERENCES
    Estimation on common support
    Report - Propensity score estimation with probit command
    Atention: _pscore is estimated at baseline

Iteration 0:   log likelihood = -198.21978
Iteration 1:   log likelihood =  -196.7657
Iteration 2:   log likelihood =  -196.7636

Probit regression                               Number of obs   =        404
                                                LR chi2(3)      =       2.91
                                                Prob > chi2     =     0.4053
Log likelihood =  -196.7636                     Pseudo R2       =     0.0073

------------------------------------------------------------------------------
     treated |      Coef.   Std. Err.      z    P>|z|     [95% Conf. Interval]
-------------+----------------------------------------------------------------
          bk |   .1812529   .2090916     0.87   0.386    -.2285591    .5910649
         kfc |   .3888298    .246799     1.58   0.115    -.0948873    .8725469
        roys |   .2997977   .2318227     1.29   0.196    -.1545664    .7541618
       _cons |   .6476036   .1777446     3.64   0.000     .2992305    .9959767
------------------------------------------------------------------------------

    Matching iterations...
...................................................................................
> ...............................................................................
> ...............................................................................
> ...........................
DIFFERENCE-IN-DIFFERENCES ESTIMATION RESULTS
Number of observations in the DIFF-IN-DIFF: 795
            Before         After
   Control: 78             76          154
   Treated: 326            315         641
            404            391
--------------------------------------------------------
 Outcome var.   | fte     | S. Err. |   |t|   |  P>|t|
----------------+---------+---------+---------+---------
Before          |         |         |         |
   Control      | 20.040  |         |         |
   Treated      | 17.065  |         |         |
   Diff (T-C)   | -2.975  | 1.442   | -2.06   | 0.039**
After           |         |         |         |
   Control      | 17.449  |         |         |
   Treated      | 17.499  |         |         |
   Diff (T-C)   | 0.050   | 1.073   | 0.05    | 0.963
                |         |         |         |
Diff-in-Diff    | 3.026   | 1.797   | 1.68    | 0.093*
--------------------------------------------------------
R-square:    0.02
* Means and Standard Errors are estimated by linear regression
**Robust Std. Errors
**Inference: *** p<0.01; ** p<0.05; * p<0.1
```

图 10-4

双重差分估计量是 3.026①。图 10－5 中的“Estimation on common support”是指基于共同范围进行估计，默认用 probit（二元离散选择模型）进行计算。可以根据 bk、kfc、roys 系数的显著性和“Pseudo R2”来判断匹配效果。结果发现 bk、kfc、roys 对 treated 发生的概率没有解释力，因为都不显著。“Pseudo R2”也比较低，只有 0.007 3，匹配效果不理想。整个模型的拟合优度是 0.02，也说明匹配效果不够理想。

```
diff fte, t(treated) p(t) cov(bk kfc roys) kernel id(id) support logit report robust
```

上面的命令采用 logit 模型进行估计，这也是常用的模型。结果见图 10－5。

```
KERNEL PROPENSITY SCORE MATCHING DIFFERENCE-IN-DIFFERENCES
    Estimation on common support
    Report - Propensity score estimation with logit command
    Attention: _pscore is estimated at baseline

Iteration 0:   log likelihood = -198.21978
Iteration 1:   log likelihood = -196.77862
Iteration 2:   log likelihood =  -196.7636
Iteration 3:   log likelihood =  -196.7636

Logistic regression                             Number of obs     =        404
                                                LR chi2(3)        =       2.91
                                                Prob > chi2       =     0.4053
Log likelihood =  -196.7636                     Pseudo R2         =     0.0073

------------------------------------------------------------------------------
     treated |      Coef.   Std. Err.      z    P>|z|     [95% Conf. Interval]
-------------+----------------------------------------------------------------
          bk |   .3108387   .3561643     0.87   0.383    -.3872306    1.008908
         kfc |   .6814511   .4335455     1.57   0.116    -.1682824    1.531185
        roys |    .520356   .4011747     1.30   0.195     -.265932    1.306644
       _cons |    1.05315   .2998708     3.51   0.000      .465414    1.640886
------------------------------------------------------------------------------

    Matching iterations...
.................................................................................
> ...............................................................................
> ...............................................................................
> ...............................................................................
> ............
DIFFERENCE-IN-DIFFERENCES ESTIMATION RESULTS
Number of observations in the DIFF-IN-DIFF: 795
            Before         After
   Control: 78             76           154
   Treated: 326            315          641
            404            391
--------------------------------------------------------
 Outcome var.   | fte     | S. Err. | |t|     |  P>|t|
----------------+---------+---------+---------+---------
Before          |         |         |         |
   Control      | 20.040  |         |         |
   Treated      | 17.065  |         |         |
   Diff (T-C)   | -2.975  | 1.442   | -2.06   | 0.039**
After           |         |         |         |
   Control      | 17.449  |         |         |
   Treated      | 17.499  |         |         |
   Diff (T-C)   | 0.050   | 1.073   | 0.05    | 0.963
                |         |         |         |
Diff-in-Diff    | 3.026   | 1.797   | 1.68    | 0.093*
--------------------------------------------------------
R-square:    0.02
* Means and Standard Errors are estimated by linear regression
**Robust Std. Errors
**Inference: *** p<0.01; ** p<0.05; * p<0.1

.
end of do-file
```

图 10－5

① 0.05－(－2.975)＝3.025，四舍五入导致略有偏差。

结果显示双重差分估计量是 3.026[1]。采用 logit 模型和 probit 模型的估计效果基本是一致的。下面的命令是加上 test 检验，以检验在基期时协变量在控制组和实验组的均值是否有显著差异，希望检验结果是没有差异的。

diff fte, t(treated) p(t) cov(bk kfc roys) kernel id(id) support logit report robust test　　//结果见图 10-6

```
   Report - Propensity score estimation with logit command
   Atention: _pscore is estimated at baseline

Iteration 0:   log likelihood = -198.21978
Iteration 1:   log likelihood = -196.77862
Iteration 2:   log likelihood =  -196.7636
Iteration 3:   log likelihood =  -196.7636

Logistic regression                           Number of obs   =        404
                                              LR chi2(3)      =       2.91
                                              Prob > chi2     =     0.4053
Log likelihood =  -196.7636                   Pseudo R2       =     0.0073

------------------------------------------------------------------------------
     treated |      Coef.   Std. Err.      z    P>|z|     [95% Conf. Interval]
-------------+----------------------------------------------------------------
          bk |   .3108387   .3561643     0.87   0.383    -.3872306    1.008908
         kfc |   .6814511   .4335455     1.57   0.116    -.1682824    1.531185
        roys |    .520356   .4011747     1.30   0.195     -.265932    1.306644
       _cons |    1.05315   .2998708     3.51   0.000      .465414    1.640886
------------------------------------------------------------------------------

   Matching iterations...
..............................................................................
> ............................................................................
> ............................................................................
> ........................
TWO-SAMPLE T TEST
   Test on common support

Number of observations (baseline): 404
            Before         After
   Control: 78             -           78
   Treated: 326            -           326
            404            -

t-test at period = 0:
----------------------------------------------------------------------------------------
Weighted Variable(s) | Mean Control | Mean Treated |    Diff.   |    |t|   |  Pr(|T|>|t|)
---------------------+--------------+--------------+------------+----------+-------------
fte                  | 20.040       | 17.065       | -2.975     | 2.89     | 0.0041***
bk                   | 0.468        | 0.408        | -0.060     | 1.21     | 0.2259
kfc                  | 0.144        | 0.209        | 0.064      | 1.69     | 0.0911*
roys                 | 0.272        | 0.252        | -0.020     | 0.46     | 0.6462
----------------------------------------------------------------------------------------
*** p<0.01; ** p<0.05; * p<0.1
Attention: option kernel weighs variables in cov(varlist)
Means and t-test are estimated by linear regression
```

图 10-6

图 10-6 中显示差分估计量的结果是－2.975[2]。而且，命令后面加上“test”之后不再报告处理效应，只报告 test 的检验结果，即检验各个变量的匹配情况（在基期时控制组和处理组的均值有没有显著差异的 balance 检验）。检验结果发现在基期时协变量均值在两组之间没有显著差异，匹配效果比较好。同时使用“test”和“kernel”选项，执行加权协变量的 balance 检验。如果匹配前没有显著差异，但是匹配后有显著差异，就是比较

① 0.05－(－2.975)＝3.025，四舍五入导致略有偏差。

② 17.065－20.04＝ －2.975。

理想的匹配。

diff fte, t(treated) p(t) cov(bk kfc roys) kernel id(id) support addcov(wendys) report logit robust //结果见图 10－7

```
KERNEL PROPENSITY SCORE MATCHING DIFFERENCE-IN-DIFFERENCES
    Estimation on common support
    Report - Propensity score estimation with logit command
    Atention: _pscore is estimated at baseline

Iteration 0:   log likelihood = -198.21978
Iteration 1:   log likelihood = -196.77862
Iteration 2:   log likelihood =  -196.7636
Iteration 3:   log likelihood =  -196.7636

Logistic regression                             Number of obs     =        404
                                                LR chi2(3)        =       2.91
                                                Prob > chi2       =     0.4053
Log likelihood =  -196.7636                     Pseudo R2         =     0.0073

------------------------------------------------------------------------------
     treated |      Coef.   Std. Err.      z    P>|z|     [95% Conf. Interval]
-------------+----------------------------------------------------------------
          bk |   .3108387   .3561643     0.87   0.383    -.3872306    1.008908
         kfc |   .6814511   .4335455     1.57   0.116    -.1682824    1.531185
        roys |    .520356   .4011747     1.30   0.195     -.265932    1.306644
       _cons |    1.05315   .2998708     3.51   0.000      .465414    1.640886
------------------------------------------------------------------------------

    Matching iterations...
..........................................................................................
> ......................................................................................
> ......................................................................................
> ..............................
DIFFERENCE-IN-DIFFERENCES ESTIMATION RESULTS
Number of observations in the DIFF-IN-DIFF: 795
            Before         After
   Control: 78             76          154
   Treated: 326            315         641
            404            391
Report - Additional covariates and coefficients:
-------------------------------------------------------------------
 Variable(s)          |  Coeff.       | Std. Err.  |    t     |  P>|t|
-------------------------------------------------------------------
wendys                |  1.452        | 0.939      | 1.546    | 0.123
-------------------------------------------------------------------
---------------------------------------------------------
 Outcome var.   | fte       | S. Err.   |   |t|    |  P>|t|
---------------------------------------------------------
Before          |           |           |          |
   Control      | 19.872    |           |          |
   Treated      | 16.874    |           |          |
   Diff (T-C)   | -2.998    | 1.438     | -2.08    | 0.037**
After           |           |           |          |
   Control      | 17.300    |           |          |
   Treated      | 17.315    |           |          |
   Diff (T-C)   | 0.014     | 1.069     | 0.01     | 0.989
                |           |           |          |
Diff-in-Diff    | 3.013     | 1.799     | 1.68     | 0.094*
---------------------------------------------------------
R-square:    0.02
* Means and Standard Errors are estimated by linear regression
**Robust Std. Errors
**Inference: *** p<0.01; ** p<0.05; * p<0.1
```

图 10－7

结果显示双重差分结果是 3.013①，结果在 10%的显著性水平上是显著的。addcov (wendys) 在估计倾向得分的时候加了额外的协变量 wendys 也是可以的。

① 0.014－(－2.998)＝3.012，四舍五入导致略有偏差。

diff fte, t(treated) p(t) cov(bk kfc roys) kernel id(id) ktype(gaussian) support logit report robust //结果见图 10-8

```
KERNEL PROPENSITY SCORE MATCHING DIFFERENCE-IN-DIFFERENCES
    Estimation on common support
    Report - Propensity score estimation with logit command
    Atention: _pscore is estimated at baseline

Iteration 0:   log likelihood = -198.21978
Iteration 1:   log likelihood = -196.77862
Iteration 2:   log likelihood =  -196.7636
Iteration 3:   log likelihood =  -196.7636

Logistic regression                              Number of obs   =        404
                                                 LR chi2(3)      =       2.91
                                                 Prob > chi2     =     0.4053
Log likelihood =  -196.7636                      Pseudo R2       =     0.0073

------------------------------------------------------------------------------
     treated |      Coef.   Std. Err.      z    P>|z|     [95% Conf. Interval]
-------------+----------------------------------------------------------------
          bk |   .3108387   .3561643     0.87   0.383    -.3872306    1.008908
         kfc |   .6814511   .4335455     1.57   0.116    -.1682824    1.531185
        roys |    .520356   .4011747     1.30   0.195     -.265932    1.306644
       _cons |    1.05315   .2998708     3.51   0.000      .465414    1.640886
------------------------------------------------------------------------------

    Matching iterations...
..............................................................................
> ............................................................................
> ............................................................................
> ..............................
DIFFERENCE-IN-DIFFERENCES ESTIMATION RESULTS
Number of observations in the DIFF-IN-DIFF: 795
            Before         After
   Control: 78             76          154
   Treated: 326            315         641
            404            391
--------------------------------------------------------
 Outcome var. | fte     | S. Err. | |t|     |  P>|t|
--------------+---------+---------+---------+-----------
Before        |         |         |         |
   Control    | 20.186  |         |         |
   Treated    | 17.065  |         |         |
   Diff (T-C) | -3.121  | 1.460   | -2.14   | 0.033**
After         |         |         |         |
   Control    | 17.654  |         |         |
   Treated    | 17.499  |         |         |
   Diff (T-C) | -0.155  | 1.065   | 0.15    | 0.884
              |         |         |         |
Diff-in-Diff  | 2.965   | 1.807   | 1.64    | 0.101
--------------------------------------------------------
R-square:    0.02
* Means and Standard Errors are estimated by linear regression
**Robust Std. Errors
**Inference: *** p<0.01; ** p<0.05; * p<0.1
```

图 10-8

该命令是将原先默认的二次核改为高斯核。结果显示匹配效果和采用核函数时差不多，处理效应由原来的 3.013 变成了 2.965①，大约在 10%的显著性水平上是显著的，变化幅度不大。如果效果不够理想，可以尝试改变一下核函数或者协变量。

① −0.155−(−3.121)=2.966，四舍五入导致略有偏差。

参考文献

［1］陈强．高级计量经济学及 Stata 应用．2 版．北京：高等教育出版社，2014．

［2］李子奈，潘文卿．计量经济学．4 版．北京：高等教育出版社，2015．

［3］杰弗里·M. 伍德里奇．计量经济学导论．6 版．北京：中国人民大学出版社，2018．

［4］朱顺泉．Stata 数据分析应用．北京：北京大学出版社，2018．

［5］Anselin，L. Spatial Econometrics：Methods and Models. Dordrecht：Kluwer Academic Publishers，1988.

［6］Card，D. and A. Krueger. Minimum Wages and Employment：A Case Study of the Fast Food Industry. American Economic Review，1994（84）：772-793.

［7］Hayashi，F. Econometrics. Princeton，New Jersey：Princeton University Press，2000.

［8］Hildreth，C. and J. Lu. Demand Relations with Autocorrelated Disturbances，Technical Bulletin No. 276，Michigan State University，1960.

［9］Nerlove，M. "Returns to Scale in Electricity，" in C. Christ（ed.），Measurement in Economics：Studies in Mathematical Economics and Econometrics in Memory of Yehuda Grunfeld. Stanford：Stanford University Press，1963.

［10］Stock，J. and M. Watson. A Simple Estimator of Cointegrating Vectors in Higher Order Integrated Systems. Econometrica，1993（61）：783-820.

［11］Stock，J. and M. Watson. Vector Autoregressions. Journal of Economic Perspective，2001（15）：101-115.

图书在版编目（CIP）数据

计量经济学软件 Stata 15.0 应用教程：从基础到前沿 / 徐芳燕，陈昭著. --北京：中国人民大学出版社，2022.4
ISBN 978-7-300-30382-6

Ⅰ. ①计… Ⅱ. ①徐…②陈… Ⅲ. ①计量经济学-应用软件-教材 Ⅳ. ①F224.0-39

中国版本图书馆 CIP 数据核字（2022）第 035386 号

计量经济学软件 Stata 15.0 应用教程：从基础到前沿
徐芳燕　陈　昭　著
Jiliang Jingjixue Ruanjian Stata 15.0 Yingyong Jiaocheng：cong Jichu dao Qianyan

出版发行	中国人民大学出版社		
社　　址	北京中关村大街 31 号	**邮政编码**	100080
电　　话	010－62511242（总编室）		010－62511770（质管部）
	010－82501766（邮购部）		010－62514148（门市部）
	010－62515195（发行公司）		010－62515275（盗版举报）
网　　址	http://www.crup.com.cn		
经　　销	新华书店		
印　　刷	北京宏伟双华印刷有限公司		
规　　格	185 mm×260 mm　16 开本	**版　　次**	2022 年 4 月第 1 版
印　　张	14.75 插页 1	**印　　次**	2022 年 4 月第 1 次印刷
字　　数	346 000	**定　　价**	52.00 元